MARTIN OSTERBERG

Das kalte Haus

MARTIN OSTERBERG

Das kalte Haus

Meine unglückliche Kindheit in einer heilen Familie

PIPER
München Berlin Zürich

Mehr über unsere Autoren und Bücher:
www.piper.de

FSC
www.fsc.org
MIX
Papier aus verantwortungsvollen Quellen
FSC® C014496

ISBN 978-3-492-05789-9

Gesetzt aus der Palatino LT Std
Satz: Uhl + Massopust, Aalen
Litho: Lorenz & Zeller, Inning am Ammersee
Druck und Bindung: GGP Media GmbH, Pößneck
Printed in Germany

Für meine drei Frauen

Ich bin ein Arschloch. Ich weiß das aus allererster Hand. Mein Vater hat es mir gesagt. Der soll ruhig wissen, hat er zu seiner Frau, meiner Mutter gesagt, dass er ein Arschloch ist. Er hat auf meiner Couch gesessen, in meinem Wohnzimmer, neben meiner Frau. Er hat mich angeschaut, als hätte er bloß festgestellt, dass das Wetter auch schon mal besser war. Er hat nicht gelächelt, er hat sich nicht entschuldigt, er hat nichts weiter gesagt. Ich habe auch nichts gesagt. Ich habe gedacht: Ja, du auch.

Dann hab ich noch einen Schluck Weißwein genommen. Von demselben Weißwein, von dem mein Vater ein paar Schlucke zu viel genommen hat. Der Weißwein stammt von ihm, einmal im Jahr, kurz vor Weihnachten, kommt eine Direktlieferung vom Lieblingswinzer meines Vaters. Jetzt aber ist es Spätsommer, meine Eltern sind zu Besuch. Sie sind 400 Kilometer mit dem Auto gefahren, sie haben Leckereien mitgebracht, sie haben Gastgeschenke verteilt, dann haben sie sich zum Abendessen hingesetzt, und mein Vater hat das erste Glas Wein getrunken. Nach dem Essen sind alle auf die Couch umgezogen, um weiter Wein zu trinken. Irgendwann war die erste Flasche leer, und ich habe eine zweite aus dem Keller geholt. Als die zweite Flasche leer war, hat mein Vater gesagt, ich soll noch eine dritte holen.

Also bin ich in den Keller gegangen, und dort im Keller war ein Moment Zeit, um nachzudenken. Es war kühl, und es war ruhig, und ich wusste, dass nun bald der kritische Pegel erreicht sein würde, bei dem mein Vater nicht mehr kühl und ruhig sein würde. Dass bald der Augenblick kommen musste, in dem ihn das Gefühl übermannen würde, nicht laut, aber sehr selbstgewiss ein paar Wahrheiten verkünden zu müssen.

Ich wusste noch nicht genau, welche Wahrheiten. Ob eine über Menschen mit einer anderen Hautfarbe als er, ob eine über die Juden, ob über gierige Banker oder grüne Politiker oder irgendwelche andere Idioten aus einer Welt, in der alle Idioten waren außer meinem Vater. Vielleicht würde er auch eine Wahrheit verkünden über jemanden, den ich gut kannte, vielleicht eine über mich. Ich wusste nicht, was kommen würde. Aber ich wusste nur zu gut, dass etwas kommen würde. Ich wusste auch, ich würde es nicht verhindern können.

Trotzdem wusste ich, was zu tun war. Ich besitze Erfahrung aus unzähligen Scharmützeln und Schlachten. Ich bin ein Veteran des Krieges zwischen mir und meinem Vater.

Im Keller pustete ich den Staub von der Weinflasche und nahm mir vor, das zu tun, was ich immer tat, wenn der Waffenstillstand gebrochen zu werden drohte: ignorieren und den Abend möglichst schnell beenden.

Denn so schnell wird aus dem kalten Krieg gewöhnlich kein heißer mehr. Nicht mehr. Nach all den Jahren, all den offenen Feldschlachten, den demütigenden Niederlagen und den demoralisierenden Pyrrhussiegen sind die Kombattanten müde. Ab und an startet Nordkorea mal wieder eine Testrakete, der Süden reagiert mit einem halbherzigen Manöver oder schickt die Diplomaten in die Spur. Eines ist klar: Diese Teilung wird niemals überwunden werden, aber trotzdem bleiben die beiden Länder auf ewig miteinander verbunden, auf ewig dazu verdammt, immer mal wieder einen Abend zusammengepfercht auf einer Couch zu verbringen.

Zurück auf der Couch aber versagte die bewährte Strategie. An diesem Abend brach an der schwerbewachten Grenze wieder einmal eines der selten gewordenen Gefechte aus. Die dritte Flasche war geleert, die Hemmungen gefallen, die Munition lag bereit. Diesmal waren die Enkeltöchter dran. Mein Vater meinte, meine große Tochter, seine Enkelin, solle sich doch gefälligst regelmäßiger bei ihm telefonisch melden. Die Enkelin war nicht da, sie besitzt längst ein eigenes Leben in einer anderen Stadt, also verteidigte ich meine Tochter. Wie alle in diesem Alter sei sie halt nicht allzu verlässlich, sagte ich, auch bei uns, ihren Eltern, würde sie sich nur selten melden. Was alte Säcke wie wir so treiben, sagte ich, das würde sie im Moment eher weniger interessieren. Ansonsten sei sie doch ein wundervolles, wohlgeratenes Mädchen, das gerade beginne auf eigenen Beinen zu stehen.

Doch mein Vater wollte das nicht hören. Er wollte überhaupt nichts hören, zuhören war noch nie seine Stärke. Mein Vater wollte bloß etwas loswerden, denn poltern und meckern und andere zurechtweisen, das sind seine großen Stärken.

Anrufen solle die Enkeltochter, sagte mein Vater, und die Stimme schleifte schon ein wenig vom Alkohol, mindestens einmal wöchentlich solle sie anrufen, alles andere interessiere ihn nicht. Was er denn mit ihr zu besprechen habe, wollte ich wissen. Nichts, sagte mein Vater, aber sie solle sich gefälligst melden. Ich sagte, dann solle er sich doch bei ihr melden, wenn er etwas mit ihr zu besprechen habe, was immer das auch sei. Das war der Moment, in dem ich zum Arschloch wurde.

Nicht, dass mich das überrascht hätte. Es war ja nicht das erste Mal.

Ein Arschloch genannt zu werden, das ist zwar nicht gerade Alltag, aber es kommt doch immer wieder vor. Mein Vater hält mit seiner Meinung nicht hinterm Berg. Wird er doch noch mal sagen dürfen. Nur seine Meinung. Und da mein Vater auch der Meinung ist, dass er immer recht hat, gibt es auch keinen Anlass, sich für irgendetwas zu entschuldigen.

Deswegen verletzt es mich schon lange nicht mehr, ein Arschloch genannt zu werden. Ich bin es ja gewohnt. Und außerdem, das habe ich im Laufe der Jahrzehnte gelernt, bin ich in ausnehmend guter Gesellschaft. Denn die Welt meines Vaters ist bevölkert von Arschlöchern und Idioten. Die Kollegen, die er hatte, bevor er Rentner wurde. Die Freunde, die er seltsamerweise immer noch hat. Politiker sowieso, Künstler, Sportler und Manager, die im Fernsehen generell, und überhaupt die da oben, aber auch die, die gerade im Weg rumstehen, die, die ihre Millionen nicht verdienen, und die, die arm sind, weil sie es nicht besser verdienen. Alles Arschlöcher.

Ich kann mich nicht erinnern, dass mein Vater mal über jemanden gesagt hätte: Das ist ein toller Typ. Den kann ich gut leiden. Der ist interessant, schlau oder wenigstens nicht ganz verkehrt. Mehr als friedliche Koexistenz scheint ihm grundsätzlich verdächtig. Jemand, der ihm ein gutes Essen hinstellt, wird dafür nicht gelobt. Über Künstler sagt er, das könne er auch. Ins Theater geht er nicht, weil, was soll er denn da. In der Oper, in die er gehen muss, weil seine Frau da hinwill, schläft er ein. Schwarze sind faul, Juden sind geldgierig, Flüchtlinge wollen nur sein Geld.

Solch ein Weltbild macht auch vor der engsten Verwandtschaft nicht halt. Die eigene Frau hält er für unterbelichtet. Die eigenen Enkelkinder sind ihm zu fett und zu undankbar. Den einen Sohn findet er faul und dumm. Und der andere Sohn, also ich, erhält den Ritterschlag: Der ist ein Arschloch.

Ich bin es also gewohnt. An diesem Abend allerdings traf der altbekannte Vorwurf wieder ins Ziel. Vielleicht weil ich ihn schon länger nicht mehr gehört hatte, vielleicht weil der Wein mich dünnhäutiger gemacht hatte. Also stand das Arschloch auf von der Couch und ging erst einmal raus aus dem Wohnzimmer, raus aus der Situation. Sonst sagt das Arschloch noch etwas, was es später bereuen würde. Was womöglich beweisen könnte, dass das Arschloch tatsächlich ein Arschloch ist.

Ich öffnete die Haustür, trat hinaus, schloss die Tür und setzte mich auf die Stufen. Einen kurzen Moment dachte ich, vielleicht sollte ich wieder mit dem Rauchen anfangen. Jetzt eine Zigarette, das wäre schön. Was anderes zu tun haben. Nicht nachdenken müssen. Dem Rauch nachsehen, die Wärme in der Lunge spüren. Aber nach der einen Zigarette wäre ich ein gewesener Exraucher und mein Vater trotzdem immer noch da.

Ich sah hinaus ins Dunkel. Hinterm Haus standen die Bäume still. Am liebsten wäre ich davongerannt. So lange um den Block gelaufen, bis mein Vater weg war. Aber er wäre nicht weg, wenn ich zurückkäme, er würde immer noch auf der Couch sitzen. Und wenn er nicht mehr auf der Couch säße, wenn er heimgefahren wäre in das Kaff, das auch ich einmal mein Zuhause genannt habe, auch dann wäre er nicht wirklich weg. Mein Vater wird immer bei mir sein, ob ich will oder nicht. Doch, so eine Zigarette wäre jetzt schön.

So als Arschloch fragt man sich natürlich: Muss das sein? Warum tut man sich das noch an? Könnte man so einen Vater nicht einfach zum Teufel jagen? Geht das überhaupt: Kann man sich nicht scheiden lassen von seinen Eltern?

Es sind Fragen, die ich mir schon lange stelle. Sehr lange.

Nicht, dass mein Vater sich selbst großartig finden würde. Ich weiß nicht, wie mein Vater sich selbst findet. Vielleicht hält er sich insgeheim auch für ein Arschloch. Dass er sich selbst hasst, das würde immerhin erklären, warum er den Rest der Welt so hasst. Warum er andere erniedrigen muss, um sich selbst zu erhöhen. Warum mein Vater so ist, wie er ist.

Das Licht über der Haustür ging aus. Solange ich mich nicht rührte und den Bewegungsmelder auslöste, würde es auch nicht wieder angehen. Ich saß im Dunkeln, keiner konnte mich sehen, ich hoffte zu verschwinden und fragte mich: Warum tut man sich das an? Warum verbringt man Zeit mit Menschen, die man am liebsten von hinten sieht? Kann man seine Eltern nicht abschaffen? Dem eigenen Erzeuger kündigen? Die Gefühle, die guten und die schlechten, einfach entsorgen? Endlich Auf Nimmerwiedersehen sagen?

Die Luft war feucht, es hatte geregnet an diesem Abend. Ich wollte nicht wieder zurück. Ich wusste, ich muss. Dieser Mann ist mein Vater. Aber ist er mein Vater? Was ist ein Vater? Ich bin ein Vater. Ich weiß, wie das geht. Ich weiß, mein Vater weiß es nicht.

Ich wusste, ich muss da wieder rein. Ich wusste, ich kann so lange hier sitzen, wie ich will, mein Vater wird nicht verschwinden. Er wird wieder nach Hause fahren, aber er wird mich nie verlassen. Obwohl – oder gerade weil – ich mich von ihm verlassen fühle.

Draußen auf der Treppe fragte ich mich, über was dort drinnen gerade gesprochen wurde. Wahrscheinlich saß mein Vater still auf der Couch und seine Schwiegertochter versuchte ihm zu erklären, warum man den eigenen Sohn nicht Arschloch nennt. Dass man versucht, Menschen, die man liebt, nicht zu verletzen. Dass ich doch eigentlich ein ganz prima Sohn geworden sei, dass sie das jedenfalls findet, weil sie sonst schon längst nicht mehr mit mir zusammen wäre. Mein Vater aber würde, ich sehe es vor mir, nur mit verschränkten Armen auf der Couch sitzen und seiner Schwiegertochter teilnahmslos in die Augen blicken. Er würde nichts sagen. Er wusste es ja besser. Sein Sohn ist nun mal ein Arschloch, das wird man ja wohl mal sagen dürfen, wenn es doch stimmt.

Ich versuchte mir die Situation vorzustellen, die Kälte kroch mir langsam in die Arschbacken, und ein tiefes, erschütterndes Gefühl der Heimatlosigkeit ergriff mich. Ein Gefühl, das ich nur zu gut kannte. Ja, ich habe eine Familie, die ich mir selbst aufgebaut habe, eine zweite Familie, die lange nicht perfekt, aber sehr viel besser ist als das, was ich kannte, aber trotzdem niemals meine erste Familie werden kann. Wohin, fragte ich mich, gehe ich, wenn alles zusammenfällt? Wer stellt dann keine blöden Fragen, sondern versteht mich auch ohne Worte? Wo ist das Loch, in dem ich mich verstecken kann?

Nicht bei meinen Eltern. Die haben mich schon nicht verstanden, als ich noch versucht habe, mit ihnen zu reden. Alle anderen, so scheint es, besitzen noch eine erste Heimat. Sie wissen, dass sie zu ihren Eltern gehen können, egal, was passiert. Sie wissen, dass es noch ein Zuhause gibt, wenn das Zuhause, das sie sich selbst gebaut haben, zerbrechen sollte. Sicher, ich könnte zurückgehen, dorthin, wo ich herkam. Mein Vater würde die Tür öffnen, meine Mutter würde ein Bett beziehen, aber ich würde nicht nach Hause kommen. Denn ich vertraue meinen Eltern nicht. Mir fehlt dieses Gefühl, ihnen alles sagen zu können und es dort in guten Händen zu wissen. In den Arm genommen zu werden, egal, was ich angestellt habe. Das Gefühl, keine Fehler machen zu können.

Einmal, ein einziges Mal nur, stand mein Vater vor mir und wollte wissen: Was habe ich dir getan? Es war ein trüber Morgen vor einigen Jahren, niemand außer uns beiden wach. Wir standen in der Küche in dem Haus, das mein Vater gebaut hat, an der Wand die weder braunen noch grünen Fliesen, die nach Jahrzehnten immer noch so glänzten, als hätte er sie erst an Tag zuvor angeklebt. Was habe ich verbrochen?, fragte er in einer Mischung aus Verzweiflung und Wut. Was hat mein Sohn gegen mich? Es war mehr Wut als Verzweiflung. Ich versuchte trotzdem, es zu erklären. Ich redete von meinen Gefühlen, von seinem Desinteresse. Ich redete davon, dass ich mich immer missverstanden fühlte, bisweilen sogar ignoriert. Davon, dass er mich und andere klein macht, davon, dass er nie einen Fehler zugegeben habe. Ich redete davon, dass es halt manchmal so ist, dass Menschen nicht miteinander können, auch wenn sie miteinander verwandt sind. Er sagte, er verstehe das nicht, ich solle nicht so daherlabern, sondern doch mal bitte konkret werden und erklären, was ich gegen ihn hätte. In der Küche roch es wie immer nicht nach Essen, sondern nach Putzmittel. Ich fragte ihn, ob er denn schon mal darüber nachgedacht habe, was sein Anteil an unserem gestörten Verhältnis sein könne. Er sagte, genau darüber hätte er nachgedacht, aber keinen Fehler bei sich entdecken können.

So war es immer, dachte ich, während ich draußen saß und fror und versuchte, meine Gefühle zu ordnen. Denn kann ich mich wirklich beschweren über meinen Vater? Kann ich ihm sagen: Du liebst mich nicht? Wenn ich doch weiß, mein Vater würde sagen: Doch, ich liebe dich. Habe ich dir nicht alles gegeben, alles ermöglicht? Hattest du es etwa schlecht? Nein, ich hatte das, was man eine sorgenfreie Kindheit nennt.

Ich kann mir ja denken, ich kann vermuten, wer schuld ist. Die Vergangenheit, die Zeiten, die Umstände. Der Vater meines Vaters und der große Krieg. In einem kleinen Berliner Theater lief jahrzehntelang ein Stück mit dem Titel »Ich bin's nicht, Adolf Hitler ist es gewesen«. Ich habe das Stück nie gesehen, das Publikum bestand vor allem aus Schulklassen auf Klassenfahrt in Berlin. Aber immer, wenn ich den Titel las, musste ich an meinen Vater denken. An die Sprachlosigkeit und die emotionale Verkrüppelung und Inkompetenz. Adolf war schuld, irgendwie. Eine Erklärung, eine Entschuldigung, aber auch kein wirklich tröstlicher Gedanke.

Denn man ist trotzdem auf ewig mit jemandem zusammengesperrt, mit dem man freiwillig keine zwei Stunden würde verbringen wollen. Mit jemandem, von dem man vor allem weiß, dass man nicht so sein will wie er. Obwohl man ihm so ähnlich ist.

Trotzdem: Ich glaubte, ich hätte ein Verfahren gefunden, mit dem ich den Rest unserer gemeinsamen Tage ohne große Verwerfungen überstehen könnte. Wenn Freunde, deren Eltern gerade gestorben waren, klagten, dass so vieles nicht gesagt worden sei, dass sie sich noch gern versöhnt hätten, gab ich den Abgeklärten. Hätte auch nichts genutzt, sagte ich dann, ich habe meinem Vater alles gesagt, was ich sagen wollte, ich habe ihn einen Rassisten genannt, einen Antisemiten und einen lieblosen Klotz. Und das alles vollkommen zu Recht. Genutzt hat es trotzdem nichts. Es gab keine Entschuldigungen, erst recht keine späte Zuwendung. Es wird sie auch niemals geben. Ich würde sie auch gar nicht mehr haben wollen.

Aber ich muss jetzt wieder da rein. Weil es nun doch zu kalt wird hier draußen auf der Treppe. Weil der Abend irgendwie zu Ende gehen muss. Weil noch jeder Abend irgendwie zu Ende gegangen ist. Weil ich weiß, dass wir die Sache einfach totschweigen werden. Weil der Schmerz und die Wut und die Erinnerungen sowieso niemals verschwinden werden.

Mehr als drei Jahrzehnte arbeite ich mich an meiner Herkunft ab. Immerhin eines habe ich gelernt: Man kann Eltern hassen, verabscheuen und ablehnen. Man kann den Kontakt abbrechen oder ans andere Ende der Welt ziehen. Aber man kann ihnen nicht kündigen. Man kann seine Eltern nicht abschaffen. Auch wenn sie dann eines Tages wirklich weg sein sollten, seine Eltern wird man ein Leben lang nicht mehr los. Damit muss jeder klarkommen. Ich tu's ja auch.

Ich habe einen Vater.

Ich habe eine Mutter.

Ich habe einen Bruder.

Ich fühle nichts.

Ich bin 49 Jahre alt. Ich bin ein Arschloch.

Ich bin **drei** Jahre alt, und ich gehe unter, und dies ist meine früheste Kindheitserinnerung. Vielleicht ist es auch nur die Erinnerung anderer. Die meiner Mutter. Die der Mutter meiner Mutter womöglich. Die meines Bruders nicht, der war noch zu klein, noch kleiner als ich, ein Baby. Die meines Vaters auch nicht, der war gar nicht dabei. Jedenfalls nicht in meiner Erinnerung, so porös und unzuverlässig sie sein mag, ob aus zweiter Hand oder doch aus erster.

Ich weiß nicht, ob ich mich wirklich erinnern kann, erinnern können sollte. Ich war drei Jahre alt. Vielleicht auch erst zwei. Nein, ich muss drei Jahre alt gewesen sein, mindestens drei, denn mein Bruder ist anwesend in dieser Erinnerung, und er kann schon stehen, sogar laufen. Auch wenn ich nicht weiß, woher die Erinnerung kommt, im Laufe der Jahre ist sie ganz sicher zu meiner eigenen geworden. Bruchstücke, einzelne Sätze, Erinnerungsfetzen. Der Rest ist vielleicht bloß meine eigene Fantasie. Details, mit denen ich das wenige ausschmücke, auspolstere, das verbürgt ist in der schmalen Familienüberlieferung einer Familie, in der nie viel gesprochen wurde über das, was war, oder das, was ist. Eine Familie, in der, wenn ich so zurückdenke, überhaupt nie viel gesprochen wurde über das, was wichtig gewesen wäre.

Aber trotz alledem, diese eine Erinnerung in mir ist sehr lebendig. Ich erinnere, wie sich das Wasser schließt über mir. Ich erinnere sogar kleine Schaumkronen. In meiner Erinnerung steigen Luftbläschen auf neben mir. Ich gehe unter.

Über mir die Wasserunterfläche. Nennt man das so? Die Wasseroberfläche von unten. Langsam rückt sie in die Ferne. Ein fremder, ein ungewohnter Anblick, aber, so fühlt sich die Erinnerung an, seltsamerweise kein erschreckender Anblick, eher faszinierend. Das erinnere ich: Ich schaue interessiert nach oben, wie sich das Wasser über mir schließt. Ich habe keine Angst, gar keine. Ich habe Vertrauen. Mir kann nichts passieren. Ich gehe unter, aber ich weiß nicht, was das bedeutet. Ich sehe das Wasser über mir und neben mir und unter mir. So kann, so muss es gewesen sein.

Wirklich wissen kann ich nicht, ob es so gewesen ist. Es ist nur meine Erinnerung.

Aber ich weiß, dass es das eine Bild gibt. Das Bild ist das Einzige, woran ich mich tatsächlich fest und unwiederbringlich erinnern kann oder vielleicht doch nur erinnern können will. Das Bild der geschlossenen Wasserunterfläche, durch die eine Hand sticht. Das Wasser und die Hand, das sehe ich vor mir, klar und deutlich. Die geschlossene, noch leicht schwappende Wasserfläche, die fünf Finger der Hand, die sich recken. Das ist das erste Bild, an das ich mich zu erinnern glaube. Das ist das Bild, mit dem meine Erinnerungen einsetzen. Das ist der Moment, in dem mir mein Leben beginnt. Als hätte ich erst an diesem Tag, in dieser Sekunde die Augen geöffnet, nicht schon gut drei Jahre zuvor.

Die Hand rettet mich. Sie packt mich am Arm und zieht mich aus dem Wasser. Ich liege neben dem Schwimmbecken auf den Fliesen. Die Fliesen sind kalt. Ich sehe die blinden Fenster des Schwimmbads, ich sehe die schwitzenden Scheiben. Eisblumen von innen. Ich weiß: Wenn man die Hand ans Fenster hält, droht sie festzufrieren. Draußen, hinter den Eisblumen ist tiefster Winter. Meine Mutter ist da, die Mutter meiner Mutter, mein Bruder, der Bademeister, dessen Hand mich aus dem Becken gezogen hat. Mein Vater ist nicht da. In meiner Erinnerung tragen meine Mutter und ihre Mutter, die mein Bruder und ich Großmutter nennen, um sie unterscheiden zu können von der Mutter meines Vaters, die wir Oma nennen, keine

Badeanzüge, sondern ganz normale Straßenkleidung, obwohl ich die beiden doch sehe im Schwimmbad neben dem Becken neben mir. Wenn ich so zurückdenke, dann ist es vielleicht doch nur ein Traum.

Wir sind in Klosters im Winterurlaub. Klosters liegt in der Schweiz in den Bergen. Es hat wahnsinnig viel geschneit. Es ist ein guter Winter, um Ski zu fahren. Der Schnee reicht bis an den Balkon im ersten Stock des Hauses, das mein Vater gemietet hat und in dem wir alle wohnen, mein Vater, meine Mutter, mein Bruder und meine Oma, die wir Großmutter nennen. Das Haus hat ein Erdgeschoss und einen ersten Stock und heißt hier in der Schweiz Chalet. Das Chalet ist sehr hoch, jedenfalls vom Balkon im ersten Stock aus betrachtet. Der Balkon hat ein Geländer aus dunkelbraunen, geschwungenen Holzlatten. Der Schnee ist so hoch und so weich, dass ich auf das Geländer klettern und von dort in den Schnee springen darf. Ich lande ganz weich und wühle mich wieder aus dem Schnee, der so leicht und trocken ist, dass er am Nacken in meinen Anorak rieselt, sich festsetzt auf den Rändern der Socken, die aus meinen Winterschuhen ragen, und einen festgebackenen, weißen Kranz bildet in den Zwischenräumen zwischen Handschuh und Anorakärmel. Ich klopfe mich ab, renne ums Haus zur Eingangstür, durch den Flur zum Treppenhaus. Großmutter ruft mir hinterher: Bringt doch nicht den ganzen Schnee mit rein. Ich renne die Treppe hinauf, hoch aufs Geländer, und wieder hinab in den Schnee. Raus aus dem Schnee, die Treppe hoch. Mach doch wenigstens die Tür zu hinter dir, ruft Großmutter. Es ist kalt, ich schwitze, ich glühe, ich bin glücklich.

Großmutter fährt Auto. Es ist die einzige Erinnerung, die mir geblieben ist, in der die Mutter meiner Mutter Auto fährt. Später, ansonsten, eigentlich immer war sie eine alte Frau, die sagte: Ich habe einen Führerschein, ich gebe den auch nicht zurück, aber ich weiß, wann man ihn nicht mehr benutzen sollte.

Ich hatte keinen Führerschein, das Lenken eines Autos war mir eine Geheimwissenschaft, ich bewunderte jeden wie Großmutter, meinen Vater oder meine Mutter, der Auto fahren konnte und durfte. Erwachsene durften Auto fahren, alle Erwachsenen fuhren Auto. Ich verstand nicht, warum meine Großmutter nicht mehr Auto fahren wollte.

Von der Mutter meines Vaters, die wir Oma nannten, habe ich gar keine Erinnerung behalten, in der sie Auto fährt. Die Mutter meiner Mutter fuhr mit der Straßenbahn, die Mutter meines Vaters wurde von meinem Vater oder meiner Mutter dorthin gefahren, wohin sie musste. Sie musste nicht oft irgendwo hin. Ich weiß nicht einmal, ob Oma jemals einen Führerschein hatte. Sie wurde 1900 geboren, wahrscheinlich hatte sie nie einen.

Aber Großmutter fuhr Auto, zumindest damals noch in diesem einen Urlaub in Klosters. Großmutter fährt mich zum Skikindergarten. Mein Bruder darf auch mitfahren, aber er darf nicht in den Skikindergarten, er ist noch zu klein. Der Skikindergarten ist eine abgesteckte Fläche auf einem flachen Hügel. Ich tapse auf meinen kurzen Ski den Hügel hinauf. Großmutter steht neben der abgesteckten Fläche und schaut mir zu, mein Bruder rennt hinter der orangenen Absperrung den Hügel hinauf und rollt sich dann seitlich wieder hinab. Wenn sich mein Bruder langweilt, geht Großmutter mit ihm spazieren und schaut mir nicht mehr zu.

Ich habe keine Skistöcke. Die anderen Kinder im Skikindergarten haben auch keine. Ich stelle mir vor, es wäre einfacher, den Hügel hinaufzutapsen, wenn ich Stöcke hätte. Aber Stöcke haben nur Erwachsene. Die Skilehrerin hat welche, die sie unter ihre linke Achsel klemmt, wenn sie neben mir hält, um mir mit der Rechten beim Aufstehen zu helfen, wenn ich umgefallen bin. Wenn ich wieder stehe, tapse ich weiter den Hügel hinauf. Wenn ich oben angekommen bin, drehe ich mich mit kleinen Schritten und passe auf, dass meine beiden Skier dabei nicht übereinanderkommen, weil ich sonst umfallen würde. Wenn ich mich umgedreht habe, ruckele ich mit den Skiern, bis sie von selbst rutschen, und passe auf, dass ich nicht nach hinten umfalle. Wenn ich zu schnell werde, stelle ich die Ski steil an und bremse. Das heißt Schneepflug, hat die Skilehrerin gesagt, als sie mir und den anderen im Skikurs gezeigt hat, wie wir bremsen sollen. Wenn ich den rechten Ski steiler anstelle, fahre ich eine Rechtskurve. Wenn ich den linken Ski steiler anstelle, fahre ich linksherum. Seit dem zweiten Tag im Skikindergarten fahre ich den flachen Hügel in Kurven hinunter.

Wenn ich und die anderen im Skikindergarten ein paarmal den flachen Hügel hinaufgetapst sind und ein paarmal im Schneepflug den flachen Hügel hinuntergerutscht sind, stehen Großmutter und mein Bruder wieder neben der Absperrung. Mittagspause, sagt die Skilehrerin. Ich und die anderen setzen uns seitlich in den Schnee und drücken mit unseren Handschuhhänden auf den Hebel unserer Skibindung, bis sie aufgeht. Wenn sie nicht aufgeht, kommt die Skilehrerin angefahren, klemmt ihre Stöcke unter die Achsel und öffnet meine Skibindung. Ich nehme meine beiden Skier und lege sie am Eingang des Skikindergartens nebeneinander ab. Großmutter, mein Bruder und ich gehen in ein Restaurant. Großmutter trinkt Kaffee. Ich esse einen Kaiserschmarrn, mein Bruder bekommt etwas von meiner Portion ab.

Wenn wir am Nachmittag zurück ins Chalet kommen, sind mein Vater und meine Mutter schon wieder zurück vom Skifahren. Sie sind noch ganz verschwitzt, haben rote Backen und ihre Haare sind genauso verwuschelt wie meine, weil wir alle den ganzen Tag eine Mütze getragen haben. Wie war's im Kindergarten?, fragt meine Mutter. Und mein Vater sagt: Bist du den Idiotenhügel runtergefahren?

Wenn die Sonne nicht scheint, dann schneit es, und meine Mutter hat eigentlich keine Lust, Ski zu fahren. Man sieht da oben doch die Hand vor den Augen nicht, sagt sie dann. Da oben ist oben auf dem Berg. Oben auf dem Berg liegt noch viel mehr Schnee als hier unten im Tal in Klosters. Oben auf dem Berg dürfen nur Skifahrer mit Stöcken Ski fahren. Da oben, sagt mein Vater, ist das Wetter viel besser, die Wolken hängen doch bloß hier unten im Tal. Meine Mutter grummelt, aber sie fährt dann doch mit meinem Vater, meiner Großmutter, meinem Bruder und mir mit dem Auto vom Chalet zur Talstation der Gondel. Mein Vater und meine Mutter steigen aus dem Auto aus, mein Vater holt seine Skier und die Skier meiner Mutter vom Dachgepäckträger. Meine Mutter holt ihre Stöcke und die meines Vaters aus dem Kofferraum. Mein Vater geht mit den Skiern zur Talstation, ein Paar Ski links in der Hand, das andere Paar rechts, als wären sie Spazierstöcke. Meine Mutter trägt die vier Stöcke. Großmutter setzt sich ans Steuer, dann fährt sie meinen Bruder und mich zum Skikindergarten.

Mein Vater und meine Mutter fahren mit der Gondel, weil der Weg auf den Berg zu weit ist, um hinaufzutapsen. Eine Gondel ist eine Kabine aus Metall, die aus einem Stahlseil den Berg hinaufgezogen wird. In eine Gondel passen ungefähr fünfzig Leute rein. Wenn mein Vater und meine Mutter oben auf dem Berg angekommen sind, dann müssen alle aus der Gondel aussteigen. Oben auf dem Berg ist das Wetter manchmal tatsächlich besser. Dort oben fahren nur Skifahrer mit Stöcken, und es gibt Schlepplifte und Sessellifte, mit denen mein Vater und meine Mutter einen gar nicht flachen Hügel hinaufgezogen werden, damit sie den Hügel wieder herunterfahren fahren können. Mein Vater sagt, dass es sehr schwer ist, mit dem Schlepplift zu fahren, weil man jemanden finden muss, der genauso groß ist wie man selbst, und mit dem muss man dann gleichzeitig nach einem hölzernen

Stecken greifen, und den hölzernen Stecken muss man sich dann unter den Po klemmen, und dann wird man den Hügel hinaufgezogen. Das ist schwer, sagt mein Vater. Fast noch schwerer ist es, mit dem Sessellift zu fahren. Man muss gut Ski fahren können, um mit dem Lift fahren zu können, sagt mein Vater. Sonst fällst du hin, und der Lift muss wegen dir anhalten. Gestern ist deine Mutter umgefallen im Schlepplift, und alle mussten auf sie warten, bis der Lift wieder losfahren konnte.

Das musstest du wohl unbedingt erzählen, sagt meine Mutter. Sie guckt meinen Vater beleidigt an, aber ich weiß, dass sie gar nicht richtig beleidigt ist, dass sie das nur spielt. Meine Mutter ist eine schlechte Schauspielerin. Mein Vater lacht.

Also, sagt mein Vater, wenn du mal gut Ski fahren kannst, dann darfst du auch mit der Gondel auf den Berg fahren.

Wenn es sehr viel schneit, sind die Löcher, die ich am Tag zuvor in den Schneeberg vor dem Balkon gesprungen habe, am Morgen schon wieder verschwunden. Wenn es so viel schneit, dann hat der Skikindergarten geschlossen und meine Mutter noch weniger Lust, nach oben auf den Berg zu fahren. Dann fährt mein Vater allein nach oben auf den Berg. Bevor er geht, sagt er: Einer muss ja wenigstens den Skipass abfahren. Meine Mutter sagt nichts. Mein Vater guckt meine Mutter beleidigt an, aber ich weiß, dass er das nicht spielt, weil mein Vater kein guter Schauspieler ist. Er ist auch kein schlechter Schauspieler, mein Vater würde niemals schauspielern.

Mein Vater fährt allein auf den Berg mit der Gondel. Er kann vielleicht die Hand vor Augen nicht sehen, aber er fährt so gut Ski, dass er trotzdem Ski fahren kann.

Unten bei uns im Tal schneit es so stark, dass man die Türen im Chalet nicht aufmachen darf, weil es sonst ins Chalet hereinschneien würde. Weil man die Türen nicht aufmachen darf, kann ich nicht die Treppe hochrennen, auf das Geländer des Balkons im ersten Stock klettern und in den Schnee springen. Ich renne trotzdem die Treppe hinauf, und weil ich nicht vom Balkongeländer springen kann, renne ich die Treppe wieder hinunter. Komm, wir gehen ins Schwimmbad, sagt meine Mutter zu meiner Großmutter, da kann sich der Junge austoben.

Als wir ins Schwimmbad kommen, ist es dort viel wärmer als draußen. Die Luft riecht auch ganz anders als andere Luft. Am Ausgang der Umkleide halten meine Mutter und meine Großmutter ihre Füße unter eine kleine Dusche. Meine Mutter stellt meinen Bruder vor die kleine Dusche und hält zuerst einen seiner Füße und dann den anderen unter die Dusche. Jetzt du, sagt meine Mutter. Ich strecke einen Fuß aus, meine Mutter drückt auf einen Knopf über der Dusche und auf meinen Fuß stechen lauter kleine Nadeln ein, die aber nicht richtig wehtun. Es kitzelt ein bisschen, aber nicht so, dass ich lachen müsste. Jetzt den anderen, sagt meine Mutter, und ich strecke den anderen Fuß vor.

Wir gehen zum Planschbecken, sagt meine Mutter zu meiner Großmutter, meinem Bruder und mir.

Meine Bruder und ich können noch nicht schwimmen, obwohl wir im vergangenen Jahr am Meer waren, in Jugoslawien. Wir sind zum Strand gegangen, und mein Vater hat mir einen Schwimmflügel auf den einen Arm und einen Schwimmflügel auf den anderen Arm geschoben. Dann hat er zuerst den einen Schwimmflügel und dann den anderen aufgepustet, bis der Schwimmflügel ganz fest auf meinem Arm saß. Dann durfte ich zum Wasser gehen. Mein Bruder hat keine Schwimmflügel bekommen, mein Bruder durfte nicht ans Wasser, er konnte da noch nicht mal laufen.

Das Planschbecken ist flach. Mein Bruder kann stehen im Planschbecken, wenn ihn meine Mutter an den Händen hält. Manchmal lässt meine Mutter die Hände meines Bruders los, dann hebt er seine Arme, und wenn dann jemand spritzt und er sich erschrickt, dann wackelt er, aber er fällt nicht um, weil meine Mutter ihn unter den Armen fasst und festhält.

Die Wände des Schwimmbads bestehen fast nur aus Fenstern. Die Fenster sind alle beschlagen, sind nicht mehr durchsichtig, sondern irgendwie grau. Ab und zu läuft ein Tropfen von oben nach unten über das beschlagene Fenster, das sieht dann aus, als würde ich meinen Finger durchs Graue ziehen. Wenn man mit der flachen Hand ein kleines Guckloch in die Scheibe wischt, kann man durch die Fenster gucken, um zu sehen, wie hoch der Schnee draußen liegt. Wenn man die Hand lange auf die Fensterscheibe legt, wird sie ganz kalt. Wenn man die Hand zu lange auf die Fensterscheibe legen würde, denke ich, würde sie festfrieren, aber das will ich lieber nicht ausprobieren.

Der Unfall war, so lebendig ich ihn auch erinnere, in meiner Familie nie mehr als ein kurzer Erinnerungssatz ohne Einzelheiten. Der Martin, der wäre, als er klein war, ja beinahe mal ertrunken. Niemand hat gesagt: Zum Glück ist das ja nicht passiert. Irgendwann verschwand selbst diese dürre Erinnerung aus der kargen Familienfolklore. Ich weiß nicht, wie der kleine Martin damals zum tiefen Becken gekommen ist. Ich weiß auch nicht, warum ich zum tiefen Becken gegangen bin. Was hat der Bademeister gesagt, hat er mit mir geschimpft? War meine Mutter wütend, oder hat sie sich Vorwürfe gemacht? Wie hat mein Vater reagiert, hatte er Sorgen um seinen Sohn? Alles weg. Oder vielleicht auch nie da gewesen.

Ich weiß es nicht mehr. Vielleicht habe ich auch nicht gefragt. Es ist nicht einfach, Antworten zu bekommen in meiner Familie. Wahrscheinlich habe ich erst gar nicht gefragt. Ganz bestimmt habe ich nicht gefragt. Die Antworten hätten mir womöglich nicht gefallen. Weil in den Antworten vielleicht kein Schnee, der bis zum Balkon reicht, vorgekommen wäre, keine Eisblumen hinter den beschlagenen Scheiben, keine ausgestreckte Hand, die durch die Wasserunterfläche sticht. Keine dramatische Rettung, kein Schritt ins Licht, kein Augenaufschlag ins Dasein. Kein erstes Bild, das es wert wäre, erinnert zu werden. Kein besonderer Beginn für ein hoffentlich bedeutsames Leben.

Später, Jahre später, werde ich immer wieder denselben Albtraum träumen. Alles ist weiß in meinem Albtraum, aber das Schwarze droht das Weiße zu verschlucken. Das Schwarze wölbt sich schleimig über das Weiße, aber eigentlich hat es keine Konsistenz. Das Weiße wird immer weniger, aber bevor es ganz verschwindet, wache ich auf. Ich bin stolz auf diesen Albtraum. Niemand sonst, denke ich, träumt so einen abstrakten Albtraum.

Vielleicht, denke ich, ist der Albtraum auch eine unbewusste Erinnerung an dieses erste Bild, mit dem mein Leben beginnt. Es ist, denke ich, der Beweis, dass ich damals im Winterurlaub in Klosters im Schwimmbad wenn auch nicht beinahe ertrunken, so doch zumindest einmal kurz untergegangen bin und sich die Wasserunterfläche über mir für einen Augenblick tatsächlich geschlossen hatte. Es wäre der Beweis dafür, dass mein Leben mit einer dramatischen Geste begann.

Nach zwei Wochen war der Skiurlaub in Klosters zu Ende. Mein Vater, meine Mutter, mein Bruder und ich sind mit dem Auto nach Hause gefahren. Großmutter ist mit dem Zug gefahren, weil sie nicht mehr ins Auto gepasst hätte, weil wir unser ganzes Gepäck einpacken mussten, und zwischen meinem Bruder und mir auf dem Rücksitz, dort, wo sonst auf dem Weg zur Talstation der Gondel meine Großmutter gesessen hatte, nun eine große Tasche stand.

Als wir wieder zu Hause waren, hat mein Vater beim

Abendessen gesagt, ich sollte mal besser schwimmen lernen. Ein paar Tage später hat meine Mutter gesagt, sie habe sich erkundigt und ich würde ab nächster Woche einen Schwimmkurs machen. Dann hat mich meine Mutter jede Woche zum Schwimmkurs in ein Schwimmbad gefahren, bis ich schwimmen konnte. Ja, so war es wohl. Bestimmt war es so.

Ich bin **fünf** Jahre alt, und ich habe Schmerzen. Fürchterliche Schmerzen. Schmerzen, wie ich sie noch nie hatte. Ich liege gekrümmt auf der Couch im Wohnzimmer, drücke mein Gesicht in den weichen, synthetischen, grünen Plüsch und möchte schreien. Aber ich schreie nicht. Ich wimmere bloß. Ich drücke meine Hände in meinen Schoß, winde mich um die eigenen Fäuste, die Schmerzen lassen nicht nach. Ich strecke mich, drehe mich um mich selbst, vom Rücken auf den Bauch, vom Bauch auf den Rücken, die Schmerzen werden nur schlimmer.

Der Fernseher läuft. Irgendetwas flimmert, irgendeine Serie, die ich noch nie gesehen habe, die ich auch sonst nicht sehen dürfte. Mein Kopf platzt. Das Licht, das durch die Gardinen dringt, ist schwach, gelblich, alles verschwimmt. Der Fernseher flackert grell. Ich sehe hin und sehe einen Mann und eine Frau, und der Mann macht den Mund auf und zu und dann macht die Frau den Mund auf und zu, und ich bin mir nicht ganz sicher, ob der Ton überhaupt an ist, weil ich gar nichts hören kann, und da fallen mir die Schmerzen wieder ein, und ich bin wieder überrascht, wie stark die Schmerzen sind.

Ich habe das Gefühl, als sei ich eben erst aufgewacht. Ich habe das Gefühl, ich hätte diese Schmerzen schon immer. Es dämmert, denke ich. Ist es morgens oder abends? Oder sind vielleicht auch nur die Vorhänge zugezogen? Immer wenn ich einen Gedanken verliere, kehren die Schmerzen zurück in den Schoß, schlimmer als zuvor, so kommt es mir vor.

Ich sehe mich um. Am anderen Ende der Couch liegt mein Bruder. Er starrt in den Fernseher, bemerkt mich gar nicht. Er sieht irgendwie seltsam aus, und dann bemerke ich, er liegt da wie ich, seltsam verdreht, wie herumgewickelt um die Hände, die auch er in seinen Schoß gedrückt hat.

Dann fällt es mir wieder ein, langsam kommt die Erinnerung zurück. Ich erinnere mich an die Autofahrt. An das Krankenhaus. An den Arzt. An die Spritze. Dann erinnere ich mich an nichts mehr.

Jetzt weiß ich es. Mein Bruder und ich, so hat es meine Mutter genannt, wurden beschnitten.

Dass mein Bruder und ich beschnitten werden würden, wussten wir noch nicht, als wir vor zwei Monaten sehr früh am Morgen aufgeweckt wurden. Es war noch nicht hell, wir wurden auch gar nicht richtig wach. Meine Mutter nahm meinen Bruder auf den Arm, mein Vater nahm mich auf den Arm und dann trugen sie uns die drei Stockwerke aus unserer Wohnung nach unten und legten uns auf den Rücksitz unseres Autos. Wir schliefen sofort wieder ein, wir wunderten uns nicht, wir wussten ja, wir würden in den Urlaub fahren, ganz lange. Vier Wochen lang. Nach Jugoslawien.

Jugoslawien war ganz weit weg im Süden. In Jugoslawien gab es Meer und einen Campingplatz. An dem Campingplatz gab es einen Strand, der war nicht aus Sand, sondern aus vielen kleinen Kieselsteinen. Manche Kieselsteine waren ganz schwarz, andere waren ganz weiß, aber die meisten Kieselsteine waren grau. Wenn man zum Wasser ging und die Sandalen aus rotem Plastik, mit denen man auch ins Wasser gehen konnte, auszog, dann kitzelten die Kieselsteine unter den Fußsohlen. An manchen Stellen auf dem Strand am Campingplatz in Jugoslawien waren die Kieselsteine etwas größer, dann tat das weh unter den Füßen, aber nicht sehr.

Jedes Jahr fuhren wir auf den Campingplatz in Jugoslawien mit dem Strand mit den Kieselsteinen. Wir fuhren jedes Jahr, weil mein Vater, wenn er vor unserem Wohnwagen saß, aufs Meer schauen konnte. Wir fuhren, weil nicht nur mein Bruder und ich auf dem Campingplatz waren, sondern viele andere Kinder, mit denen wir spielen konnten. Und meine Mutter fand den Campingplatz auch gut, weil der Strand aus Kieselsteinen war. Da tragt ihr mir nicht den ganzen Sand in den Wohnwagen, sagte sie.

Aber um zum Campingplatz mit dem Kieselsteinstrand in Jugoslawien zu kommen, mussten wir mit dem Auto fahren. An dem Auto hing unser Wohnwagen. Weil es eine lange Fahrt war, mussten wir früh losfahren. Und weil wir früh losfahren mussten, mussten wir früh geweckt und ins Auto getragen werden.

Die Fahrt mit dem Auto dauerte insgesamt zwei Tage. Wir fuhren los, wenn es noch dunkel war und mein Bruder und ich noch schliefen, und wir kamen am ersten Tag an auf einem Campingplatz in einer Stadt, die Zagreb hieß, wenn es schon dunkel war. Auf dem Weg nach Zagreb fuhren wir über zwei Grenzen. Dass es Grenzen waren, wusste ich, weil mein Vater sagte: Jetzt kommt die Grenze. Wenn mein Vater das sagte, öffnete meine Mutter, die auf dem Beifahrersitz saß, das Handschuhfach, holte unsere vier Pässe heraus, öffnete sie auf der Seite, auf der das Bild meines Vaters, meiner Mutter, meines Bruders oder mein Bild waren, legte die Pässe säuberlich übereinander und klappte sie zusammen. Dann drehte sich meine Mutter zu uns um und sagte: Ihr setzt euch ordentlich hin und sagt nichts. Wir wollen nicht, dass die uns rausziehen und den ganzen Wohnwagen auseinandernehmen.

Rausziehen bedeutete, dass die Grenzbeamten meinem Vater winkten, dass er unser Auto von der Straße fuhr und neben dem Grenzhäuschen parkte. Ich wusste, was das bedeutete, weil ich im vergangenen Jahr, als wir über die Grenze zwischen Österreich und Jugoslawien fuhren, einen VW-Bus gesehen hatte, der hinter dem Grenzhäuschen auf einem Parkplatz stand. In dem VW-Bus krochen zwei Grenzbeamten umher, neben dem VW-Bus standen ein junger Mann und eine junge Frau, und um den VW-Bus lagen lauter Taschen und Bettzeug und ein Gaskocher und Jacken und andere Klamotten. Die haben sie rausgezogen, sagte mein Vater. Dann lachte er.

Wenn wir rausgezogen werden würden, das wusste ich seitdem, dann würden die Grenzbeamten unser Auto und den Wohnwagen untersuchen. Mein Vater müsste den Kofferraum öffnen und alles herausräumen, was dort hineingestopft war, und er müsste die Polster im Wohnwagen hochheben, damit die Grenzbeamten die Fächer unter den Polstern untersuchen konnten, in denen meine Mutter unsere Handtücher und meine Flossen und meine Taucherbrille und die ganzen anderen Klamotten und die Konservendosen und die Tütensuppen ordentlich verstaut hatte. Wenn die Grenzbeamten mit der Untersuchung fertig gewesen wären, hätte meine Mutter alles wieder einräumen müssen, und dann hätte sie, das war ja wohl klar, das niemals wieder so ordentlich in den Fächern verstauen können. Deshalb mussten wir uns ordentlich hinsetzen und ordentlich gucken und nichts sagen.

Wir setzten uns ordentlich hin, und wenn wir das Grenzhäuschen sehen konnten, reckten wir die Köpfe, um zu sehen, wer in dem Häuschen saß, aber versuchten dabei weiter ordentlich zu sitzen. In dem Häuschen saß ein Mann in Uniform, der Grenzbeamte. Wenn mein Vater unser Auto auf Höhe des Grenzhäuschens abgebremst hatte, reichte meine Mutter meinem Vater den Stapel mit unseren vier Pässen, und mein Vater reichte den Stapel weiter an den Grenzbeamten. Der Grenzbeamte nahm den ersten Pass vom Stapel und sah meinen Vater an, dann schloss er den Pass und legte ihn neben den Stapel. Er nahm den zweiten Pass, sah meine Mutter an und legte den Pass weg. Er nahm den dritten Pass, sah meinen Bruder an, und ich sah meinen Bruder an und sah, dass mein Bruder am liebsten grinsen würde, sich aber das Grinsen verkniff. Als ich zurück zum Grenzbeamten schaute, sah der mir schon direkt in die Augen. Ich erschreckte mich, blieb aber ganz ruhig. Ich hatte das Gefühl, dass mich der Grenzbeamte länger ansah als die anderen. Ich versuchte möglichst unverdächtig auszusehen. Ich durfte auf keinen Fall grinsen. Allerdings, dachte ich, auf dem Foto in meinem Pass lächle ich ein klein wenig. Es ist kaum zu sehen, aber ich wusste es, weil ich ja ein klein wenig gelächelt hatte, als das Foto gemacht wurde, weil der Fotograf, der das Foto gemacht hatte, eine Glatze hatte und ich lustig fand, wie er aussah. Wenn ich jetzt nicht genauso aussehe wie auf dem Foto in meinem Pass, dachte ich, könnte der Grenzbeamte vielleicht Verdacht schöpfen und uns rausziehen. Wenn ich aber nicht nur ein klein wenig lächle, sondern womöglich grinsen muss, schöpft der Grenzbeamte auch Verdacht und zieht uns raus. Also versuchte ich, möglichst genau so ein klein wenig zu lächeln wie auf dem Passfoto.

Als ich noch darüber nachdachte, wie ich am besten lächeln sollte, klappte der Grenzbeamte meinen Pass zu, legte ihn auf die anderen und reichte den Stapel wortlos meinem Vater. Mein Vater sagte Danke, gab die Pässe meiner Mutter und fuhr los. Der Parkplatz hinter dem Grenzhäuschen war diesmal leer.

Manchmal mussten mein Bruder und ich unsere Köpfe auch gar nicht recken, weil wir schon von Weitem sehen konnten, dass die Grenzbeamten neben dem Grenzhäuschen standen. Mein Vater fuhr dann langsam an die Grenzbeamten heran, und wenn wir nur noch ein paar Meter entfernt waren, dann beugten sie sich herab und sahen durch die Autofenster zu uns herein. Dann richteten sie sich wieder auf, wedelten mit einer Hand, als wollten sie eine Fliege verscheuchen, die vor ihrem Bauch herumflog, und mein Vater hielt unser Auto nicht am Grenzhäuschen an, sondern fuhr einfach langsam an den Grenzbeamten vorbei. Wenn er an ihnen vorbei war, gab er Gas.

Meine Mutter klappte jeden unserer Pässe einzeln zu und räumte den Stapel wieder in das Handschuhfach.

Wenn wir in den Sommerferien nach Jugoslawien verreisten, fuhren wir am ersten Tag über zwei Grenzen. Am zweiten Tag fuhren wir über keine Grenze mehr. Die erste Grenze am ersten Tag war die zwischen Deutschland und Österreich. Die zweite Grenze war die zwischen Österreich und Jugoslawien. Deshalb wusste ich, dass Zagreb schon in Jugoslawien lag.

Am zweiten Tag fuhren wir nicht so früh los. Es war hell, und wir mussten selbst vom Wohnwagen ins Auto laufen. Auf der Fahrt sah ich die meiste Zeit aus dem Fenster. Manchmal drehte ich mich um, weil ich das Gefühl hatte, wir hätten den Wohnwagen verloren, also drehte ich mich um, um zu sehen, ob der Wohnwagen noch da war. Mein Bruder sah die meiste Zeit nicht aus dem Fenster. Meist lag er neben mir auf dem Rücksitz und versuchte zu schlafen. Aber weil er, als es dunkel war, im Wohnwagen geschlafen hatte, konnte er jetzt im Auto nicht mehr schlafen. Er legte sich trotzdem hin und schloss die Augen. Manchmal fragte er mich: Kann man das Meer schon sehen? Ich sagte: Noch nicht. Dann drehte er sich auf die Seite, das Gesicht nach vorn mit Blick auf die Lehne des Fahrersitzes. Die Sohlen seiner Füße lagen an meinem Oberschenkel. Er bewegte die Beine. Ich schob die Beine weg. Er schon die Beine wieder zurück. Ich schob die Beine wieder weg. Meine Mutter sagte: Gebt doch Ruhe dahinten.

Wenn wir länger keine Ruhe gaben, sagte mein Vater: Ruhe. Meine Mutter sagte dann: Habt ihr Hunger? Wir hatten immer Hunger. Meine Mutter holte aus dem Einkaufskorb, den sie die ganze Fahrt über zwischen ihren Füßen stehen hatte, zwei Äpfel oder zwei Butterbrote oder zwei Birnen und gab sie uns nach hinten. Wenn sie uns zwei hart gekochte Eier gab, reichte sie uns auch ein Taschentuch nach hinten. In das Taschentuch legten wir ordentlich die Schalen, wenn wir unsere beiden hart gekochten Eier schälten. Wenn wir die hart gekochten Eier geschält hatten, gab uns meine Mutter einen Salzstreuer nach hinten. Wenn wir die geschälten Eier salzten, achteten wir darauf, dass das Salz nur auf das Ei oder das Taschentuch fiel. Wenn wir jeder unser Ei aufgegessen hatten, legten wir das Taschentuch zusammen und gaben es meiner Mutter nach vorne, die das Taschentuch in die Plastiktüte steckte, in die der ganze Müll kam.

Wenn die Fahrt sehr lange dauerte, dann drehten mein Bruder und ich uns um, knieten uns hin und legten unsere Köpfe auf die Ablage hinter der Rückbank, auf der die Klopapierrolle mit der gehäkelten rosa Mütze stand, um aus dem hinteren Autofenster zu sehen. Aus dem hinteren Autofenster konnte man aber nur den Wohnwagen sehen, deshalb setzten wir uns meist wieder hin.

Wenn wir uns sehr langweilten, stritten mein Bruder und ich uns. Wir kratzten und knufften uns, manchmal rauften wir auch, und mein Bruder schrie, ich hätte angefangen, und ich schrie, mein Bruder hätte angefangen. Wenn wir zu kräftig rauften, aber das kam nur selten vor, streckte mein Vater seinen rechten Arm von vorne durch den Zwischenraum zwischen Fahrer- und Beifahrersitz und schlug zwei Mal kurz zu. Mal traf er meinen Bruder, mal traf er mich. Manchmal kam unser Auto dabei kurz ins Schlingern. Wir erschraken und waren dann erst einmal still.

Wenn der Korb, der zwischen den Füßen meiner Mutter stand, fast schon leer gegessen war, dann war plötzlich das Meer zu sehen. Mein Vater lenkte unser Auto durch enge Kurven, links und rechts konnte man grüne Wiesen sehen, die gesprenkelt waren mit weißen Steinen. Dann fuhr unser Auto über eine Kuppe, und oben auf der Kuppe, wenn man einen kurzen Moment lang dachte, das Auto könnte abheben wie ein Flugzeug, und das Auto dann wieder nach vorne kippte, war da plötzlich alles blau zwischen dem Hinterkopf meines Vaters und dem Hinterkopf meiner Mutter. Jetzt sind wir gleich da, sagte meine Mutter.

Mein Vater lenkte unser Auto und den Wohnwagen die Passstraße hinunter, dann bogen wir links ab. Wir fuhren weiter, immer am Meer entlang. Ich konnte rechts aus dem Fenster schauen und fast immer das Meer sehen, deshalb hatte ich mich am Morgen hinter den Beifahrersitz gesetzt. Nur manchmal verschwand das Meer hinter einem Felsen oder wir fuhren durch einen Tunnel, aber ich hatte keine Angst, dass das Meer wieder verschwinden könnte. Ich wusste, dass es rechts von mir bleiben würde, bis mein Vater bremsen und vorsichtig abbiegen würde. Das Auto fiel mit einem kleinen Knall von der Straße ein paar Zentimeter herunter, dass ich auf dem Rücksitz einen kleinen Hüpfer machte. Eine Sekunde später, wenn der Wohnwagen von der Straße fiel, gab es noch einen kleinen Hüpfer. Dann hörte man durch das Autofenster, das ich heruntergekurbelt hatte, wie die Räder des Autos und die Räder des Wohnwagens auf dem Schotter knirschten. Mein Vater fuhr ganz langsam und steuerte vorsichtig um Schlaglöcher herum. Die könnten endlich mal ihre Straße asphaltieren, sagte mein Vater. Wir waren da.

Auf dem Campingplatz war alles anders als zu Hause. Mein Bruder ich liefen den ganzen Tag in Badehose herum. Es war heiß, und die Sonne schien. Wir waren den ganzen Tag draußen, aber nur, wenn uns meine Mutter mit Sonnencreme eingeschmiert hatte. Nur wenn es regnete, aber das kam sehr selten vor, zogen wir einen Pullover an und blieben im Wohnwagen. Dann las ich den ganzen Tag, aber es regnete nicht oft, eigentlich regnete es nie.

Auch mein Vater hatte den ganzen Tag eine Badehose an und meine Mutter einen Bikini. Sogar zum Frühstück saßen wir auf Campingstühlen vor dem Wohnwagen und trugen nur Badehose und Bikini. Wenn jemand vorbeikam, der meist auch nur eine Badehose anhatte, sagten wir: Guten Morgen. Wenn jemand aus dem Wohnwagen nebenan kam, sagte der auch: Guten Morgen. Nur manchmal sagte jemand: Good Morning. Das war dann Englisch, und meine Mutter sagte zu meinem Vater: Das sind Holländer.

Jeden Morgen holte meine Mutter vier blaue Teller aus Plastik und ein Holzbrettchen aus einem Fach über der Spüle beim Kühlschrank und stellte sie vor den Ausgang des Wohnwagens. Ich nahm die Teller und das Holzbrettchen und stellte sie auf den Campingtisch, der vor dem Wohnwagen unter dem dunkelblauen Vordach stand, das mein Vater an den Wohnwagen angebaut hatte, nachdem wir angekommen waren. Dann holte ich vier Messer, die Butterdose, den Korb mit aufgeschnittenem Brot, das Glas Marmelade, das wir mitgebracht hatten, und das Glas Nutella, das wir auch mitgebracht hatten. Ich stellte alles auf den Campingtisch zwischen die Teller.

Während ich den Tisch deckte, saß mein Vater schon am Tisch und schälte Knoblauchzehen. Weil er nur eine Badehose trug, konnte ich sehen, dass er schwitzte, weil es schon morgens heiß war. Er nahm das Holzbrettchen und hackte darauf den geschälten Knoblauch. Dann bestrich er zwei Brote mit Butter, verteilte andächtig die Knoblauchstückchen auf die beiden Brote und salzte sie. Wenn alle am Tisch saßen, schnitt er eines der beiden Brote in zwei Hälften und reichte eine Hälfte über den Campingtisch hinweg meiner Mutter. Anderthalb Brote aß er selber. Die restliche Hälfte aß meine Mutter. Sonst kann ich den Gestank nicht ertragen, sagte meine Mutter. Mein Vater lachte. Zu Hause kann ich das doch nicht essen, sagte er. Die Kollegen im Büro, die würden schön meckern, wenn ich so stinke. Dann lachte er noch einmal.

Mein Bruder und ich fanden nicht, dass mein Vater stinkt. Wir fanden, im Wohnwagen riecht es, wie es immer im Wohnwagen riecht in diesen vier Wochen in Jugoslawien.

Nach dem Frühstück durften wir machen, was wir wollten. Meistens wollten wir an den Strand. Am Strand waren alle unsere Freunde, die wir dort kennengelernt hatten. Wenn der Wohnwagen so stand, dass meine Eltern von ihrem Platz vor dem Wohnwagen den Strand sehen konnten, dann durften wir allein zum Strand. Du passt auf deinen Bruder auf, sagte meine Mutter.

Wenn wir Hunger bekamen, gingen wir vom Strand zurück zum Wohnwagen. In den vier Wochen in Jugoslawien gab es nie ein warmes Mittagessen wie zu Hause. Es ist viel zu heiß, sagte meine Mutter, da hat man doch gar keinen Hunger. Weil mein Bruder und ich aber trotzdem Hunger hatten, rührte uns meine Mutter einen Pudding an. Der Pudding heißt Paradiescreme, so steht es auf der Verpackung. Mein Bruder und ich konnten uns aussuchen, ob wir Vanille oder Himbeere wollten. Wir hatten jeden Sommerurlaub vier große Packungen Paradiescreme dabei. In jede, so stand es auf der Verpackung, passten 1000 Gramm. Für die Paradiescreme musste man die Milch nicht kochen, das fand meine Mutter praktisch. Da kann mir die Milch auch nicht anbrennen, sagte sie. Weil man die Paradiescreme in kalte Milch rühren kann, war die Paradiescreme immer schön kalt, wenn wir sie aßen. Das fand ich gut, weil ich keinen warmen Pudding mochte.

Nachmittags kam jeden zweiten, dritten Tag ein jugoslawischer Bauer vorbei. Der Bauer trug zwei riesige Plastikkanister, in denen eine tiefrote Flüssigkeit schwappte. Mein Vater saß in seinem Campingstuhl vor dem Wohnwagen, der Jugoslawe setzte seine Kanister ab. Mein Vater holte ein kleines Wasserglas aus dem Wohnwagen, der Jugoslawe goss ihm aus einem der Kanister ein halbes Glas ein. Mein Vater nippte an dem Glas, dann nickte er. Der Jugoslawe begann zu gestikulieren, er hielt eine bestimmte Anzahl Finger hoch. Nach einer Weile nickte mein Vater noch einmal und holte dann einen Plastikkanister aus dem Wohnwagen, der aber kleiner war als der des Jugoslawen. Der Jugoslawe reichte meinem Vater einen gelben Plastiktrichter, dann füllten die beiden, andächtig vertieft in ihr Geschäft, die rote Flüssigkeit vom großen jugoslawischen Plastikkanister in den kleineren deutschen Plastikkanister. Dann gab mein Vater dem Jugoslawen Geld. Ich saß im Eingang des Wohnwagens, meine nackten Füße standen auf dem klappbaren Tritt, auf den man steigen musste, um in den Wohnwagen zu kommen. Unter meinen nackten Fußsohlen kitzelte der stachlige Fußabstreifer aus Plastik, der auf dem Tritt lag und aus dem meine Mutter jedes Mal nachdem wir vom Strand kamen, den Sand ausschüttelte. Zwei, drei Tage später kam der Jugoslawe, wieder, es war immer derselbe Jugoslawe, und es war immer derselbe Rotwein, aber das weitgehend wortlose Schauspiel wiederholte sich wie ein lieb gewonnenes Ritual auf ein Neues.

Der Rotwein im Kanister gehörte zu den vier Sommerwochen in Jugoslawien wie die Geschichten von dem großen Wind. Die Bora heißt der Wind, von dem Wunderdinge erzählt werden. Die Bora käme aus den Bergen herab, falle in Böen über die Küste her, werfe alles ins Meer, was sich ihr in den Weg stellt. Im Meer angekommen, versenkt sie Fischerboote, an Land knickt sie Strommasten um wie Streichhölzer. Manchmal soll die Bora auch Frost mit sich bringen aus dem Osten und Schnee verteilen mitten im Sommer. Urlauber, die vom benachbarten Wohnwagen herübergekommen sind, ihre Campingstühle mitgebracht haben und den Rotwein trinken, den mein Vater aus seinem Plastikkanister ausschenkt, erzählten Geschichten über die Bora, die ich kaum glauben konnte. Die Bora, hieß es, sei so stark, dass sie sogar einen Wohnwagen in die Luft heben und von der Küstenstraße ins Meer tragen könne. Sie würden eine Familie kennen, erzählten die Urlauber aus dem benachbarten Wohnwagen, nachdem mein Vater zum dritten Mal aus dem Kanister nachgeschenkt hatte, die hätten nicht einmal bemerkt, wie die Bora ihnen den Wohnwagen weggeweht habe. Irgendwann hätte sich der Vater, der das Auto gefahren habe, gewundert, dass das Auto so schnell fährt trotz Wohnwagen. Da hätten sie sich umgesehen, und der Wohnwagen war weg. Sie wären umgedreht, und erst Kilometer später hätten sie den Wohnwagen wiedergefunden, er habe unten gelegen, am Fuße der Steilküste, fast im Wasser. Glück hätten sie gehabt, großes Glück, dass der Wohnwagen nicht das Auto mit ihnen drin die Steilküste hinuntergezogen habe.

Ich wusste nicht, ob ich diese Geschichten glauben sollte. Zu rot waren die Gesichter, die sie erzählten, zu schwer die Zungen. Meine Tage auf dem Campingplatz waren auch so aufregend genug. Schon jeder Gang zum Klohäuschen war ein Abenteuer. Es gab nur ein einziges Klohäuschen auf dem ganzen, mir riesig erscheinenden Campingplatz. In dem Klohäuschen waren vier Klos, wie ich sie noch nie gesehen hatte. Solche Klos gab es bei uns zu Hause nicht. In den Klos konnte man sich nicht hinsetzen. Die Klos hießen Stehklos, man musste sich in ihnen hinhocken auf zwei Tritte, und in der Mitte war das Loch. Aus dem Loch stank es fürchterlich, viel schlimmer als in unserem Wohnwagen. An den nackten Betonwänden neben den Klos liefen braune, dünne Striche kreuz und quer. Die Tür musste ich mit dem Ellbogen öffnen, weil ich mit der linken Hand meine Nase zuhalten und in der rechten das Klopapier tragen musste, das man mitbringen musste, weil es kein Klopapier im Klohäuschen gab. Im Klo ließ ich meine Nase los, hielt die Luft an, verriegelte die Tür mit dem Haken und zog so schnell es ging meine Badehose hinunter. Man musste sich große Mühe geben, dann schaffte man es, auf dem Stehklo in die Hocke zu gehen, mit der linken Hand die Nase zuzuhalten, in der rechten das Klopapier festzuhalten, und trotzdem nicht umzufallen. Früher, als ich noch nicht so geübt war, konnte es vorkommen, dass ich mich abstützen und mit der Hand kurz in die braunen Linien an der Wand greifen musste.

Einmal musste ich ganz dringend aufs Klo. Ich hatte mir schnell die Badehose heruntergerissen, nicht vergessen, mir mit der linken Hand die Nase zuzuhalten, und war balancierend in die Hocke gegangen. Als ich fertig war, fiel mir ein, dass ich vergessen hatte, Klopapier aus dem Wohnwagen mitzubringen. Seitdem weiß ich, dass die braunen Linien an der Wand die Spuren meiner Vorgänger sind, die auch ihr Klopapier vergessen hatten. Danach habe ich das Klopapier fast nie wieder vergessen, aber wenn es mir passiert war, dann tröstete ich mich mit dem Gedanken, dass manche dieser Spuren auch von mir stammten, dass ich meinen Nachfolgern auf diesem einsamen Campingplatz an der jugoslawischen Küste, mitten im sozialistischen Ostblock, auch etwas hinterlassen haben werde.

Selten machten wir Ausflüge. Wenn, dann fuhren wir ein Stück an der Küste entlang, spazierten eine halbe Stunde durch ein namenloses Dorf, und meine Mutter verschwand in einer Kirche. Wenn sie wieder herauskam, fuhren wir in ein Restaurant und aßen gegrilltes Hackfleisch, das mal Cevapcici hieß, mal Pleskavica, uns aber immer gleich gut schmeckte, auch wenn es eine ganz andere Form hatte.

Nach einem dieser Ausflüge kamen wir zurück, und der Campingplatz hatte sich verändert. Es war Nachmittag, und schon kurz nach dem Eingang zum Campingplatz, als unser Auto den kleinen Hüpfer gemacht und die Autoreifen auf dem Schotter geknirscht hatten, sahen wir ein Hauszelt, das an einem Wohnmobil klebte wie die Zellophanfolie, mit der meine Mutter immer die Brote einwickelte, die sie schmierte und auf langen Fahrten in dem Weidenkorb zwischen ihren Füßen aufbewahrte.

Andere Zelte lagen platt am Boden. Das Vorzelt eines

Wohnwagens hatte sich um seinen eigenen Wohnwagen herumgewickelt. Überall lagen zerfetzte Zeltplanen und verwaiste Zeltstangen, leere Kanister rollten herum, fremd gegangene Campingstühle klapperten. Das sieht ja aus wie auf einem Schlachtfeld, sagte meine Mutter. Mein Vater fuhr immer schneller, eigentlich zu schnell für die ausgefahrenen, holprigen, meist nicht einmal geschotterten Wege des Campingplatzes. Wir mussten über den ganzen Platz, unser Wagen stand am Rand einer kleinen Klippe mit Blick aufs Meer, dem Wind ungeschützt preisgegeben. Doch der Wagen stand noch. Nur der Grill war umgekippt, die Schwimmflossen hatte es bis zu den Nachbarn geweht, der Fußball war verschwunden. Die Wäscheleine war leer, aber hing noch zwischen den beiden kahlen Bäumen hinter unserem Wohnwagen, zwischen die sie meine Mutter am Tag nach unserer Ankunft gespannt hatte.

Doch das Vordach aus blauem Stoff, das uns sonst immer Schatten spendete, wenn wir vor dem Wohnwagen saßen, war nach unten geklappt und versperrte nun den Eingang zum Wohnwagen. Der Wind kam vom Meer und war immer noch so stark, dass mein Vater das Vordach nicht hochheben konnte. Meine Mutter, mein Bruder und ich standen im Wind und froren und sahen zu, wie mein Vater versuchte, den Wohnwagen, unser Zuhause, unsere Zuflucht, für uns zu öffnen. Wie er hilflos an der blauen Plane zog. Wie er versuchte, die Fenster zu öffnen, die aber von innen verschlossen waren.

Der Wind blies, und es regnete leicht, und irgendwann sagte mein Vater: Geht mal lieber wieder ins Auto. Also gingen meine Mutter, mein Bruder und ich ins Auto. Meine Mutter setzte sich nach vorn, auf den Beifahrersitz, wo sie immer saß, und blickte starr nach vorne aus dem Fenster auf das, was sie eben noch ein Schlachtfeld genannt hatte. Ihre Oberlippe war leicht gekräuselt, genau so, wie sie sich kräuselte, wenn sie im Restaurant etwas bestellte und der Kellner nicht sofort verstand, was sie haben wollte. Mein Bruder und ich saßen auf der Rückbank, wir schauten durchs hintere Fenster und beobachteten den einsamen Kampf meines Vaters mit dem blauen Vordach und den Naturgewalten.

Der Wind wurde wieder stärker. Mein Bruder und ich konnten sehen, wie meinem Vater die blaue Plane aus der Hand gerissen wurde und er sich auf die dem Wind abgewandte Rückseite des Wohnwagens flüchtete. Dort saß er nun, mit dem Rücken an die Wohnwagenwand gelehnt, die dunkelbraunen Haare pappten nass an seiner Stirn. Der Wind war einen Moment so stark, dass das Auto wackelte. Meine Mutter drehte sich kurz um, sah an uns vorbei und meinen Vater an der Wohnwagenwand sitzen. Dann drehte sie sich wortlos wieder um.

Irgendwann hatte der Wind leicht nachgelassen. Mein Vater war ins Auto gekommen. Mit knapper Not hatte er die Fahrertür öffnen können. Als er sich ins Auto gezwängt hatte, schlug der Wind die Tür krachend zu. Mein Vater lachte. Dann schaltete er das Autoradio ein. Es knisterte. Kein Sender war zu finden. Keine Musik, keine Nachrichten, nicht einmal jugoslawische. Mein Vater drehte das Autoradio wieder ab.

Später hörte der Wind dann plötzlich von einer Sekunde auf die andere auf zu blasen. Wir konnten aus dem Auto steigen, und mein Vater hob das blaue Vordach hoch. Wir kletterten durch die Tür, und im Wohnwagen sah es aus wie immer. Kein einziges Geschirrteil war umgefallen, sogar die Blumen standen noch in ihrer Vase auf dem Esstisch. Meine Eltern begannen aufzuräumen. Meine Mutter machte sich auf die Suche nach den Wäschestücken, die von der Wäscheleine geweht worden waren, fand die immer noch nassen Sachen schnell, sie klebten meist an anderen Wohnwagen. Ich nahm meinen Bruder an der Hand und ging los, um zu sehen, wie es den Wohnwagen und Zelten, in denen unsere Freunde wohnten, ergangen war. Die Wohnwagen standen alle noch an ihrem Platz, aber manche Zelte waren über den ganzen Platz geweht worden. Ich begann einige der Geschichten über die Bora zu glauben.

Als wir zurückkamen, stand das Vordach wieder. Ich drehte mich um, blickte zum ersten Mal, seit der Wind sich aus dem Bergen zu unserem Campingplatz aufgemacht hatte, hinaus aufs Meer. Das Wasser war nicht blau wie sonst, sondern grau, fast schwarz. Aber sonst war alles wieder, wie es gewesen war, bevor die Bora gekommen war.

Ein paar Tage nach der Bora war es wieder so heiß, wie es immer war auf dem Campingplatz in Jugoslawien. Mein Bruder und ich hatten den ganzen Tag am Strand gespielt, und wir hatten mittags jeder eine große Schüssel Paradiescreme vertilgt. Wir stellten uns unter die Duschen, die am Strand standen, und spülten uns das Salz von den Beinen und den Armen und die kleinen Kieselsteine, die auf den Sohlen unserer Füße klebten. Das machten wir jeden Nachmittag, weil meine Mutter das gesagt hatte. Dann zogen wir unsere Plastiksandalen an und gingen den kurzen, aber steilen Weg auf die kleine Klippe, auf der unser Wohnwagen stand.

Vor dem Wohnwagen stand mein Vater vor dem Grill und blies mit der Fußpumpe, die wir sonst dazu benutzten, Luftmatratzen aufzupumpen, in die Holzkohlen. Ich verstaute die Flossen und die Taucherbrille an ihrem Platz unter dem Wohnwagen, dann setzte ich mich auf einen Campingstuhl und sah meinem Vater zu. Die Holzkohlen glühten schon. Mein Vater sah mich an. Warum hast du die Hand in der Hose?, fragte er mich.

Ich stellte jetzt erst fest, dass ich die Hand in der Badehose hatte. Dass ich mich kratzte.

Ich kratze mich, sagte ich. Es juckt.

Meine Mutter streckte den Kopf aus dem Wohnwagen. Komm mal rein, sagte sie.

Ich ging in den Wohnwagen.

Zieh mal deine Hose runter, sagte meine Mutter.

Ich zog meine Hose herunter.

Zieh mal die Vorhaut zurück, sagte meine Mutter.

Die Vorhaut?, fragte ich.

Meine Mutter ging aus dem Wohnwagen und kam zurück mit dem Tritt, auf den man stieg, wenn man in den Wohnwagen ging. Hinter sich schloss sie die Wohnwagentür. Sie setzte sich auf eine der Sitzbänke im Wohnwagen und stellte den Tritt vor sich.

Stell dich mal da drauf, sagte sie.

Ich stelle mich auf den Tritt.

Mach mal die Augen fest zu, sagte meine Mutter.

Ich schloss die Augen. Ich spürte, dass sie mich anfasste. Ich zuckte. Es tat höllisch weh.

Wenn du pinkelst, brennt es dann?, fragte meine Mutter.

Ja, sagte ich. Ich öffnete die Augen. Dort, wo sonst meine Pisse herauskam, guckte nun etwas heraus, das aussah wie eine Fingerkuppe eines sehr kleinen Fingers. Die Fingerkuppe war ganz rot. Meine Mutter stand auf und ging in das kleine Wohnwagenklo, das wir nie benutzen durften, weil es auf jedem Campingplatz ja ein Klo gab. Sie holte einen Waschlappen aus dem Klo, ging zur Spüle, durchnässte den Waschlappen und drehte ihn dann zwischen beiden Händen, dass das Wasser unten heraustropfte, ganz so, wie sie es immer machte, wenn mein Bruder und ich nach dem Frühstück die Münder mit Nutella verschmiert hatten.

Du sollst doch die Augen zumachen, sagte meine Mutter.

Ich schloss die Augen wieder. Ich spürte den kalten Waschlappen, und dann spürte ich den Schmerz. Noch mehr Schmerzen.

Als die Schmerzen nachließen, sagte meine Mutter: Wenn du das nächste Mal pinkelst, ziehst du die Haut zurück beim Pinkeln. Und das machst du dann immer so.

Ich nickte.

Und wenn wir wieder zu Hause sind, dann gehen wir mal zum Arzt.

Der restliche Urlaub auf dem Campingplatz in Jugoslawien verlief genauso wie vor dem Tag mit dem Waschlappen. Wir standen auf, mein Vater hackte Knoblauch, wir frühstückten, wir gingen zum Strand, wir aßen Paradiescreme, mein Vater kaufte Rotwein, wir aßen Abendessen, wir gingen schlafen im Wohnwagen. Wenn ich pinkeln ging, schob ich das, was meine Mutter die Vorhaut genannt hatte, immer so weit zurück, bis es wehtat. Das Pinkeln brannte fast gar nicht mehr.

Als die vier Wochen zu Ende waren, baute mein Vater das Vorzelt ab, meine Mutter verstaute meine Flossen und meine Taucherbrille und alle unsere anderen Klamotten in den Fächern unter den Sitzbänken. In dem Fach, in dem auf der Hinfahrt Konservenbüchsen und große Packungen mit Paradiescreme versteckt waren, lag nun der Plastikkanister mit Rotwein und kreisrunde, flache Flaschen, in denen eine durchsichtige Flüssigkeit war. Das sind lustige Flaschen, sagte ich, als mein Vater die Flaschen in das Fach legte und jede Flasche mit einem T-Shirt umwickelte. Das ist Sliwowitz, sagte mein Vater.

Was ist Sliwowitz?, fragte ich.

Das ist ein Schnaps, sagte mein Vater.

Ich wusste, was ein Schnaps ist, seit ich das erste Mal betrunken war. Wir waren im vergangenen Winter bei meinem Patenonkel Karlheinz und bei meiner Patentante Hannelore. Hannelore war eigentlich nicht meine Patentante, weil mich Onkel Karlheinz gehalten hatte, als ich getauft wurde, so hatten es mir meine Eltern erzählt, und es gab auch ein Foto, auf dem Onkel Karlheinz zu sehen ist, wie er ein weißes Bündel in den Armen hält. Ich bin auf dem Foto nicht zu sehen, aber ich war auch noch sehr klein.

Wir waren bei Karlheinz und Hannelore, weil Karlheinz Geburtstag hatte. Onkel Karlheinz hatte immer im Winter Geburtstag. Es waren noch ein paar andere Leute da, die alle um den Tisch im Wohnzimmer herumsaßen. Ich weiß nicht, ob mein Bruder auch dabei war, daran kann ich mich nicht erinnern. Ich kann mich aber daran erinnern, dass ich neben den Erwachsenen, die sich unterhielten, auf der Bank sitzen durfte. Und dass auf dem Tisch zwischen den großen Gläsern und den Flaschen lauter kleine Gläschen herumstanden, die wie Gläser für Puppen aussahen. Ich sammelte alle Puppengläser ein und stellte sie ordentlich nebeneinander. Dann zählte ich die Puppengläser. Es waren acht Stück. In allen acht Puppengläsern war noch ein kleines bisschen zu trinken. Manches von dem zu trinken war rot, in einem Glas war etwas Grünes, und in den meisten war das, was noch drin war, durchsichtig.

Die Erwachsenen unterhielten sich, manche rauchten. Meine Eltern rauchten nicht. Ich kippte das, was im ersten Puppenglas noch zu trinken war, in das zweite Puppenglas. Dann war im zweiten Puppenglas schon ein wenig mehr zu trinken. Im dritten Puppenglas war es rot. Ich kippte das zweite Puppenglas ins dritte, und das Rot wurde viel heller. Als ich die ersten sieben Puppengläser ins achte und letzte gekippt hatte, war das Glas fast voll. Die Farbe war nicht mehr rot und nicht mehr grün, aber auch nicht mehr richtig durchsichtig. Ich roch an dem Glas, es roch scharf, aber auch süß, sehr seltsam.

Was dann passiert ist, daran kann ich mich nicht mehr erinnern. Meine Mutter hat mir erzählt, dass ich den ganzen Abend ganz fröhlich auf der Bank zwischen den Erwachsenen herumgeklettert bin und mit Gläsern gespielt hatte. Aber plötzlich hätte ich mich auf den Teppichboden gelegt und sei eingeschlafen.

Du warst besoffen, sagte mein Vater und lachte. Dein erster Rausch. Du fängst aber früh an. Das nächste Mal kriegst du keinen Schnaps mehr.

Deswegen wusste ich, was Schnaps ist. Und dass den eigentlich nur Erwachsene trinken durften.

Als mein Vater den Sliwowitz verstaut hatte, kurbelte er die Stützen des Wohnwagens hoch und hängte den Wohnwagen an die Anhängerkupplung unseres Autos. Dann fuhren wir los.

Als wir wieder zu Hause waren, ging mein Vater sofort wieder arbeiten. Ich ging mit meiner Mutter zu dem Arzt, zu dem wir immer gingen, wenn mein Bruder oder ich krank waren. Der Arzt hörte sich an, was meine Mutter ihm von dem Tag mit dem Waschlappen erzählte. Dann schickte der Arzt uns zu einem anderen Arzt.

Eine Woche später gingen wir zu dem anderen Arzt. Der andere Arzt wollte, dass ich meine Hose herunterlasse, aber ich hatte keine Badehose an diesmal, weil wir ja nicht mehr an den Strand gehen konnten, wir waren ja wieder zu Hause. Stattdessen trug ich eine kurze Hose, weil Sommer war, und eine Unterhose. Ich zog beide Hosen herunter. Ich untersuche dich jetzt, sagte der andere Arzt. Der Arzt sagte nicht, dass ich die Augen zumachen sollte, aber ich guckte lieber über seinen Kopf an die Wand. Die Wand war weiß. Als der Arzt mich untersuchte, tat es nur ein bisschen weh, lange nicht so schlimm wie an dem Tag auf dem Campingplatz mit dem Waschlappen.

Du kannst dich wieder anziehen, sagte der Arzt.

Dann setzte sich der Arzt hinter seinen Schreibtisch. Ich zog mich an und setzte mich auf den Stuhl neben meiner Mutter, der vor dem Schreibtisch stand. Der andere Arzt redete dann eine Weile mit meiner Mutter. Er sagte Sachen wie Entzündung, Verengung der Vorhaut, Operation und Routine. Dann gingen meine Mutter und ich wieder nach Hause.

Zweite Tage später aßen mein Vater, meine Mutter, mein Bruder und ich wie jeden Abend Abendbrot. Es gab paniertes Kotelett und Kartoffelbrei. Du wirst am Freitag operiert, sagte meine Mutter zu mir. Und dein Bruder auch.

Alles in einem Aufwasch, sagte mein Vater, dann haben wir es hinter uns.

Niemand sagte: Alles wird gut. Aber ich dachte: Alles wird bestimmt gut.

Wir aßen unser paniertes Kotelett und den Kartoffelbrei. Mit spitzen Zähnen knabberte ich die letzten Fleischstücken vom Knochen. Das Kotelett schmeckte gut.

Ich bin **neun** Jahre alt und schlafe. Gleich werde ich wach sein, mein Vater wird mich wecken. Er wird den langen Flur entlang kommen, wird aus dem Wohnzimmer kommen, sich nach rechts drehen, den Flur entlang gehen, er wird weniger brauchen als die siebzehn Schritte, die ich brauche, mein Vater ist größer als ich. Viel größer, er macht längere Schritte.

Ich brauche siebzehn Schritte, ich hab sie gezählt. Ich zähle sie jedes Mal, seit zwei Jahren, seit ich sieben Jahre alt bin, wenn ich nachts aufstehe, um aufs Klo zu gehen, zur Zimmertür schleiche, um meinen Bruder nicht zu wecken, dann leise die Tür öffne, und dann genau siebzehn Schritte den langen Flur entlang gehe im Dunkeln, weil ich das Licht nicht anmachen will, weil ich denke, wenn jemand in der Wohnung ist, ein Einbrecher vielleicht, der soll mich lieber nicht sehen, wenn ich im Schlafanzug aufs Klo gehe.

Wenn ich siebzehn Schritte brauche, dann braucht mein Vater vielleicht zwölf oder elf, denke ich. Ich weiß es nicht, aber vielleicht muss er sogar bloß zehn Schritte machen, um vom Wohnzimmer, wo der Fernseher läuft, den Flut entlang zu gehen. Aber ich weiß es nicht, ich kann ja nicht hören, wie viele Schritte mein Vater macht, während ich schlafe.

Ich weiß aber, dass mein Vater, wenn er wütend ist, nur neun Schritte durch den Flur braucht. Ich weiß das, weil ich ihn hören konnte, weil ich wach war, als er wütend war. Ich konnte jeden Schritt hören, weil mein Vater, wenn er wütend ist, fest auftritt. Er ging schnell, und ich wusste, er kam, weil mein Bruder und ich nicht schlafen konnten, weil wir herumtobten in unseren Betten. Einer hatte angefangen, mein Bruder oder ich, einer hatte im Dunkeln den Arm ausgestreckt, von einem Bett hinüber ins andere Bett, die beide im rechten Winkel mit den Kopfenden zueinander in einer Ecke unseres Kinderzimmers stehen und das Kinderzimmer fast ausfüllen, sodass gerade noch der Schreibtisch hineinpasst, an dem ich meine Hausaufgaben mache, und der Schrank, in dem meine Mutter die Sachen stapelt, die mein Bruder und ich anziehen und schmutzig machen und die meine Mutter dann in der neuen Waschmaschine, die neben der alten, verrosteten Heißmangel im Keller steht, wäscht und im Hinterhof zum Trocknen aufhängt und dann ordentlich zusammenlegt und in unseren Schrank legt.

Mein Bruder hatte seinen Arm ausgestreckt, er war nicht so müde wie ich, er geht zwar jetzt auch in die Schule, aber erst in die erste Klasse, das ist noch nicht schwierig, vielleicht ist er deshalb nicht so müde wie ich. Aber er muss auch stillsitzen in der Schule, und vielleicht war er deshalb nicht richtig müde und konnte noch nicht schlafen, also streckte er den Arm aus und versuchte mich zu kitzeln, und ich schob den Arm zurück, denn ich war müde, ich bin in der vierten Klasse und nach der Schule muss ich viele Hausaufgaben machen. Ich schob den Arm meines Bruders zurück, und der Arm kam wieder zurück, und ich schob ihn wieder zurück, und wir fingen an zu rangeln, und ich sprang ins Bett meines Bruders und setzte mich auf seinen Brustkorb und drückte seine Hände auf die Matratze, und ich sah ihn schwer atmen, und er wand und drehte sich und versuchte freizukommen, er wollte einfach nicht aufhören, er war noch nicht müde, und ich hörte mich laut schreien: Hör auf, hör doch auf. Und ich saß auf dem Brustkorb meines Bruders, unsere Bettdecken lagen schon halb auf dem Boden, und ich wusste in diesem Augenblick, dass ich viel zu laut gerufen hatte, und schon hörte ich meine Mutter den Flur entlangkommen, ich erkannte ihren Schritt, er ist leichter als der meines Vaters, und schnell kletterte ich hinüber in mein

Bett, zog die Bettdecke hoch und schlüpfte darunter und schloss die Augen. Ich konnte nicht sehen, was mein Bruder tat, weil es dunkel war, aber ich wusste, dass er auch unter die Bettdecke geschlüpft war, dass er auch so tat, als würde er schlafen. Ich konnte hören, wie die Tür zu unserem Kinderzimmer aufging. Ich öffnete die Augen, aber nur einen kleinen Spalt, sodass meine Wimpern noch über dem Spalt lagen und der Spalt nicht zu sehen war. Das hatte ich gelernt von Winnetou und Old Shatterhand, die benutzten den Trick mit dem schmalen, unter den Wimpern versteckten Spalt, wenn sie in Gefangenschaft waren und gefesselt und so tun mussten, als schliefen sie, und in Wirklichkeit beobachteten sie ihre Feinde und dachten sich einen Fluchtplan aus.

Durch die Wimpern sah ich wie durch einen Vorhang den Lichtstreifen, der durch die Tür auf den Boden des Kinderzimmers fiel. Meine Mutter konnte ich nicht sehen, aber ich wusste, sie stand noch im Flur, die Türklinke in der Hand. Ihr sollt doch schlafen, sagte meine Mutter. Schlaft jetzt. Dann schloss sie die Tür, und ich öffnete die Augen ganz, um mich herum war alles dunkel. Ich war ganz still, ich versuchte, lautlos zu atmen, so wie Winnetou, wenn er nicht in Gefangenschaft ist, sondern sich anschleicht in der Nacht ans Lager der Feinde. Ich hörte nichts, alles war still, nur das Atmen meines Bruders war zu hören, er kennt Winnetou noch nicht, er kann noch nicht gut genug lesen, er ist noch nicht lange genug in der Schule.

Mein Bruder und ich lagen ruhig, wir atmeten, aber wir konnten nicht schlafen. Der Arm meines Bruders kam herübergewandert, oder vielleicht war es auch mein Arm, der ins Bett meines Bruders wanderte, und es ging wieder hin und her, wir rauften schließlich, und einer schrie zu laut oder beide, und meine Mutter kam wieder, und diesmal machte sie das Licht an und schrie: Ihr sollt doch schlafen. Seid endlich still. Macht die Augen zu und schlaft.

Also schlüpften wir wieder unter unsere Bettdecken, schlossen die Augen, meine Mutter löschte das Licht und schloss die Tür. Aber mein Bruder und ich waren immer noch nicht müde, vielleicht waren wir auch nicht mehr müde, wach vom Raufen und vom hellen Licht, und wir konnten nicht liegen und so tun, als würden wir schlafen, wir sprangen ins Bett des anderen und waren laut, noch lauter, und während wir rangelten und ich meinen Bruder in den Schwitzkasten nahm und mein Bruder schrie, weil er keine Luft mehr bekam, hörte ich die Schritte meines Vaters, fester und entschiedener als die meiner Mutter. Neun Schritte. Die Schritte kamen den Flur hinunter, mein Bruder und ich wussten, was das bedeutet. Aber wir schlüpften trotzdem unter unsere Bettdecken und schlossen die Augen und taten so, als würden wir schlafen, als hofften wir, wir könnten das Unvermeidliche doch noch verhindern. Als dachten wir, wir könnten meinen Vater täuschen, er würde die Tür öffnen und uns sehen in dem Lichtstreifen, der durch die halb geöffnete Tür vom Flur ins Kinderzimmer fällt, würde uns in unseren Betten liegen sehen, die Augen geschlossen, und tatsächlich glauben, wir würden schlafen, und der Lärm sei von irgendwo anders her gekommen, vielleicht von den Nachbarn von oben, die wir gut kennen und die nur einen Sohn haben, der drei Jahre älter ist als ich, und der allein in seinem Kinderzimmer genau über unserem schläft und allein nie so laut ist wie mein Bruder und ich es manchmal zu zweit sind.

Aber mein Vater ließ sich nicht täuschen, natürlich nicht, denn mein Vater weiß alles. Er weiß, wie man rechnet, und auch sonst schon alles, was ich in der Schule lerne. Er weiß, wie man Auto fährt, und wie man ein Radio repariert, wenn es kaputt ist. Er weiß sogar, wie Flugzeuge fliegen können, er hat es mir erklärt, aber ich habe es trotzdem nicht verstanden. Ich weiß, mein Vater weiß alles, und natürlich weiß er auch alles von meinem kleinen

Bruder und mir, er weiß alles über mich, manchmal schon bevor ich es selbst weiß.

Natürlich wusste er auch, dass wir nicht geschlafen hatten, er wusste, dass mein Bruder und ich uns manchmal nicht leiden können und uns dann streiten, dass wir durch unsere Betten getobt sind, dass wir geschrien hatten, natürlich wusste er das, er hatte uns gehört. Die Tür ging auf, ich hatte die Augen ganz fest geschlossen, ich machte den Augenspalt von Winnetou lieber nicht, und mein Vater sagte nichts, er kam ins Kinderzimmer, ich hörte seinen festen Schritt, noch einen Schritt, und dann blieb er stehen, und ich wusste, dass er wusste, dass wir nicht schliefen, obwohl wir ganz ruhig dalagen und die Augen geschlossen hatten und so taten, als würden wir schlafen. Ich wusste, was passieren würde, und mein Bruder wusste, was passieren würde. Mein Vater sagte nichts, er stand einfach da im Zimmer, ich konnte ihn nicht sehen, aber ich konnte ihn spüren, wie er da stand. Ich wusste, was passieren würde, und vor allem wusste ich, dass es nicht mehr zu verhindern war, und ich drehte mich um unter der Decke, legte mich auf den Bauch, lang ausgestreckt, und ich wusste, dass sich auch mein Bruder gerade umdrehte auf den Bauch. Ich zog meine Schlafanzughose herunter bis kurz unter den Po und lag so unter der Decke, eine Sekunde, noch eine Sekunde, die Augen hatte ich fest geschlossen. Ich tat immer noch so, als würde ich schlafen, obwohl ich wusste, dass mein Vater wusste, dass ich nicht schlafe, dass er gesehen hatte, wie ich mich gerade auf den Bauch gedreht hatte. Ich spürte, wie die Bettdecke gehoben wurde, ich spürte die kühlere Luft auf meinem nackten Po und dann spürte ich schon den hölzernen Kochlöffel. Einmal, kurz und fest. Dann mein Bruder, Decke hoch, einmal, kurz und fest. Mein Vater ging aus dem Zimmer, er sagte nichts, er schloss die Tür. Mein Bruder war still, ich war still.

Erst jetzt spürte ich den Schmerz. Ich spürte, es war der

kaputte Kochlöffel. Der kaputte Kochlöffel tat ein bisschen mehr weh als einer der Kochlöffel, die noch ganz sind. Beim kaputten Kochlöffel fehlte mehr als ein Drittel des runden oberen Endes. Der kaputte Kochlöffel sieht nicht mehr aus wie ein O mit langem Stiel unten dran, sondern wie ein P. Ich glaube, der kaputte Kochlöffel tut mehr weh auf dem Po als ein nicht kaputter Kochlöffel, weil die Fläche kleiner ist, mit der er auf dem Po landet.

Meine Mutter hatte den Kochlöffel vor zwei Jahren kaputt gemacht. Es war beim Mittagessen, es gab Spinat mit Spiegelei, mein Bruder und ich hatten uns gestritten und wollten nicht mehr aufhören mit dem Streiten, der Spinat spritzte auf den Tisch, und meine Mutter sagte: Seid still. Und dann stand sie auf und holte den Wischlappen vom Spülbecken und wischte den Spinat weg und sagte: Ihr sollt essen. Aber mein Bruder ich aßen nicht, wir mochten den Spinat nicht, wir stritten uns, und der Spinat spritzte wieder auf den Tisch, und meine Mutter schrie: Jetzt seid doch endlich mal still! Und dann riss sie die Küchenschublade auf, in der die Kochlöffel liegen, und mein Bruder und ich hörten immer noch nicht auf mit dem Streiten, und meine Mutter nahm einen der hölzernen Kochlöffel und schlug auf dem kleinen Küchentisch in der engen, schmalen Küche, an dem mein Bruder und ich immer zu Mittag aßen zusammen mit meiner Mutter unter der Woche, wenn mein Vater arbeiten war, und sie schlug mit dem Kochlöffel genau zwischen meinen Bruder und mir auf die Tischplatte und schrie: Seid doch endlich still! Sie schlug noch ein zweites Mal zu und sogar noch fester als das erste Mal, und dann zerbrach der Löffel, ein gutes Drittel des runden Endes mit der Mulde brach ab und flog quer durch die Küche, landete auf der Arbeitsplatte neben dem Spülbecken und flog gleich weiter an die weiß geflieste Wand und traf dort genau eine der aufgeklebten bunten Blumen, die meine Mutter von jeder Flasche Pril, die sie verbraucht hatte, abzog und auf eine der weißen Fliesen klebte. Mein Bruder und ich waren still. Meine Mutter war auch still, erschrocken. Nur das abgesprungene Teil Kochlöffel klapperte noch einen Moment auf der Arbeitsfläche, am Fuße der weißen Fliesen mit den Prilblumen.

Meine Mutter legte den kaputten Kochlöffel zurück in die Schublade und schloss sie. Dann nahm sie das abgebrochene Stück und warf es in den Mülleimer. Sie sagte kein Wort. Mein Bruder und ich aßen unser Spiegelei und den Spinat. Wir aßen unsere Teller leer, ohne dass meine Mutter sagen musste: Der Teller wird leer gegessen.

Aber diesmal kann ich meinen Vater nicht hören, wie er den langen Flur entlang kommt. Ich kann nicht mitzählen, wie viele Schritte er braucht. Denn ich schlafe. Mein Vater steht am Ende des Flurs, alles ist still in der Wohnung, rechts von ihm die Tür zum Schlafzimmer, hinter der meine Mutter schläft, links von ihm die Tür zum Kinderzimmer.

Mein Vater drückt die Klinke der Kinderzimmertür hinunter. Langsam öffnet er die Tür einen Spalt, sodass gerade genug Licht ins Zimmer fällt und er sehen kann, dass mein Bruder und ich fest schlafen. Er geht ins Zimmer, kommt zu meinem Bett und legt mir eine Hand auf die Schulter. Ich schlafe, aber ich weiß es, so muss es sein, weil mein Vater am Abend bevor mein Bruder und ich schlafen gegangen sind, zu mir gesagt hatte, dass er mich wecken würde spät in der Nacht. Denn spät in der Nacht würde Cassius Clay boxen. Morgen ist zwar ein Donnerstag, aber morgen habe ich trotzdem keine Schule, weil morgen die Herbstferien anfangen und das ein langes Wochenende ist, und das bedeutet, dass das Wochenende schon am Donnerstag anfängt, und weil morgen keine Schule ist, deshalb macht es nichts, wenn ich morgen müde bin und deshalb kann mich mein Vater heute Nacht wecken, um den Boxkampf mit Cassius Clay zu sehen.

Mein Vater hatte gesagt: Ich wecke dich heute Nacht, aber wir dürfen deinen Bruder nicht wecken. Der ist zu klein, der muss schlafen.

Ich hatte genickt und mich gefühlt, als sei ich nicht mehr neun Jahre alt, sondern schon elf oder zwölf. Mein Bruder durfte nichts davon wissen, dass mein Vater und ich nachts aufstehen würden, um zu sehen, wie Cassius Clay boxt, sonst würde er auch mit aufstehen wollen. Dann würde mein Vater in dem Sessel sitzen, und mein Bruder und ich in unseren Schlafanzügen auf der Couch, und mein Bruder würde nicht still sitzen können, weil er schon in der Schule hatte lange still sitzen müssen, er würde sich langweilen, und er würde anfangen, mich zu ärgern. Mein Bruder würde mich treten mit seinem nackten Fuß, und ich würde zurücktreten, und mein Vater würde sich umdrehen in seinem Sessel und würde uns beide böse ansehen. Ich würde sagen: Er hat angefangen. Mein Bruder würde sagen: Nein, er hat angefangen. Und mein Vater würde sich wieder zurückdrehen und in den Fernseher schauen und nichts sagen. Und das nächste Mal, wenn Cassius Clay boxt, dann würde mein Vater mich nicht aufwecken mitten in der Nacht.

Aber das würde nicht passieren, denn mein Bruder war nicht dabei. Ich würde allein auf der Couch sitzen und mein Vater im Sessel, und wir würden zusammen sehen, wie Cassius Clay boxt. Mein Vater und ich hatten ein Geheimnis.

Es war nicht unser erstes Geheimnis. Es war nicht das erste Mal, dass mich mein Vater wecken würde mitten in der Nacht. Vor zwei Jahren war er schon einmal in mein Zimmer gekommen, hatte mich an der Schulter gerüttelt und leise gesagt: Aufwachen, es geht los. Sei leise, weck deinen Bruder nicht auf. Die Amis landen auf dem Mond.

Dann war ich aufgestanden, ganz leise, um meinen Bruder nicht zu wecken, und ich war hinter meinem Vater her zum Wohnzimmer gegangen, damals brauchte ich noch neunzehn Schritte vom Kinderzimmer den langen Flur entlang bis ins Wohnzimmer. Im Wohnzimmer brannte nur die rote Stehlampe, die seltsame Schatten wie Muscheln oder kleine Schlangen auf die Wände wirft, und wenn mein Vater nicht dabei gewesen wäre, dann hätte ich Angst bekommen. Aber so hatte ich keine Angst und ich hatte mich auf die Couch gesetzt und mein Vater in den Sessel und dann hatten wir erst einmal zwei Männer gesehen, die im Fernsehen erklärten, wie und wann die Amerikaner auf dem Mond landen würden. Im Fernsehstudio war das Modell einer Mondfähre aufgebaut, auch das erklärten die beiden Männer. Irgendwann aber waren Astronauten zu sehen in weißen Anzügen, in denen sie aussahen, als wären sie zusammengesetzt aus den Legobausteinen, mit denen ich spielte. Aber die Astronauten waren über den Bildschirm geschwebt, als wären sie nicht Legobausteine, sondern Wattebäusche. Das Bild im Fernseher war schwarz-weiß, eine Fahne flatterte im Wind, links oben war ein kleines dunkles Rechteck, daneben hellgraue Streifen und dunkelgraue Streifen. Ein Astronaut in einem viereckigen Anzug, der ganz weiß war und hell strahlte, ging von links nach rechts durchs Bild, aber er ging nicht so, wie ich ging, es schien, als würde er ganz langsam hüpfen. Nach jedem Schritt hob er ab und flog ein klein wenig, dann machte er noch einen Schritt und flog wieder. Der Mond ist ein Trampolin, dachte ich.

Heute weiß ich, der Mond ist kein Trampolin. Mein Vater hat mir erklärt, warum die Amis auf dem Mond nicht gingen, sondern immer ein wenig flogen, aber ich habe es nicht verstanden. Verstanden habe ich, dass der Mond um die Erde kreist und die Amis eine Rakete gestartet hatten, um zum Mond zu fliegen. Die Rakete war drei Tage unterwegs, so weit ist der Mond weg. Dann sind die Amis auf dem Mond gelandet. Die Amis, das waren die Amerikaner. Die Amerikaner lebten in Amerika. Weil Amerika auf der anderen Seite der Erde lag, war es dort

Nacht, wenn es bei uns Tag war, und wenn es bei uns dunkel war, war es in Amerika hell. So hatte es mein Vater erklärt, warum wir mitten in der Nacht aufstehen mussten, wenn wir die Mondlandung sehen wollten.

Mein Vater kannte sich aus mit Amerika. Er war schon oft in Amerika gewesen wegen seines Berufs. Die Firma, für die mein Vater arbeitete, war eine große Firma, die auf der ganzen Welt Geschäfte machte. Deshalb schickte die Firma meines Vaters ihn auch immer wieder nach Amerika, um dort für sie Geschäfte zu machen. Manchmal schickte die Firma meinen Vater auch nach Kanada, nach Taiwan oder nach Südafrika. Mein Vater flog dann mit dem Flugzeug weg und war zwei, drei, manchmal vier Wochen in Amerika oder Kanada oder Südafrika. Nur in Taiwan war er nicht so lange, dort blieb er meist nur eine Woche. Meine Mutter, mein Bruder und ich aber mussten zu Hause bleiben. Euer Vater ist auf Geschäftsreise, sagte meine Mutter dann. Eine Geschäftsreise war keine Urlaubsreise, und deshalb konnte mein Vater uns nicht mitnehmen.

Manchmal war mein Vater auch nicht drei oder vier Wochen auf Geschäftsreise, sondern bloß zwei oder drei Tage. Dann ging die Geschäftsreise bloß in eine andere Stadt in Deutschland, aber mein Vater flog trotzdem mit dem Flugzeug. Mein Bruder und ich waren noch nie geflogen, weil wir mit meinem Vater und meiner Mutter immer mit dem Auto in den Urlaub fuhren. Manchmal, wenn mein Vater an einem Tag auf Geschäftsreise ging, an dem ich nicht zur Schule musste, dann brachte meine Mutter meinen Vater zum Flughafen, und mein Bruder und ich durften mitkommen. Mein Vater zog dann den Anzug an, den er auch anzog, wenn er morgens zur Arbeit ging. Meine Mutter fuhr das Auto, und mein Vater saß auf dem Beifahrersitz. Mein Bruder und ich saßen hinten im Auto, da wo wir immer saßen. Wenn meine Mutter am Flughafen anhielt, stieg mein Vater aus, holte aus dem Kofferraum seine Aktentasche und seinen Koffer, den meine Mutter am Abend vorher für ihn gepackt hatte, und ging in den Flughafen. Meine Mutter, mein Bruder und ich fuhren nach Hause. Einmal fuhr meine Mutter, nachdem mein Vater ausgestiegen und in den Flughafen hineingegangen war, auf einen Parkplatz neben dem Flughafen und ging dann mit mir und meinem Bruder auch in den Flughafen: Durch ein großes Fenster konnten wir sehen, wie die Flugzeuge starteten. Mein Bruder und ich standen vor der Scheibe und waren ganz still und haben uns überhaupt nicht gestritten. Meine Mutter saß hinter uns auf einer Bank. Irgendwann sagte meine Mutter: In dem Flugzeug sitzt euer Vater. Dann sahen wir, wie das Flugzeug meines Vaters sich in Bewegung setzte, wie es immer schneller wurde, wie es abhob und dann im Himmel verschwand.

Wenn mein Vater nach ein paar Tagen oder nach ein paar Wochen von einer Geschäftsreise zurückkam, brachte er meinem Bruder und mir etwas mit. Meistens bekamen wir eine Plastiktüte. Die Plastiktüte war nicht weiß wie die Plastiktüten aus dem Supermarkt, sondern viel kleiner und silbern beschichtet, und das Plastik war viel dicker, und außerdem konnte man die Plastiktüte mit zwei Plastikleisten mit Druckknöpfen wieder verschließen, wenn man sie geöffnet hatte.

Auf der Plastiktüte stand »Lufthansa«, und in der Plastiktüte waren meistens zwei Mandarinen und ein mit Zellophan eingewickeltes Brötchen, das entweder mit Käse oder mit Schinken belegt war. Am tollsten fanden mein Bruder und ich aber den kleinen Plastikbecher, der mit einer silbernen Folie verschlossen war und in dem Orangensaft war. Mein Bruder und ich zogen die Folie ganz vorsichtig ab, um nicht zu kleckern. Am besten stellte man den Becher auf einen Tisch und hielt ihn mit der linken Hand fest umschlossen, wenn man mit der rechten die Folie abzog. Man durfte den Becher aber auch nicht zu fest halten, sonst drückte man ihn zusammen, und der Orangensaft schwappte auf den Tisch. Außerdem war in der silbernen Plastiktüte noch eine kleine, durchsichtige Plastiktüte, in der waren ein Messer, eine Gabel und ein Teelöffel aus weißem Plastik, eine Papierserviette und ein kleines, viereckiges Tütchen mit Zucker. Das Zuckertütchen durften wir aufreißen und uns den Zucker in den Mund kippen. Das Plastikbesteck sammelte ich in der rechten Schublade meines Schreibtischs im Kinderzimmer.

Warum kriegst du eigentlich immer zwei Lunchpakete im Flugzeug, fragte meine Mutter, aber es war eigentlich keine Frage. Weil es eigentlich keine Frage war, gab ihr mein Vater auch keine Antwort, sondern lachte nur. Ich dachte: Natürlich kriegt mein Vater zwei silberne Tüten im Flugzeug, er hat ja auch zwei Kinder, denen er etwas mitbringen muss. Meine Mutter sagte: Du flirtest doch mit der Stewardess. Mein Vater lachte noch einmal.

Einmal brachte mein Vater nicht nur silberne Tüten für meinen Bruder und mich mit, sondern uns allen auch noch Steaks. Echte amerikanische Steaks, die mein Vater den ganzen weiten Weg aus Amerika mitgebracht hatte. Ich habe eine Überraschung mitgebracht, hatte mein Vater gesagt. Dann hatte er aus seinem Koffer eine weiße Plastiktüte gezogen, die unter seiner dreckigen Wäsche versteckt gewesen war. Die Plastiktüte war nicht ganz weiß, sie hatte rote Flecken. Das ist ja ganz blutig, sagte meine Mutter, und sie sagte es in dem Ton, in dem sie sonst zu meinem Bruder und mir sagte: Habt ihr euch schon wieder dreckig gemacht!

Tatsächlich war aus der weißen Plastiktüte Blut in den Koffer meines Vaters geflossen, und zwei weiße Unterhosen meines Vaters waren nicht mehr ganz weiß, sondern hatten jetzt rote Flecken. Meine Mutter sagte: Und ich darf das wieder waschen. Das Blut geht doch nie wieder raus.

Aber solche Steaks hast du noch nie gesehen, sagte mein Vater. So was gibt's bei unserem Metzger gar nicht.

Mein Vater hatte die Plastiktüte aus dem Koffer geholt, und dabei waren noch ein paar Blutstropfen auf den Teppichboden im Flur getropft. Meine Mutter war in die Küche gegangen und sofort mit einem Wischlappen wieder zurückgekommen. Als meine Mutter das Blut vom Teppich wischte, öffnete mein Vater die weiße Plastiktüte, und darin lag ein mit Papier umwickeltes Paket. Das Papier war mit Blut vollgesogen und riss ganz leicht auseinander, als mein Vater es aus der Plastiktüte zog. Er klappte das Paket auseinander, und dann lag auf jeder seiner Hände ein Steak. Die Steaks waren so groß, dass ihre Ränder über seine Finger nach unten hingen. Es waren nur zwei Steaks, aber jedes musste drei oder vier oder sogar fünf Mal so groß sein wie die Koteletts, die meine Mutter im Supermarkt kaufte.

Die beiden Steaks leuchteten rot. Mein Vater hielt uns die Steaks hin. Eines hielt er meinem Bruder unter die Nase, das andere mir. Die Steaks hatten in der Mitte eine viereckige weiße Stelle. Ich berührte das Weiße mit dem Zeigefinger, mein Vater zog das Steak nicht weg. Das Weiße war ganz weich. Das ist Fett, sagte mein Vater. Das sind sehr gute Steaks, die waren teuer.

Das fand ich seltsam. Denn Fett, das hatte ich gelernt, war eigentlich etwas Schlechtes. Mein Bruder und ich mussten unseren Teller immer leer essen. Wenn wir unseren Teller nicht leer essen konnten, dann mussten wir mittags so lange am Tisch sitzen, bis er leer war. Aber das kam eigentlich nie vor, weil mein Bruder und ich immer viel Hunger hatten. Nur manchmal passierte es, vor allem bei meinem Bruder. Da waren die Augen mal wieder größer als der Magen, sagte meine Mutter. Ich hatte schon aufgegessen und durfte aufstehen und in mein Zimmer gehen. Mein Bruder blieb noch sitzen. Irgendwann später hatte er auch aufgegessen und durfte dann aufstehen.

Das Einzige, was wir auf unserem Teller liegen lassen durften, waren Knochen und Fett. Knochen konnten wir nicht essen, denn wir waren ja keine Hunde. Und Fett mussten wir nicht essen, denn Fett schmeckte nicht. Von den Koteletts durften wir den Fettrand absäbeln und am Rand des Tellers liegen lassen.

Manchmal aßen wir mittags zusammen mit Oma, der Mutter meines Vaters, die ein Stockwerk unter uns wohnte. Oma war krank. Oma hat Zucker, sagte meine Mutter. Weil Oma krank war, durfte sie bestimmte Sachen nicht essen. Vor allem durfte sie keinen Zucker essen. Ich fand das lustig, eine Krankheit, die Zucker hieß und wegen der man keinen Zucker essen durfte.

Fett durfte meine Oma auch nicht essen. Fett war genauso verboten wie Zucker, wenn man Zucker hatte. Eure Oma darf kein Fett essen, hatte meine Mutter gesagt und uns verboten, die Fettstücke, die wir von unseren Koteletts absäbelten, unserer Oma zu geben. Aber wenn wir zusammen aßen, wartete meine Oma so lange, bis meine Mutter aufstand und mit dem Rücken zum Tisch stand, dann holte sie sich die Fettstücke von unseren Tellern. Dann lächelte sie meinen Bruder und mich an und hielt einen Zeigefinger vor den Mund.

Deshalb wunderte ich mich sehr, dass mein Vater sagte, dass die Steaks gut waren, weil sie einen großen Fettfleck in der Mitte hatten. Aber ich fragte ihn nicht, er würde schon wissen, warum das so war. Wahrscheinlich gab es gutes Fett und schlechtes Fett.

Die beiden Steaks gab es dann am nächsten Sonntag zum Mittagessen. Meine Mutter hatte sie in der Pfanne gebraten. Sie schmeckten sehr gut. Mein Vater, meine Mutter, mein Bruder und ich wurden alle satt, obwohl ein halbes Steak übrig blieb.

Die beiden Unterhosen hab ich nicht sauber gekriegt, sagte meine Mutter, die musste ich wegwerfen. Als sie das sagte, hatte sie wieder die Falten über ihrer Nase, die zeigten, dass ihr das nicht gefallen hatte, die Unterhosen wegwerfen zu müssen.

Mein Vater rüttelt ein wenig an meiner Schulter, und ich bin sofort wach. Eigentlich wollte ich gar nicht schlafen. Ich war viel zu aufgeregt, aber ich muss dann doch eingeschlafen sein, denn als mein Vater mich weckt, habe ich geschlafen. Mein Vater rüttelt an meiner Schulter und sagt: Es geht los, aber sei schön leise. Der Boxkampf geht los.

Ich stehe auf und gehe hinter meinem Vater her. Ich gehe ganz leise auf Zehenspitzen, um meinem Bruder nicht zu wecken. Ich schließe die Tür hinter mir ganz vorsichtig, und ich spüre den Teppich zwischen meinen Zehen. Mein Vater ist schon am anderen Ende des langen Flurs, er biegt schon ab ins Wohnzimmer, ich kann den Widerschein des Fernsehers auf der weiß gestrichenen Flurwand flimmern sehen. Ich gehe los und zähle die siebzehn Schritte bis ans Ende des langen Flurs. Im Wohnzimmer brennt nur die rote Stehlampe, die seltsame Schatten auf die Wände wirft, aber ich kriege keine Angst, weil ich ja schon neun Jahre alt bin und weil mein Vater schon in seinem Sessel sitzt. Ich setze mich auf die Couch neben ihm und ziehe meine Füße an, dass sie unter meinem Po liegen und nicht kalt werden, und fühle mich sehr erwachsen.

Der Fernseher flimmert, aber das Bild ist nicht mehr schwarz-weiß wie bei der Mondlandung, sondern bunt. Denn seit diesem Sommer haben wir einen Farbfernseher. Mein Vater hatte den neuen Farbfernseher gekauft, und kurz darauf ging die Fußballweltmeisterschaft los. Die Fußballweltmeisterschaft fand in Deutschland statt, im Finale spielte die deutsche Mannschaft. Das Finale war nachmittags, und deshalb musste mein Vater mich nicht aufwecken, wir brauchten kein Geheimnis zu haben, ich durfte das Finale sowieso sehen.

Mein Vater und ich waren auch nicht allein, sondern aus unserem Haus waren ganz viele zu uns gekommen, um das Finale in Farbe zu sehen. Unser Wohnzimmer war brechend voll, die ganze Couch war besetzt, und in seinem

Sessel saß mein Vater. Sogar alle Stühle, die meine Mutter aus der Küche geholt hatte, waren besetzt. Selbst meine Mutter saß auf einem der Stühle, obwohl sie sonst nie Fußballspiele ansehen wollte.

Es war so voll in unserem Wohnzimmer, dass mein Bruder und ich keinen Stuhl mehr bekamen, sondern vorne vor allen auf dem Teppich direkt vor dem Fernseher liegen mussten. Die Deutschen trugen weiße Trikots, aber die Holländer trugen orangene Trikots, die im Fernseher ganz grell leuchteten. Ich konnte mir gar nicht vorstellen, wie das ausgesehen hätte, wenn mein Vater nicht den neuen Fernseher gekauft hätte und wir noch den alten Schwarz-Weiß-Fernseher gehabt hätten. Aber jetzt waren wir die Einzigen im ganzen Haus, die einen Farbfernseher hatten.

Mein Bruder fand das Spiel schnell langweilig und versuchte neben meinem Vater auf den Sessel meines Vaters zu klettern. Dort war aber nicht genug Platz für meinen Vater und meinen Bruder, also setzte sich mein Bruder auf die Sessellehne. Ich wäre auch gern auf die Sessellehne geklettert, aber ich wusste ganz genau, dass mein Vater das eigentlich nicht wollte, also blieb ich lieber auf dem Teppich liegen und sah mir das Fußballspiel an.

Jetzt bleib doch mal ruhig sitzen, sagte mein Vater zu meinem Bruder. Als mein Bruder nicht ruhig sitzen blieb auf der Sessellehne, schickte ihn mein Vater ins Kinderzimmer. Wenn dich der Fußball nicht interessiert, dann geh doch spielen, sagte er.

Mein Bruder ging in unser Zimmer, ich blieb vor dem Fernseher liegen. Die Deutschen gewannen das Finale, alle aus dem Haus freuten sich, und ich war sehr stolz.

Jetzt aber ist es dunkel, mein Vater und ich sind allein im Wohnzimmer, der Fernseher flimmert, und ich bin wieder sehr stolz.

Im Fernsehen sind zwei Männer zu sehen, die gegeneinander boxen. Sie tragen große Handschuhe, mit denen sie zuschlagen. Der eine Mann trägt eine rote Hose, und der andere Mann trägt eine weiße Hose. Die beiden Männer haben schwarze Haare und sie sind auch sonst viel dunkler, als wir es sind. Die beiden Männer sind Schwarze.

In Deutschland gibt es keine Schwarzen, aber in Amerika, gibt es viele Schwarze. Ich weiß das, weil mein Vater das erzählt hat. In Südafrika gibt es sogar noch mehr Schwarze als in Amerika, hat er erzählt. Manchmal sagt mein Vater auch Neger. Mein Vater weiß das alles von seinen Geschäftsreisen nach Amerika und Südafrika. Amerika liegt auf meinem Globus, der auf meinem Schreibtisch steht, links von Deutschland. Wenn ich den Globus drehe, kommt zuerst Frankreich, dann kommt der breite, blaue atlantische Ozean und dann Amerika. Südafrika ist auf dem Globus genau unter Deutschland. Mit dem Finger muss ich von Deutschland oben nur ganz gerade nach unten fahren bis fast ganz nach unten, und dann kommt Südafrika.

Der Fernseher flimmert, mein Vater schaut ganz still zu. Ich bin auch still. Nur der Kommentator im Fernsehen sagt etwas. Er sagt, der eine Schwarze heißt George Foreman, der hat eine rote Hose an, und der andere mit der weißen Hose heißt Muhammad Ali. Ich frage mich, ob der Cassius Clay, von dem mein Vater gesprochen hat, bevor ich ins Bett gegangen bin, noch später in der Nacht boxt. Dann nennt der Kommentator den Boxer, den er sonst Muhammad Ali nennt, auch einmal Cassius Clay, und ich wundere mich, dass der eine Boxer zwei verschiedene Namen hat.

Ich sitze auf der Couch, die Füße unter meinem Po sind schön warm, und ich sehe den Schattenschlangen hinterher, die die rote Stehlampe an die Wand wirft. Der Mann, der Muhammad Ali und auch noch Cassius Clay heißt, steht meist nur auf einer Seite des Bildes und hält sich seine dicken Handschuhe dicht vor das Gesicht, und der andere Boxer, der nur einen Namen hat, haut immerzu auf ihn ein. Manchmal muss sich Muhammad Ali oder Cassius Clay sogar festhalten an den Seilen, die den Boxring begrenzen, um nicht umzufallen. Nach einer Weile frage ich meinen Vater, warum der eine Mann zwei Namen hat. Mein Vater sagt, der eine Boxer nennt sich seit ein paar Jahren Muhammad Ali, er hat sich selbst umbenannt, heißt aber eigentlich Cassius Clay.

Mein Vater sagt: Clay hat keine Chance.

Wenn ich meinen Vater richtig verstehe, meint er, dass Muhammad oder Cassius den Boxkampf verlieren wird. Aber viel mehr interessiert mich, dass der Mann zwei verschiedene Namen hat. Und dass er sich selbst einen neuen Namen ausgesucht hat. Ich habe gar nicht gewusst, dass man sich selbst einen Namen aussuchen darf. Ich heiße schon immer Martin, und ich habe noch nie überlegt, dass ich anders heißen könnte. Wenn ich ein Mädchen geworden wäre, hat meine Mutter einmal erzählt, hätte ich Claudia heißen sollen. Aber ich bin ja kein Mädchen, also heiße ich Martin.

Cassius oder Muhammad steht immer noch herum und hält die Handschuhe vors Gesicht. Meistens lässt er sich mit dem Rücken in die Seile fallen, und dann schwingen ihn die Seile wieder zurück, es ist ein wenig wie beim Trampolinspringen, bloß nicht von oben nach unten, sondern von links nach rechts oder auch von rechts nach links. Der andere Boxer, der George Foreman heißt, haut jetzt aber nicht mehr so oft und kräftig auf ihn ein.

Ich überlege, wie ich heißen könnte, wenn ich nicht Martin heißen müsste. Ich könnte Ralf heißen oder Thomas oder Stefan. Gunther würde ich nicht heißen wollen, denn wir haben einen Gunther in der Klasse, und ein Junge aus einer höheren Klasse ruft Gunther, wenn wir in der Pause über den Schulhof laufen, immer hinterher: Der Gunther, der Gunther, der holt sich einen runter. Ich weiß nicht, was der ältere Junge damit meint, aber die anderen lachen dann immer, und Gunther wird rot, und deshalb will ich lieber nicht Gunther heißen. Aber ich könnte mir auch nicht nur einen neuen Vornamen aussuchen, sondern wie Cassius Clay gleich zwei Vornamen und dafür einen Nachnamen weglassen. Ich könnte Ralf Thomas heißen oder Thomas Stefan.

Ich wache auf. Es ist hell. Keine Schattenschlangen an der Wand. Kein Fernseher, der flimmert. Ich liege in meinem Bett. Das Bett, in dem sonst mein Bruder schläft, ist leer.

Ich stehe auf, öffne die Kinderzimmertür, gehe durch den langen Flur. Nach elf Schritten riecht es nach Brötchen. Sechs Schritte weiter sehe ich durch die Tür ins Wohnzimmer. Niemand da. Ich gehe durchs Wohnzimmer ins Esszimmer. Dort sitzen mein Vater, meine Mutter und mein Bruder und frühstücken.

Meine Mutter sieht mich zuerst. Der Langschläfer ist auch schon wach, sagt sie.

Mein Vater sieht auf und sagt dann zu meiner Mutter: Gib mir mal noch ein Brötchen.

Ich klettere auf meinen Stuhl. Auf meinem Platz liegen ein Teller und ein Messer, und auf dem Teller steht ein Eierbecher und in dem Eierbecher steht ein Ei, das in einem gehäkelten Eierwarmhalter aus gelber Wolle steckt. Meine Mutter legt mir ein Brötchen auf den Teller neben das gelb eingehäkelte Ei.

Clay hat gewonnen, brummt mein Vater.

Clay hat gewonnen, wiederhole ich in Gedanken. Wer oder was ist Clay, frage ich mich.

Unglaublich, sagt mein Vater, es war unglaublich. Einmal haut der zu, und Foreman fällt einfach um.

Langsam werde ich wach. Die beiden Männer mit den drei Namen. Der Boxkampf. Die späte Nacht.

Du bist eingeschlafen, sagt mein Vater. Ich hab dich ins Bett getragen. Du hast wirklich was verpasst.

Muhammad hat gewonnen, denke ich. Ali hat gewonnen. Ich habe was verpasst.

Ich bin **zehn** Jahre alt und in einer neuen Schule. In einer neuen, alten Schule. Die Schule ist ein Gymnasium und benannt nach jemandem, der schon sehr lange nicht mehr lebt. Der Mann, nach dem meine neue Schule benannt ist, lebte im 16. Jahrhundert. Viel mehr weiß ich nicht von diesem Mann, nur dass er begraben ist auf dem Friedhof, auf dem auch der Vater meines Vaters begraben liegt und zu dem meine Mutter einmal im Jahr geht zusammen mit der Mutter meines Vaters. Mein Vater kommt nur mit, wenn er Zeit hat. Meistens hat er keine Zeit. Eigentlich ist er nie dabei.

Der Friedhof ist riesig und sehr alt. Eine dicke Mauer aus grauem, großporigem Sandstein umfasst die Gräberzeilen. Auch die Gräber sind aus demselben grauen Sandstein. Es gibt kaum aufrecht stehende Grabsteine, sondern große, halbhohe Quader, an den Ecken abgerundet, von der Zeit zerfressen, Moos wächst auf ihnen. Auf vielen Gräbern sind Metallplatten eingelassen, auf denen steht, wer unter ihnen begraben liegt. Die Schrift auf manchen der Platten ist in Latein. Andere sind in der wunderlichen, eckigen Schrift, von der ich weiß, dass sie Fraktur heißt und die ich lesen kann, seit ich im Regal ein schon ziemlich mitgenommenes Buch von Karl May gefunden habe.

Ich hatte von Karl May schon fast alle Bücher gelesen, in denen Winnetou und Old Shatterhand die Helden waren. Ich war unsterblich verliebt in Nscho-tschi. Aber Kara Ben Nemsi und Hadschi Halef Omar kannte ich noch nicht. Dann fand ich das alte Buch im Regal, der grüne Rücken war schon zerschlissen. Ich begann »Durch die Wüste« zu lesen, und fast noch mehr als die Erzählung faszinierte mich diese kantige, altertümliche Schrift, in der das Buch gedruckt war. Immer wieder, fast sklavisch, blieb ich jedes Mal hängen an diesem Buchstaben, der aussah wie ein »f«, aber wohl, das merkte ich nach einigen Seiten, ein »s« war. Das kleine »z«, das ich beständig mit dem »g« verwechselte, kam zum Glück nicht so oft vor.

Die Frakturschrift hatte einen seltsamen Effekt. Sie machte aus dem atemlos durch die Seiten stürmenden Bücherfresser, der ich bis dahin gewesen war, einen sich bedächtig, nahezu andächtig durch die Seiten schleichenden Leser. So spannend die Geschichte war, die Karl May für mich erfunden hatte, diesmal schob ich mich, während ich immer wieder im Kopf das »s« vom »f« zu trennen versuchte, ganz langsam und aufmerksam durch die seitenlangen Beschreibungen von arabischen Landschaften, levantinischen Gesichtszügen und fernöstlichen Physiognomien, die ich, wenn Karl May und ich im Wilden Westen unterwegs waren, meist schnöde überblättert hatte. Als ich die letzte Seite gelesen und den dicken, modrig riechenden Buchdeckel zugeschlagen hatte, war ich sehr stolz.

Seit ich Fraktur lesen kann, gehe ich noch lieber durch die Gräberzeilen und versuche die alten Namen zu entziffern. Ich lese, wann die Menschen geboren wurden und wann sie gestorben waren. Auf manchen der flach liegenden Grabsteine steht, welchen Beruf die Männer ausgeübt haben. Frauen haben nie einen eigenen Grabstein und hatten nie einen Beruf.

Vor mir gehen meine Mutter und meine Oma durch die engen, unübersichtlichen Wege zwischen den Gräbern. Meine Oma geht gebeugt und langsam, wir anderen müssen uns ihrem Tempo anpassen. Meine Mutter trägt einen Eimer, in dem drei Blumentöpfe mit Veilchen stehen, zusammen mit einem Handbesen, einer kleinen Schaufel und einem kleinen Rechen. Meine Oma deutet in eine schmale Gasse zwischen den Gräbern, und die beiden Frauen gehen in die schmale Gasse. Ich folge ihnen und wundere mich jedes Mal wieder, dass sie den Weg zum Grab meines Großvaters finden, den ich nie kennengelernt habe. Für mich sehen alle Gräber gleich aus, ein Weg wie der andere, der alte Friedhof ist für mich ein Labyrinth.

Wenn sie das Grab gefunden haben, setzt sich meine Oma auf eine Bank, die am Rand eines der Hauptwege steht. Meine Mutter schickt mich Wasser holen. Zurück zum Hauptweg, dann rechts, fast bis zur Kapelle. Dort schillert grünlich-golden ein Wasserhahn aus Messing. Darunter ein langer Trog, der aussieht wie die Pferdetränken aus den Westernfilmen, die ich am Sonntagnachmittag im Fernsehen sehen darf. Daneben stehen verbeulte Gießkannen. Ich nehme eine der Gießkannen und tauche sie in den Trog, aber voll bis zum Rand kann ich sie kaum heben. Ich gieße ein Drittel des Wassers wieder zurück in den Trog und mache mich auf den Weg zurück. Jedes Mal, jedes Jahr wieder durchfährt mich in diesem Moment der Gedanke, dass ich das Grab meines Großvaters nicht wiederfinden werde. Dass ich verloren gehen könnte in diesem Labyrinth, dass ich meine Aufgabe nicht erfülle, zu spät komme mit dem Wasser, das meine Mutter und meine Oma dringend brauchen.

Es ist nicht wirklich Angst, die ich spüre, es ist eher ein lustvolles Gefühl. Ein Abenteuer, das ich zu bestehen habe, ganz so wie Old Shatterhand oder Kara Ben Nemsi. Ich bin allein in einem fernen Land, durchstreife unbekannte Orte, aber hinter der nächsten Wegbiegung sitzt bloß meine Oma auf einer Bank, drei Töpfe mit Veilchen neben sich, und ruft, als sie mich sieht, zu meiner Mutter: Da kommt er.

Wo bleibst du denn, sagt meine Mutter. Es ist keine Frage, eher eine Feststellung, nicht besorgt, eher nüchtern. Sie hat die vertrockneten Veilchen aus dem vergangenen Jahr aus der großen metallenen Pflanzschale, die auf dem Grab steht, genommen und in den Eimer gelegt. Dann hat sie die alte Erde aus der Schale in den Eimer geschaufelt und durch neue Blumenerde ersetzt. Jetzt schickt sie mich, die neuen Veilchen von der Bank zu holen, auf der meine

Oma sitzt. Ich hebe die drei Töpfe, presse sie aneinander, damit sie ein Dreieck bilden, sodass ich sie alle auf einmal tragen kann. Vorsichtig tragen, sagt meine Oma, dass du mir ja aufpasst. Ich gehe ganz andächtig, als trüge ich Kerzen und hätte Angst, das heiße Wachs könnte auf meine Finger tropfen. Langsam kurve ich um die Gräber, passe auf, dass an den Kreuzungen der engen Wege meine Füße und die Ecken der Gräber nicht aneinandergeraten.

Meine Mutter setzt die Veilchen in die Pflanzschale und füllt sie mit Erde auf. Dann begießt sie die Veilchen mit dem Wasser, das ich geholt habe, bis die Kanne leer ist. Mit einem Handbesen kehrt sie die danebengefallene Erde und anderen Dreck von der Grabplatte auf den schmalen Weg. Dann zieht sie mit einem kleinen Rechen akkurate, parallele Linien um das Grab. Ich halte Abstand, ich darf die Ordnung nicht durcheinanderbringen. Jedes Mal frage ich mich, wer die Linien neu zieht, wenn es geregnet hat und die alten Linien verschwunden sind. Jedes Mal will ich mir nicht vorstellen, dass niemand die Linien nachziehen wird, wenn meine Mutter nicht hier auf dem Friedhof ist.

Wenn die Linien gezogen sind, richtet sich meine Mutter auf, stützt die linke Hand in die Hüfte und wirft einen eher beiläufigen Blick auf ihr Werk. Als wäre das das Signal zum Aufbruch, wuchtet sich meine Oma hoch von der Bank. Meine Mutter gibt mir Rechen und Besen, sie selbst trägt Eimer und Schaufel. Dann gehen wir alle los wie auf ein geheimes Zeichen. Niemand sagt ein Wort. Meine Mutter voraus, meine Oma dahinter und ich. Zurück bleibt das graue Grab, unter dem der Vater meines Vaters liegt, den ich nie kennengelernt habe.

Ich frage mich, was das für ein Mann war, dessen Körper da liegt unter den frisch eingepflanzten Veilchen. Hätte ich ihn gemocht? Hätte er mich gemocht?

Ich weiß nicht viel, eigentlich nichts, über den Vater meines Vaters. Er war als Soldat im Krieg, er war in Gefangenschaft in Russland, er kam zurück, er starb, und er ist der Vater meines Vaters. Es gibt keine Anekdoten, die von ihm erzählt werden. Keine Wertsachen, nicht einmal Weisheiten, die er hinterlassen hat. Es gibt nur ein einziges Foto, das einen schmalen, ernsten Mann zeigt, der eine Uniform trägt. Und es gibt eine, eine einzige Geschichte, die mein Vater einmal über seinen Vater erzählt hat.

In dieser Geschichte ist der Krieg schon ein paar Jahre vorbei, wie viele genau, weiß ich nicht. Mein Großvater ist aus der Gefangenschaft zurückgekehrt. Deswegen ist er, das stelle ich mir vor, noch schmaler als auf dem Foto, auf dem er eine Uniform trägt. Er ist oft krank, er geht nur selten aus dem Haus. Ich stelle mir vor, wie er in der Wohnung, in der wir heute leben, vielleicht sogar im Kinderzimmer liegt und hustet. Das Zimmer ist dunkel, die Vorhänge zugezogen.

Einmal, nur ein einziges Mal in meiner Vorstellung kommt mein Großvater aus dem dunklen Zimmer. Es ist ein Sonntag, er will zusammen mit seinem Sohn, meinem Vater, eine Fahrradtour machen. Sie wollen Verwandte besuchen, die in einem Dorf wohnen, das außerhalb der Stadt liegt, in der mein Vater damals wohnte und in der wir heute noch wohnen und in der auch der Friedhof liegt, auf dem der Vater meines Vaters beerdigt ist. Es ist eine weite Fahrt, hinaus aus der großen Stadt, vorbei an Feldern, auf denen Rüben wachsen und Getreide. Später wird es waldig und hügelig. Die beiden setzen sich auf die Fahrräder, sie fahren los, sie lachen, sie freuen sich an der Sonne, die ihnen ins Gesicht scheint. Sie treten in die Pedale, und mein Großvater erzählt seinem Sohn davon, wie es war, als er jung war, so jung wie mein Vater. Ich weiß nicht, ob es tatsächlich so war an diesem Sonntag ein paar Jahre nach dem Krieg, aber so stelle ich es mir vor.

Sicher weiß ich nur, was mein Vater erzählt hat. Dass nach ein paar Minuten sein Fahrrad einen platten Reifen hatte. Dass er anhalten musste und dass sein Vater auch anhalten musste. Dass mein Großvater beschloss, dass er mit dem kaputten Fahrrad zurückgehen würde, um den Platten zu reparieren. Dass mein Großvater zu meinem Vater sagte: Du bleibst hier und wartest auf mich, ich bin gleich wieder da. Dass mein Großvater meinem Vater sein Fahrrad gab und dann zurückging, das kaputte Fahrrad meines Vaters neben sich her schiebend. Dass mein Vater wartete und wartete. Dass er wartete, bis es dunkel wurde. Dass sein Vater nie zurückkam. Dass er sich dann schließlich auf das Fahrrad seines Vaters setzte und zurückfuhr. Dass die beiden nie zusammen in das Dorf gefahren sind oder irgendwo anders hin.

So hat mein Vater die Geschichte erzählt. Mehr hat er nicht erzählt.

Das ist die einzige Erinnerung an seinen Vater, die mein Vater mit uns teilen will. Vielleicht, denke ich, ist es auch die einzige Erinnerung, die er selbst an ihn hat.

Kurz nachdem die Geschichte mit dem platten Fahrradreifen passiert ist, ist mein Großvater gestorben. Seitdem liegt er auf dem alten Friedhof mit den Gräbern aus grauem Sandstein.

Vor dem Friedhofsausgang, links am Rand des Hauptwegs, stehen große Körbe, bis zum Rand gefüllt mit verwelkten Blumen, verdorrten Gestecken, vergraben unter von der Sonne ergrauter, bröseliger Erde. Meine Mutter entleert den Eimer in den einen der großen Körbe, der noch am wenigsten gefüllt ist, dann kratzt sie mit der Schaufel die Erdreste vom Boden des Eimers. Sie nimmt mir wortlos Besen und Rechen aus der Hand und legt sie zur Schaufel in den Eimer. Dann gehen wir durch das schmiedeeiserne Tor in der dicken Sandsteinmauer hinaus, zurück in die Welt.

In dieser echten Welt habe ich immer noch damit zu tun, mich an meine neue Schule zu gewöhnen. In der allerersten Stunde an unserem ersten Tag im Gymnasium hat uns der Lehrer erklärt, dass der Mann, nach dem die Schule benannt ist, ein Schuster und ein Dichter war. Ich weiß, was ein Schuster ist, aber ich weiß nicht genau, was ein Dichter ist. Ich habe aber das Gefühl, dass das, zugleich Schuster zu sein und Dichter, eine komische Kombination ist. Der Lehrer jedenfalls hat es so erzählt, als sei es etwas Besonderes, die Sache mit dem Schuster.

Ich weiß, was ein Schuster ist, weil meine Mutter vor ein paar Wochen gesagt hat, dass wir zum Schuster gehen müssen. Wir sind die Treppe hinuntergegangen, nur ich bin die Stufen hinuntergerannt wie immer. Und wie immer hat meine Mutter gesagt, ich soll nicht so rennen. Auf der Straße, in der unser Haus liegt und auf der wir am Wochenende Fußball spielen können, weil nur sehr wenige in der Straße ein eigenes Auto haben und nur sehr wenige Autos durch die Straße fahren, sind wir rechts gegangen, und dann in die erste Straße rechts abgebogen, ganz so wie immer. An der nächsten Straßenkreuzung war der Supermarkt, dort endete die mir bekannte Welt. Diesmal gingen wir aber nicht über die Straße, auf der schon mehr Autos fuhren als in Straße, in der unser Haus lag, und in den Supermarkt wie sonst, sondern bogen noch einmal nach rechts ab.

Ich zählte die Gehwegplatten, weil ich dachte, wenn ich schon aufbreche in eine unbekannte Welt, wäre es gut zu wissen, wie weit es ist. Zu Beginn des Frühlings hatte ich mir vorgenommen, beim Gehen nicht mehr auf die Zwischenräume zwischen den Gehwegplatten zu treten. Die Zwischenräume, die Fugen, waren das Böse, in ihnen war Erde und Schmutz. Der graue Beton der normierten Gehwegplatten versprach Halt und sicheren Tritt.

Das Geheimnis war, trotzdem in einem ganz normalen Rhythmus zu gehen, keine absonderlichen, hoppelnden Zwischenschritte zu brauchen. Dass ich nicht in einem normalen Rhythmus ging, das merkte ich daran, dass meine Mutter, die neben mir ging, sagte: Was machst du denn schon wieder. Zum Glück war es nur eine Feststellung. Wäre es eine Frage gewesen, hätte ich nicht gewusst, was ich hätte beantworten sollen.

Denn ich wusste nicht, was ich da machte. Ich wusste nur, dass es wichtig für mich war. Es strukturierte mein Gehen, meine Wege. Aber das Gehen zwischen den hinterlistigen Fugen war schwieriger, als ich es mir ausgemalt hatte. Immer wieder, unweigerlich musste ich die unnatürlich wirkenden Zwischenschritte machen, und immer wieder sagte meine Mutter zu mir: Was machst du denn da.

Deshalb führte ich eine Zusatzregel ein: Ein Gehwegplattenzwischenraum durfte ausnahmsweise auch einmal zwischen Fußballen und Hacken liegen, dort, wo die Sohle meiner Schuhe beim Auftreten nicht auf dem Boden auflag. So berührte ich die gefährlichen Fugen nicht, konnte meine Schrittlänge aber nahezu konstant halten. Die Kunst bestand darin, die Schrittlänge anzupassen an die Gehwegplattenlänge, sie aber auch flexibel zu halten. Die Veränderungen mussten aber so diffizil sein, dass nur ich sie bemerken konnte, meine Umwelt aber getäuscht wurde.

Nach ein paar Wochen hatte ich das Gehwegplattenzwischenräumevermeiden so weit perfektioniert, dass ich eine zusätzliche Schwierigkeit einbauen konnte. Ich begann die Platten, die ich fehlerfrei bewältigte, zu zählen. Um dem Zählen einen Sinn zu geben, merkte ich mir die höchste Anzahl der fehlerfreien Gehwegplatten und versuchte meinen eigenen Rekord zu brechen. Der Rekord stand momentan bei 1255 Schritten, allerdings hatte ich bei dem Rekordversuch zwei Kopfsteinpflasterstraßen überqueren müssen, und auf Kopfsteinpflaster konnte niemand, kein noch so guter Gehwegplattenzwischenraumvermeider, die Zwischenräume vermeiden. Die 1255 fehlerlosen Schritte waren also eigentlich nicht unausgesetzt gemeistert worden, aber ich hielt mir zugute, dass ich mir nicht eigentlich einen Vorteil verschafft hatte.

Wo willst du hin, sagte meine Mutter, wir sind doch schon da, hier ist es. Ich hielt an, sah nach rechts. Da stand

»Schuster« auf ein Schaufenster gemalt. Der Schuster war 342 Schritte entfernt von der Kreuzung, an der der Supermarkt lag. Eigentlich 338, ich war vier Schritte zu weit gegangen. Ich ging die vier Schritte rückwärts zurück, das ging, weil sich meine Mutter schon umgedreht hatte zum Eingang des Ladens. Dann drehte ich mich nach rechts, nahm drei Schritte über fünf Platten, ohne einen Zwischenraum zu betreten, musste dann aber schummeln, weil der Rand des Gehwegs mit Kopfsteinen gepflastert war, und einen langen Schritt auf die Schwelle des Schusters machen.

Innen roch es nach Leder und beißend nach Leim. Als meine Mutter die Tür öffnete, bimmelte es, als ich sie hinter mir schloss, bimmelte es noch einmal. Ich sah nach oben. Über dem Türrahmen hing eine kleine Glocke an der Wand, aus der eine längere Kette heraushing. Ich vermutete, dass immer wenn jemand in den Laden kam, er mit der Tür die Kette bewegte und die dann wiederum den Schlegel in der Glocke und so die Glocke zum Klingeln brachte. Ich war mir aber nicht sicher, ich hätte es gern ausprobiert, traute mich aber nicht. Ich wartete darauf, dass noch ein Kunde kam. Stattdessen kam ein Mann, der wohl der Schuster sein musste, aus einem hinteren Raum. Nichts bimmelte. Der Mann trug eine Schürze, die ziemlich dreckig war, und seine Hände waren sogar noch dreckiger. Meine Mutter zog einen schwarzen Schuh, der so groß war, dass er meinem Vater gehören musste, aus einem Stoffbeutel, und reichte ihn über die Theke. Der Schuster nahm einen kleinen Zettel und befestigte ihn mit einer kleinen Klammer am hinteren Ende des Schuhs. Dann gab er meiner Mutter einen kleinen Zettel, der genauso aussah. Am Mittwoch, sagte er. Danke, sagte meine Mutter.

Ich sah hoch zur Glocke über der Tür. Wo guckst du denn schon wieder hin, sagte meine Mutter. Sie öffnete die Tür, die Tür bewegte die Kette, die Glocke klingelte. Ich zog die Tür zu, die Glocke klingelte noch einmal. Ich hatte recht gehabt.

Seit ich wusste, dass der Schuster 338 Schritte von der Ecke, an der der Supermarkt lag, entfernt war, versuchte ich mir vorzustellen, dass der Mann, nach dem meine neue Schule benannt ist, in einem dunklen Hinterzimmer saß, in dem es nach Leder und Leim roch, und sang. Dass der Schuster, der den Schuh meines Vaters reparierte, in seinem Hinterzimmer saß und sang, konnte ich mir allerdings gar nicht vorstellen.

Zum Glück spielte der Mann, nach dem die Schule benannt war, seit dieser allerersten Schulstunde keine Rolle mehr. Die Lehrer hatten genug damit zu tun, die Tafel vollzuschreiben, und wir hatten genug damit zu tun, das abzuschreiben, was die Lehrer auf die Tafel geschrieben hatten.

Wenn wir nicht abschreiben, was auf der Tafel steht, hören wir aufmerksam zu. Ich und meine neuen Mitschüler gehen jeden Tag zu jeder Unterrichtsstunde in dasselbe Klassenzimmer, sitzen an demselben Doppeltisch auf denselben Holzstühlen neben demselben Jungen. Mädchen, die diese feste Sitzordnung stören könnten, gibt es in unserer Klasse nicht. Wie in zwei anderen der insgesamt vier fünften Klassen auch. Nur in einer fünften Klasse meiner neuen Schule gibt es Mädchen, dort sind die Jungs in der Unterzahl. Die Jungs in der Mädchenklasse tun uns leid. Mädchen kommen von einem anderen Planeten. Auf diesem Planeten gibt es vielleicht auch Lehrerinnen, aber in unserem Gymnasium gibt es sie nicht.

Es gibt einen Lehrer für Mathematik und einen für Deutsch. Auch die Fächer, die wir seit dieser Klasse neu haben, wie Englisch oder Physik, werden von Lehrern unterrichtet. Niemand, nicht meine Eltern, nicht meine Mitschüler, ich nicht und, soweit ich es beurteilen kann, auch kein Lehrer wundert sich, dass es Mädchen bis zum vergangenen Jahr verboten war, meine neue Schule zu besuchen. Und weil die sich nicht wundern, wundere ich mich auch nicht.

Die Flure sind hoch im Gymnasium, viel höher als in der Grundschule. Wenn wir Fünftklässler morgens vor dem Unterricht die Treppen hinaufstürmen, kann man sein eigenes Wort nicht mehr verstehen. Wir brüllen uns an und lachen, und wenn oben auf dem Treppenabsatz ein Lehrer auftaucht, dann sind wir sofort still. Richtig gefährlich wird es, wenn man hinter einem Mitschüler her rennt, wenn man vor ihm im Klassenzimmer sein will, weil man genau weiß, dass er einem die Klassenzimmertür zuhalten wird, wenn man nach ihm ankommt, wenn man also zwei Treppenstufen auf einmal nimmt, das gewaltige, raumgreifende Treppenhaus nach oben hastet, den Kopf gebeugt und außer Atem, das Herz rasend, am Ende jeder Treppe den Handlauf fest umklammert, um sich vom eigenen Schwung um die Kurve auf die nächste Treppe tragen zu lassen, und plötzlich ein Schüler aus einer höheren Klasse, womöglich sogar einer aus dem Abiturjahrgang den Weg versperrt.

Mein Kopf bohrt sich in den Unterleib des Abiturienten. Ich komme nicht rechtzeitig zum Unterricht, denke ich. Da packt mich der Ältere schon an den Schultern, stellt mich auf die Beine und sagt: Du kleiner Schwachkopf. Dann nimmt er wortlos meinen Ranzen, öffnet die Druckknöpfe, kippt den Inhalt auf die Treppe und lässt mich stehen. Um mich herum rennen Kinder, während ich panisch Hefte und Bücher und Federtasche einsammle und in die Schultasche werfe. Als ich endlich fertig bin, liegt eine unheimliche Stille über dem Treppenhaus. Ich renne die letzten Stufen nach oben, nach links in den Flur, ebenfalls menschenleer. Meine Schritte hallen unheimlich. Ich drücke die Klinke zum Klassenzimmer, im selben Moment rattert die Schulglocke durchdringend. Der Lehrer trägt gut eingeübte Missbilligung im Blick. Niemand sagt ein Wort.

Ich haste zwischen den Reihen mit den Schultischen entlang. Eins, zwei, drei, vier, hier ist es. Ich schlüpfe auf meinen Stuhl, mein Sitznachbar grinst. Kaum dass ich sitze, sagt der Lehrer: Aufsteh'n. Wir stehen auf. Guten Morgen. Guten Morgen im Chor.

Dass ich da draußen plötzlich so mutterseelenallein war, lässt mich nicht mehr los. Einen Moment lang habe ich mich gefühlt, als sei ich vollkommen allein in dem alten Bau, der nach Jahrhunderten riecht und nach Geschichte und Vergangenheit. Es war ein Gefühl, als sei ich Teil dieser Geschichte, es fühlte sich an, als sei ich größer, als ich bin. Ein Gefühl, das ich noch einmal fühlen will.

In der dritten Stunde, wir haben jetzt Mathematik bei einem anderen Lehrer, melde ich mich und behaupte, ich müsste aufs Klo. Ich gehe durch die Tischreihen und bilde mir ein, bewundernde Blicke würden mir folgen. Blicke, wie sie ein Abenteurer auf sich zieht, der sich aufmacht in die Fremde, ins Unbekannte. Ich habe gelogen, und das ist ein Wagnis, denn die Helden aus den Sonntagsnachmittagsfilmen lügen ebenso wenig wie Old Shatterhand oder Kara Ben Nemsi. Winnetou würde sowieso nicht lügen, Winnetou kann gar nicht lügen. Ich habe meine Eltern noch niemals angelogen. Ich bin fest davon überzeugt, meine Mutter würde es sofort merken, wenn ich sie anlügen würde.

Aber es ist ja keine Lüge, wenn ich zu Hause nicht erzähle, dass ich gar nicht aufs Klo musste. Meine Mutter muss nie erfahren, dass ich während des Unterrichts aufs Klo gegangen bin. Angelogen habe ich nur den Lehrer, aber diese Lüge, das habe ich mir ausgerechnet, wird für immer mein Geheimnis bleiben. Niemand, da bin ich relativ sicher, wird mir aufs Klo folgen und überprüfen, ob ich auch wirklich pinkeln muss. Also drücke ich die Klinke, öffne die Tür und schlüpfe auf den Flur. Der Flur ist hoch und lang, und er ist breit. Ich öffne die Arme, strecke sie weit nach außen und gehe den Flur entlang. Seit ich sieben Jahre alt bin, kann ich in unserer Wohnung den Flur, der mir immer riesenhaft vorkam, entlang gehen und mit den Fingern links und rechts die Wände berühren, wenn ich mich nachts im Dunkeln zum Klo aufmache,. Hier sind meine Fingerspitzen immer noch Meter entfernt von den Wänden.

Ich drehe die ausgestreckten Arme, dass die Handrücken nach oben sehen. Ich gehe schneller, beginne zu laufen. Ich bin allein, vielleicht kann ich fliegen.

Ich höre Schritte und falle sofort wieder in einen normalen Gang, lege die Arme brav an die Seite. Nicht, dass plötzlich ein anderer Schüler oder ein Lehrer oder sogar der Direktor um die Ecke biegt und mich sieht, wie ich wie ein Flugzeug durch die ehrwürdigen Hallen schwebe.

Aber es sind nur meine eigenen Schritte, die von den Wänden zurückhallen. Davon, denke ich, muss das Wort Halle kommen, wie in Sporthalle. Wie in heilige Hallen. Das hat mein Vater gesagt, als am ersten Schultag der fünften Klasse, am ersten Schultag im Gymnasium unsere Eltern mit in die Schule durften. Er meinte es witzig, glaube ich. Jetzt gehe ich durch die Flure, allein mit mir und der Vergangenheit, und es hallen die Hallen.

In der Grundschule gab es keine hohen Wände, keine weiten Flure, keine dicken Mauern. Dafür gab es eine Lehrerin, die ich liebte und die mich für diese Liebe mit guten Noten belohnte. Die Lehrerin versuchte uns das Schreiben beizubringen. Dazu benutzte sie, so wollte es das Kultusministerium, die Ganzwortmethode. Wir lernten nicht, einzelne Buchstaben zu lesen, sondern ganze Wörter zu erkennen. Mein Vater fand die Ganzwortmethode bescheuert. Wenn ich ihm zu Hause eine Schlagzeile aus der Zeitung vorlesen sollte, aber nur jedes dritte Wort kannte, schüttelte er enttäuscht den Kopf.

Bescheuerter als die Ganzwortmethode fand mein Vater nur noch die Mengenlehre, die uns im Mathematikunterricht beigebracht wurde. Als ich einmal zu erklären versuchte, was die Mengenlehre sei, was ein Element ist und eine Schnittmenge, eine Relation und eine Vereinigungsmenge, dann sagte er nur: Und wozu braucht man das?

Ich wusste auch nicht, wozu man die Mengenlehre brauchte. Ich wusste nur, ich mochte die Mengenlehre, weil ich sie verstanden hatte. Nachdem mein Vater mich gefragt hatte, wozu man die Mengenlehre braucht, fand ich die Mengenlehre auch nicht mehr so großartig. Mein Vater sagte: Die sollen euch lieber mal das Einmaleins beibringen.

Das kleine Einmaleins lernten wir dann auch noch. Wenn ich nach der Schule nach Haus lief, dann sagte ich mir das Einmaleins vor. Ich fing an mit eins mal eins, und wenn ich in die Straße einbog, in der unser Haus lag, war ich angekommen bei der Neun. Neun mal sieben ist dreiundsechzig, sagte ich mir vor, und dann drückte ich auf den Knopf auf dem Klingelbrett, neben dem »Osterberg« stand. Neun mal acht ist zweiundsiebzig, jetzt geht meine Mutter aus der Küche über den Flur zur Wohnungstür. Neun mal neun ist einundachtzig, ich spüre, wie die Haustür leicht zittert und drücke sie auf.

In den ersten Jahren in der Grundschule hatte ich fast nur Einsen bekommen. Eine Eins, das bedeutete: sehr gut. Manchmal sagte ich das halblaut vor mich hin: Ich bin sehr gut im Lesen. Ich bin sehr gut im Rechnen. Ich sagte es mir vor, als würde ich es selbst nicht glauben: Ich bin sehr gut.

Für jede Eins, die ich nach Hause brachte wie eine Trophäe, bekam ich von meinen Eltern ein Geldstück. Auf der einen Seite des Geldstücks kniete eine Frau und hielt eine Pflanze in der Hand, auf der anderen Seite standen eine Fünf und eine Null. Die Fünfzigpfennigstücke steckte ich in mein Sparschwein. Das Sparschwein war aus Plastik und gelb. Ich hatte es bekommen, als wir in der Sparkassen-Filiale ein Sparkonto für mich eröffnet hatten. Alle zwei, drei Monate holte meine Mutter das Sparbuch aus der Schubladenkommode im Wohnzimmer, ich holte das

Sparschwein vom Schreibtisch aus dem Kinderzimmer. Zusammen gingen wir zur Sparkassen-Filiale und zahlten das auf mein Konto ein, was ich im Sparschwein gesammelt hatte, zusammen mit den Geldscheinen, die ich an Weihnachten oder meinem letzten Geburtstag von meinen Großmüttern bekommen hatte.

Jetzt, auf dem Gymnasium, bekomme ich schon für jede Zwei fünfzig Pfennig, und für jede Eins sogar eine ganze Mark. Das Markstück, das meine Mutter mir dann gibt, hat auf der einen Seite einen Adler, auf der anderen eine Eins stehen. Das Markstück sieht langweilig aus, finde ich. Ich weiß, dass das Markstück doppelt so viel wert ist, aber ich mag das Fünfzigpfennigstück trotzdem lieber. Aber wenn wir zur Sparkassen-Filiale gehen, ist insgesamt nicht mehr so viel Geld im Sparschwein.

Im letzten Zeugnis, das ich in der Grundschule bekommen hatte, standen fast nur Einsen und eine Zwei in Musik. Und der Satz: Martin hat viel Fantasie. Ich war aus der Schule keine Kritik gewöhnt, deshalb verstand ich den Satz nicht als Tadel. Dass Fantasie auch etwas Schlechtes sein konnte, merkte ich, als ich den nächsten Satz las. Martin hat Probleme, stand da, sich jederzeit auf den Unterricht zu konzentrieren.

In der ersten Musikstunde im Gymnasium hatte der Musiklehrer ein Blatt ausgegeben. Wenn ich das Blatt dicht an die Nase hielt, roch es so wie an der Tankstelle, wenn mein Vater unseren Renault auftankte. Auf dem Blatt standen Noten und ein Text. Das Lied hieß »Im Frühtau zu Berge«. Den Text konnte ich lesen, die Noten nicht. Die ganze Klasse sang das Lied, ich sang mit. Nachdem wir »Im Frühtau zu Berge« fertig gesungen hatten, ging der Musiklehrer durch die Reihen und zeigte auf drei Schüler. Du, du und du, ihr müsst den Rest des Jahres nicht mehr mitsingen, sagte er. Ich war einer der drei.

Zu Hause erzählte ich die Geschichte vom Musiklehrer.

Meine Mutter sagte: Wir sind eben nicht so musikalisch. Waren wir noch nie. Jetzt, wo sie es sagte, merkte ich, dass es stimmte. Den Blockflötenunterricht hatte ich frustriert nach einem Jahr abgebrochen. Der Einzige, der bei uns zu Hause manchmal zu singen versuchte, war mein Vater. Aber er sang so falsch, dass meine Mutter, mein Bruder und ich sofort wie im Chor jammerten und ihm sagten, er solle nicht singen. Also sang mein Vater nur noch, wenn er uns aufziehen wollte.

Am Abendbrottisch erzählte meine Mutter, was mir im Musikunterricht passiert war. Mein Vater sagte: Dann kann er auch keine schlechten Noten in Musik mehr bekommen.

Am Samstag und am Sonntag muss ich nicht in die Schule. Wenn mein Vater nicht auf Geschäftsreise ist, dann machen wir am Sonntag einen Ausflug. Dann fahren wir in den Stadtwald und gehen zwischen hohen Fichten entlang. Meine Eltern gehen voran, und mein Bruder ist noch klein, ich habe Angst, dass er zurückbleiben könnte.

Manchmal setzen wir uns auch ins Auto und fahren eine Stunde in ein Dorf. Dort stellen wir auf dem Dorfplatz das Auto ab, dann gehen wir spazieren. Vorbei an einem alten, großen Haus, das die Leute im Dorf das Schloss nennen. Das Haus sieht verfallen aus, aber es wohnen Menschen darin. Manchmal, wenn wir vorbeilaufen, rennen junge Männer durch den Hof des Schlosses, oder sie machen Liegestütze oder Kniebeugen oder die Übung, die unser Turnlehrer das Klappmesser nennt. Dabei schreit sie ein älterer Mann an, der sofort auffällt, weil er einen sehr großen Schnurrbart trägt. Die Leute im Dorf erzählen, das hat mein Vater erzählt, dass man aufpassen muss, wenn man durch den Wald geht, weil die jungen Männer dann dort manchmal durch das Gebüsch rennen. Sie sollen sogar, so munkelt man, mit Gewehren schießen. Die Leute im Dorf erzählen, der

Mann mit dem Schnurrbart nennt die jungen Männer seine Wehrsportgruppe. Wenn mein Vater das erzählt, dann lächelt er immer ein bisschen, als würden die Leute im Dorf Quatsch erzählen. Aber meine Mutter sagt, er soll das nicht erzählen. Jetzt könne sie gar nicht mehr im Wald spazieren gehen, weil sie Angst hätte. Dann lacht mein Vater.

Ich weiß nicht, ob es an der Wehrsportgruppe liegt, aber wir gehen nie tief in den Wald. Länger als eine halbe Stunde gehen wir selten spazieren. Wenn wir zurückkommen, gehen wir in die Gaststätte am Dorfplatz. Die Gaststätte hat jeden Tag, das steht draußen an einem Schild, ab 18 Uhr geöffnet. Aber nur am Wochenende, »Sa und So«, gibt es »warme Küche«, steht da. Dafür öffnet die Gaststätte am Sa schon um 12 Uhr, und am So sogar schon um 11 Uhr.

Die Gaststätte ist in einem alten Fachwerkhaus. Wenn man in den Flur kommt, ist rechts eine Tür, durch die es in einen Kiosk geht. Der Kiosk ist aber an Sonntagen, an denen wir in den Gasthof kommen, geschlossen. Links geht es in die Gaststube. In der Gaststube sind Holzbänke an die Wände geschraubt, davor stehen Holzstühle und viereckige Holztische, auf denen grobe, grünliche Tischdecken liegen. Gleich rechts vom Eingang gibt es einen einzigen großen runden Tisch, in dessen Mitte ein Schild aus glänzendem Metall steht, darin ist das Wort »Stammtisch« eingraviert. An dem Tisch sitzen, wenn wir am Sonntag in die Gaststätte kommen, immer vier, fünf Männer, die mir sehr alt vorkommen, und rauchen. Jeder der Männer hat ein Bier vor sich, und wenn mein Vater an dem Tisch vorbeigeht, klopft er auf den Tisch und sagt: Der Gottesdienst schon vorbei? Dann brummen die Männer etwas, und mein Vater geht zu einem freien, viereckigen Tisch, an den wir uns setzen.

Meine Mutter bestellt einen Sauerbraten und mein Vater einen Schweinebraten. Mein Bruder und ich bekommen einen Kartoffelkloß mit Schweinebratensauce. Der Kloß liegt in einem Suppenteller, um ihn herum die hellbraune, eher dünne als dicke Soße. Wenn ich mit Messer und Gabel ein Loch in den Kloß bohre und das Loch auseinanderziehe, bis der Kloß in zwei oder drei Teile zerfällt, steigt eine kleine heiße Wolke auf. Ich teile ein kleines Stück vom Kloß ab und tauche es in die Soße. Es schmeckt salzig und nach Braten, und ich bin hungrig, aber das Stück Kloß ist heiß, und wenn ich es zu schnell schlucke, brennt es in meinem Hals.

Wenn ich mit dem Kloß fertig bin, darf ich aufstehen, meinen Teller nehmen und damit aus dem Gastraum den Flur hinunter bis zur Küche gehen. Die Tür der Küche steht immer offen, Wasserdampf hängt dick unter der Decke. Auf dem Herd steht ein riesiger schwarzer Topf, aus dem der Dampf aufsteigt. Vor dem Herd steht eine alte Frau, von der ich weiß, dass sie die Großmutter des Gastwirts ist. Wenn die Großmutter mich sieht, lacht sie und fragt: Willst du noch einen Kloß? Ich nicke, sie nimmt mir den Teller aus der Hand, geht zurück zum Herd, holt mit einem großen Löffel einen Kloß aus dem riesigen Topf und übergießt ihn mit Soße aus einem anderen, kleineren Topf. Ich sage Danke und trage den vollen Teller vorsichtig zurück, ich will nichts von der leckeren Soße verschütten, ich will keine Flecken hinterlassen, ich gehe den Flur entlang, durch den Gastraum und zu unserem Tisch.

Wenn ich meinen zweiten Kloß aufgegessen habe, lachen meine Eltern. Dann geben sie mir und meinem Bruder jeweils ein Zehnpfennigstück. Damit gehen wir über den Flur zur Tür, die in den Kiosk führt. Der Gastwirt kommt und schließt die Tür auf. Er geht hinter die Theke und fragt uns, was wir haben wollen. Wir legen unsere Geldstücke auf die Theke. Für zehn Pfennig kann ich zehn flache Brausebonbons bekommen oder fünf Brausebonbons, die genauso schmecken, aber doppelt so dick sind. Ich will die zehn flachen Brausebonbons.

Dann fahren wir wieder nach Hause.

Ich bin 12 Jahre alt und habe jetzt ein eigenes Zimmer. Das Zimmer ist, so kommt es mir vor, doppelt so groß wie das alte Kinderzimmer, das ich mir mit meinem Bruder teilen musste. In dem Haus wohnen nur wir: mein Vater, meine Mutter, mein Bruder und ich. Meine eine Oma, die wir Großmutter nennen, und meine andere Oma, die einfach Oma heißt, wohnen weiter in dem großen Mietshaus in der großen Stadt, aber das Haus ist jetzt weit weg. 40 Minuten dauert es, wenn meine Mutter mit dem Auto in unser altes Haus fährt, um ihre Mutter zu besuchen.

Eine Wand und die Decke meines neuen Zimmers sind verkleidet mit Fichtenpaneelen. Die anderen drei Wände sind tapeziert mit weißer Raufasertapete. Auf dem Boden liegt ein irgendwie grünlich oder doch eher bräunlich gemuschelter Teppichboden. Es riecht ein wenig chemisch. Ungefähr so wie in der Reinigung, zu der meine Mutter und ich manchmal gehen, um den Anzug abzuholen, den mein Vater anzieht, wenn er ins Büro fährt. Es ist der Teppichboden, der so riecht. Vielleicht riecht er mittlerweile auch gar nicht mehr so. Ich weiß es nicht, aber immer, wenn ich in meinem neuen Zimmer bin, steigt mir unweigerlich dieser chemische Geruch in die Nase, weil ich mich daran erinnere, wie mein Vater und ich den Teppich verlegt haben.

Damit der Teppichboden in mein neues Zimmer passte, musste mein Vater ihn erst einmal zuschneiden. Ich habe aufgepasst, dass er dabei immer sofort das Werkzeug bekommen hat, das er dazu brauchte: Mal den dicken Bleistift, mit dem er auf der Rückseite des Teppichbodens Markierungen setzte, mal den Zollstock, mit der er ausmaß, wo die Markierungen hinsollten, und mal das Messer mit dem er an den Bleistiftmarkierungen entlang den Teppich schnitt.

Mein Vater kroch auf allen vieren durch das Zimmer. Er begann in einer Ecke, hob den Teppich hoch, beschriftete die Rückseite mit dem Bleistift, klemmte den Teppich zwischen zwei lange Bretter und ließ sich von mir das Messer geben. Dann schnitt er ein Stück des Teppichs ab. Anschließend ließ er den Teppich auf den Boden fallen, und der Rand des Teppichs schloss genau ab mit der Wand. Dann kroch er in die nächste Ecke.

Ich saß währenddessen in der Mitte des Zimmers auf dem neuen Teppich und war aufmerksam. Ich versuchte vorherzusehen, wann mein Vater den Bleistift, das Messer oder den Zollstock brauchen würde, und schon da zu sein, wenn er den Arm ausstreckte und Bleistift, Messer oder Zollstock sagte. Wenn mir das gelang, war ich besonders stolz. Ich weiß nicht, ob mein Vater bemerkte, wie aufmerksam ich war. Er sagte jedenfalls nichts.

Als mein Vater in der vierten und letzten Ecke sein Werk vollendet hatte, lag der Teppichboden, der eine halbe Stunde zuvor noch wie eine grün-bräunlich gemuschelte Wucherung mit wulstigen Falten und Bergen und Tälern dagelegen hatte, plötzlich vollkommen plan auf dem Boden und füllte das Zimmer vollständig aus. Ein Viereck mit perfekten Neunzig-Grad-Winkeln.

Genau in der Mitte des grünlich-braunen Teppichbodenvierecks lagen nun viele kleine, längliche Teppichstücke. Ich füllte die Teppichstücke in einen Eimer. Mein Vater nahm das Werkzeug und legte es auf die Teppichreste im Eimer. Dann nahm er die beiden Bretter, klemmte sie unter den linken Arm, hob den Eimer mit der rechten Hand und ging hinaus durch die Tür des Zimmers. Kurz hinter der Tür, im Flur, drehte er sich um und blickte noch einmal zurück auf das perfekte, grünlich-braune Viereck. Dann bog er nach links ab in das Zimmer, das einmal das Zimmer meines Bruders werden sollte. Dort wartete schon eine irgendwie rötlich, aber eher bräunlich gemuschelte Geschwulst auf meinen Vater.

Als mein Vater aus meinem Sichtfeld war, rutschte ich auf den Knien in eine Ecke des Zimmers. Dort konnte ich sehen, dass mein Vater den Teppich so geschnitten hatte, dass ein kleiner Abstand zur Wand geblieben war. Hatte er womöglich einen Fehler gemacht? Ich rutschte an einer Wand entlang in die nächste Ecke und stellte fest, dass der Abstand überall fast genauso groß war, überall ungefähr einen halben Zentimeter. Mein Vater hatte keinen Fehler gemacht, der Abstand war offensichtlich Absicht.

Ich rutschte wieder zurück in die Mitte des Zimmers, das nun vollkommen leer war. Über den Flur konnte ich meinen Vater im Nebenzimmer hören, konnte hören, wie er auf den Knien auf dem rötlich-braunen Teppichboden herumrutschte, konnte hören, wie das Messer durch den Teppich schnitt, und wenn ich nicht mehr atmete und ganz genau hinhörte, konnte ich sogar hören, wie die abgeschnittenen Teppichreste in der Mitte des neuen Zimmers meines kleinen Bruders landeten.

Ich legte mich in der Mitte meines neuen Zimmers auf den Bauch, das Kinn auf den Boden gepresst. Ganz flach über dem Boden starrte ich in die vielleicht zwei, vielleicht drei Meter entfernte Ecke. Kein Hindernis versperrte meinen Blick. Ich konnte keine Falte, keine Welle, nichts entdecken. Bloß grünlich-braune Perfektion. Ich drehte mich um neunzig Grad: perfekt. Noch einmal neunzig Grad: natürlich perfekt. Ein letztes Mal neunzig Grad: auch perfekt. Ich drehte mich auf den Rücken. Über mir die parallel montierten Fichtenpaneele. Auch die Fichtenpaneele hatte mein Vater angebracht, schon Wochen vorher, ohne meine Hilfe.

Ich drehte den Kopf nach links: strahlend weiße Raufasertapete, die hatte auch mein Vater an die Wände geklebt. Ich drehte den Kopf nach rechts: Durchs Fenster konnte ich nur makellos blauen Himmel sehen. Ich schloss die Augen. Dieser Raum fühlte sich anders an als alle Räume, die ich kannte. Vielleicht war es nur der chemische Geruch des frisch verlegten Teppichbodens, vielleicht waren es die leeren Wände oder der unbefleckte, von keinem Stäubchen beschmutzte Boden, ich spürte eine Weite, die ich nicht kannte. Ich lag auf dem Rücken in dem Raum, von dem ich wusste, dass er bald mein neues Zimmer werden sollte, und war sehr stolz auf meinen Vater, weil er so etwas wie diesen perfekten Raum schaffen konnte, und ein klein wenig war ich auch stolz auf mich, weil ich ihm dabei geholfen hatte, wenigstens ein kleines bisschen.

Der Raum ist jetzt mein neues Zimmer, aber nicht mehr perfekt. Vor einer Wand stehen ein Schrank und ein Regal. In dem Schrank sind meine Hosen und T-Shirts und Socken und alles andere, was ich zum Anziehen brauche. In dem Regal stehen meine Bücher. Die Bücher, die ich geschenkt bekommen habe, und die Bücher, die ich in der Schule bekommen habe, aber am Ende des Schuljahrs wieder zurückgeben muss. Neben dem Regal steht ein Schreibtisch. Auf der gegenüberliegenden Seite des Zimmers steht mein Bett. An der Wand, die mit den Fichtenpaneelen verkleidet ist, genau in der Mitte des Zimmers, hängt das Fell einer Antilope.

Das Antilopenfell hat mein Vater schon vor zwei Jahren von einer seiner Geschäftsreisen mitgebracht. Er hat sogar zwei Antilopenfelle mitgebracht. Das eine Antilopenfell hat mein kleiner Bruder bekommen, das andere ich. Weil unser altes Kinderzimmer zu klein war, um beide Felle aufzuhängen, hat meine Mutter die beiden Felle zusammengerollt und auf den Boden im Kleiderschrank unseres Kinderzimmers gelegt. Ab und zu, wenn ich wusste, dass mein Bruder und meine Mutter vorne in der Küche waren und auch nicht ins Zimmer kommen würden, weil ich Ruhe haben sollte, um meine Hausaufgaben zu machen, rutschte ich vorsichtig von meinem Schreibtischstuhl und öffnete möglichst leise den Kleiderschrank. Ich kniete mich hin und strich mit der Hand über die Fellrollen. Das Fell fühlte sich nicht an wie ein dicker Pullover, auch nicht wie ein Teppich. Die Haare waren lang und hart. Wenn man in eine Richtung strich, war das Fell ganz glatt. Wenn man in die andere Richtung strich, stellten sich die Haare auf und piksten einen in die Hand.

Die beiden Felle hat mein Vater aus Südafrika mitgebracht. Mein Vater fährt immer mal wieder beruflich nach Südafrika, mindestens einmal im Jahr. Er ist dann lange weg, mindestens zwei Wochen, manchmal auch drei. Seit wir umgezogen sind und mein Bruder und ich ein eigenes Zimmer haben, haben wir auch genug Platz, um die Antilopenfelle an die Wand zu hängen.

Antilopen sind so eine Art große Ziegen, die in Afrika leben. Ich weiß das, weil ich im Fernsehen regelmäßig »Expeditionen ins Tierreich« und »Ein Platz für Tiere« sehen darf. Die eine Sendung moderierte Heinz Sielmann, die andere Bernard Grzimek. Ich mochte Grzimek lieber, obwohl ich mich immer wunderte, dass man seinen Namen »Tschimmek« aussprach. Grzimek brachte immer ein Tier mit in die Fernsehsendung, einen Affen, der ihm dann über die Schultern kletterte, oder einen kleinen Leoparden, den er im Arm hielt und streichelte, als wäre er eine Katze. Dann erzählte Grzimek, wie gefährlich der Leopard einmal werden würde, wenn er ausgewachsen sei, und dann zeigte er einen Film, in dem ein ausgewachsener Leopard über eine Antilope herfiel. Oft konnte man im Film dann noch sehen, wie die Antilope am Boden lag und der Leopard den Kopf in ihren Bauch steckte. Man konnte nicht genau sehen, wie das Loch aussah, in das der Leopard seinen Kopf steckte. Aber wenn er den Kopf hob, dann hatte der Leopard ein ganz rotes Maul, so blutig war es.

Mein Vater hat erzählt, dass er nach Südafrika reisen

muss, um dort zu helfen, elektrische Anlagen aufzubauen. Mein Vater kennt sich mit elektrischen Anlagen aus, denn mein Vater ist Elektro-Ingenieur. Als mein Vater vor zwei Jahren mit den beiden Antilopenfellen aus Südafrika zurückgekommen war, habe ich mir vorgestellt, wie er in einem Jeep, der schwarz-weiß gestreift ist, genauso wie der Jeep von Bernhard Grzimek, durch die afrikanische Savanne fährt. Der Jeep wackelt immerzu, und manchmal hüpft er, und mein Vater hüpft dann auch hoch auf seinem Sitz, denn in der Savanne gibt es keine geteerten Straßen. Vor dem Jeep laufen die Antilopen her. Die Antilopen hüpfen auch, aber in einem ganz anderen Rhythmus wie der Jeep.

Manchmal fährt der Jeep durch einen Fluss. Das Wasser im Fluss ist nur niedrig, aber das Flussbett ist so matschig, dass alle aus dem Jeep aussteigen müssen, auch mein Vater, und den Jeep durch den Fluss schieben müssen, und dabei werden natürlich die Beine von allen nass. Irgendwann hält der Jeep dann vor einer Fabrik, in der mein Vater eine elektrische Anlage einbaut.

Seltsamerweise habe ich mir nie vorgestellt, wie mein Vater zu den Antilopenfellen gekommen ist. Ich habe mir weder vorgestellt, er habe die Antilopen selbst erschossen, noch habe ich mir vorgestellt, er habe sie einem Afrikaner auf einem Markt abgekauft. Ich habe mir gar nichts vorgestellt.

Mittlerweile weiß ich, dass mein Vater die Antilopenfelle auf dem Flughafen in Johannesburg gekauft hat, bevor er zurückgeflogen ist. Wenn man jetzt durch die Tür in mein neues Zimmer kommt, ist das Antilopenfell das Erste, was man sieht.

Wenn man an dem Antilopenfell vorbei zum Fenster geht und hinausschaut aus meinem neuen Zimmer, kann man zwei Häuser sehen und dahinter Kirschbäume. Links von den Kirschbäumen sieht man eine Wiese, auf der zwei

Fußballtore stehen. Hinter den Fußballtoren sieht man einen Hügel, und auf dem Hügel steht ein großes gelbes Haus. Hinter den Kirschbäumen sieht man Felder. Und hinter den Feldern sieht man Wald. Was hinter dem Wald ist, kann ich nicht sehen.

Wenn ich im alten Kinderzimmer, in dem mein Bruder und ich lebten, aus dem Fenster sah, konnte ich, obwohl unsere Wohnung im dritten Stock war, nur die Wand eines anderen Hauses sehen. Wenn ich mich aus dem Fenster beugte, konnte ich hinuntersehen in den Hinterhof und auf den Sandkasten, in dem mein Bruder und ich spielten, als wir kleiner waren, und daneben die Rasenfläche, auf der ich im Sommer die Ameisen beobachtete.

Aus dem Fenster meines neuen Zimmers kann ich viel weiter hinaussehen, obwohl mein neues Zimmer nur im ersten Stock liegt, denn unser neues Haus hat insgesamt nur zwei Stockwerke. Vor zwei Jahren gab es das neue Haus noch nicht. Damals standen dort, wo jetzt unser neues Haus steht, mehrere alte Apfelbäume und ein Pflaumenbaum. Es war Spätsommer, aber die Äpfel, die an den Ästen hingen, sahen ganz anders aus als die Äpfel, die meine Mutter aus dem Regal im Supermarkt holte und die ich dann nach Hause tragen durfte. Die Äpfel an den Apfelbäumen waren klein, schrumpelig und hatten viele schwarze Stellen. Die Äpfel waren sauer, wenn man sie essen wollte, und wenn man nicht aufpasste und auf eine der schwarzen, harten Stellen biss, dann schmeckte das bitter.

Ich spuckte das Stück Apfel, das ich abgebissen hatte, wieder aus und blickte nach oben in den Baum. An den Ästen hingen nur noch wenige Äpfel und auch nur noch wenige Blätter. An vielen Ästen hingen sogar gar keine Blätter mehr. Einige Äste waren grau. Die Bäume hätten mal beschnitten gehört, sagte mein Vater, die Bäume kann man nicht mehr brauchen.

Das Gras unter den Bäumen war so hoch, dass es dem Zehnjährigen, der ich war, an manchen Stellen fast bis unter die Achsel reichte. Das Gras war auch ganz anders als das Gras, wie ich es von der kleinen Rasenfläche neben dem Sandkasten im Hinterhof unseres Hauses kannte. Das Gras dort war grün und wurde nie länger als zehn Zentimeter, dann ging mein Vater in den Schuppen neben der kleinen Rasenfläche und holte den Rasenmäher heraus. Er fuhr sieben Mal auf der Rasenfläche hin und sieben Mal wieder zurück, dann war das Gras immer noch grün, aber nur noch fünf Zentimeter lang. Wenn ich mich dann ins Gras legte, um zu sehen, ob die Ameisen noch da waren, konnte ich sehen, dass nun zwischen den fünf Zentimeter langen Grashalmen die abgeschnittenen Halme lagen und die Ameisen über sie hinwegklettern mussten.

Das Gras hier war ganz anderes Gras. Es war nicht nur viel länger, sondern auch gar nicht grün, jedenfalls nicht immer, sondern manchmal auch grau oder braun oder gelb. Zwischen den Halmen wuchsen Blumen, und wenn man einen Grashalm abreißen wollte, musste man kräftig ziehen, und wenn man dabei die Faust nicht fest genug zudrückte, konnte es passieren, dass man sich an den langen, festen Halmen schnitt.

Unter den Bäumen war das Gras niedriger, dafür lagen dort Äpfel, die von den Ästen gefallen waren. Unter manchen der Bäume lagen mehr Äpfel, als an den Ästen hingen. Ein moderiger Geruch lag in der Abendluft, die im Vergleich zur Hitze des Tages sehr angenehm war.

Als wir zu viert hierhergefahren sind, wo mein Vater, meine Mutter, mein Bruder und ich jetzt wohnen, hatte meine Mutter meinen Vater gefragt: Wo fahren wir denn nun hin? Mein Vater war früher als sonst von der Arbeit nach Hause gekommen, es war noch hell. Da hatte meine Mutter zum ersten Mal gefragt: Wo fahren wir hin? Mein Vater hatte gesagt: eine Überraschung. Meine Mutter fragte auf der Autofahrt trotzdem fünf oder sechs Mal, wo wir denn nun hinfahren würden. Beim ersten und zweiten Mal sagte er noch: eine Überraschung. Beim dritten

Mal sagte er nichts mehr. Meine Mutter hatte dann aufgehört zu fragen, wohin wir fahren. Stattdessen versuchte sie zu erraten, wohin wir fahren. Sie sagte: Fahren wir zu Tante Hildegard? Aber die hat doch gar nicht Geburtstag. Zu Sieberts? Aber dann hätten wir vorhin doch rechts abbiegen müssen. Zu Karlheinz und Hannelore?

Nach einer halben Stunde war auch meine Mutter still. Weil ich links hinten im Fond saß, hinter meinem Vater, der fuhr, konnte ich im Rückspiegel sehen, wie sie starr halbrechts aus dem Fenster sah. Über ihrer Oberlippe waren nun vier kleine, vertikale Fältchen zu sehen. Meine Mutter mochte keine Überraschungen.

Es war immer noch hell, als wir nach vierzig Minuten anhielten. Links von der Straße waren Äcker, rechts war die Wiese mit den Obstbäumen. Mein Vater sagte: Das ist es. Meine Mutter sagte nichts. Mein Vater stieg aus und ging um das Auto herum auf die Wiese. Wir anderen drei blieben im Auto sitzen. Als die Fahrertür ins Schloss fiel, sagte meine Mutter leise zu sich, als wären mein Bruder und ich gar nicht da: Eine Obstwiese. Das ist es. Dann stieg sie aus und folgte meinem Vater auf die Wiese.

Mein Vater nannte die Obstwiese nicht Obstwiese, er nannte sie Bauland. Er hatte aus dem Kofferraum einen Hammer geholt, Kanthölzer und einen Zollstock. Er schritt das Bauland mit langen Schritten ab, dann schlug er eins der Hölzer in den Boden. Meine Mutter, mein Bruder und ich standen am Rand der Wiese und sahen ihm zu. Er schlug ein zweites Holz ein, ein drittes und ein viertes. Einige der Obstbäume standen in dem Viereck, das entstand, andere an dessen Rand. Die Bäume kommen eh weg, sagte mein Vater.

Auf einer Seite wurde das Bauland von einer nagelneuen Straße begrenzt, auf der nun unser Auto stand. Auf dem schwarzen Asphalt lagen lehmige Flecken, durchzogen von dem tiefen Muster breiter Lkw-Reifen. Auf der anderen Seite der Straße hatten Bagger riesige Löcher im

Lehm der Acker hinterlassen. Aus einem der Löcher ragten räudige Holzlatten, gefüllt mit Beton, aus dem wiederum Stahlstacheln ragten. Mitten zwischen den Löchern stand eine einsame Betonmischmaschine auf dem Acker. In der Ferne sah man einen Wald, der in der einsetzenden Dämmerung zu versinken drohte.

Ich sah in die andere Richtung, dorthin, wo weit entfernt Straßenlaternen leuchteten und andere Lichter. Es waren nicht viele Lichter, aber die wenigen wurden mit dem schwindenden Tageslicht langsam heller. Das mussten Fenster sein, dort hinten mussten Häuser sein. Hinter den Obstbäumen, die jetzt nicht mehr auf einer Wiese, sondern auf Bauland standen, erkannte ich weitere Obstbäume. Ein ganzes Stück hinter den Bäumen, kaum zu sehen, stand ein Flachbau, nahezu fensterlos. Auf seinem Dach eine Leuchtschrift, die zu weit weg war, als dass ich sie entziffern konnte. Die roten Buchstaben verschwammen. Ist das ein E oder ein F? Ein O oder ein G? Ich kniff die Augen zusammen. Mein Vater schritt weiter stumm die Entfernungen zwischen seinen Kanthölzern ab, er ging immerzu hin und her. Ein D oder ein B? Die Schrift war einfach zu weit weg. Ich kniff die Augen noch kräftiger zusammen, sodass ich nur noch durch einen schmalen Schlitz schauen konnte. Plötzlich tauchte meine Mutter am linken Rand des Schlitzes auf. Ich erschreckte mich ein wenig.

Was machst du da?, fragte sie.

Diesmal war es eine Frage, das konnte ich an ihrem Ton hören, nicht nur eine Feststellung wie sonst. Aber diesmal hatte ich auch eine Antwort.

Ich versuche die Schrift zu lesen, sagte ich und deutete mit dem Finger auf die Leuchtschrift in der Ferne.

Was? Kannst du das nicht lesen?, fragte sie.

Nein, sagte ich, das ist doch zu weit weg.

Sie drehte sich um. Studierte die Schrift in der Ferne. Drehte sich wieder um zu mir.

Ich glaube, sagte sie, wir müssen mal zum Augenarzt.

Wenn ich jetzt aus meinem neuen Zimmer hinausgehe und über den Flur und in das Zimmer auf der gegenüberliegenden Seite des Hauses und dort aus dem Fenster schaue, kann ich die Leuchtschrift nicht nur sehen, sondern lesen. Kunert Präzisionsfedern, das steht dort.

Die Brille, mit der ich die Schrift in der Ferne entziffern kann, ist schon meine zweite. Um die erste Brille zu bekommen, waren wir in ein Kaufhaus gegangen und mit der Rolltreppe in den Keller hinuntergefahren. Dort hingen an Gestellen an den Wänden viele verschiedene Brillen. Wir gehen zu einem Optiker, hatte meine Mutter gesagt.

Der Optiker stand hinter einer Theke, meine Mutter legte einen Zettel auf die Theke vor ihm. Den Zettel hatten wir beim Augenarzt bekommen, nachdem ich dort zehn Minuten lang Buchstaben hatte entziffern müssen. Die Buchstaben wurden kleiner und immer kleiner, bis sie so klein waren, dass ich sie nicht mehr entziffern konnte.

Der Optiker nahm den Zettel und las ihn durch. Dann drehte er sich um, holte fünf Brillen und legte sie auf die Theke zwischen sich und meine Mutter. Das sind unsere Kassengestelle, sagte der Optiker. Meine Mutter nahm die Brillen in die Hand, eine nach der anderen. Dann nahm sie eine, die silbern war und nahezu viereckig, und setzte sie mir auf die Nase. Die Brille zwickte hinter meinen Ohren.

Sieh mich mal an, sagte meine Mutter.

Ich sah meine Mutter an. Sie sah ein wenig verschwommen aus.

Meine Mutter drehte sich um zum Optiker. Die nehmen wir, sagte sie.

Ich nahm die Brille ab. Ich sah mir die Gläser noch einmal an. Auf den Gläsern waren Schlieren und Fingerabdrücke.

Auf der Brille, die ich dann vier Wochen später bekam, als meine Mutter und ich noch einmal zu dem Optiker in den Keller des Kaufhauses hinuntergefahren waren,

waren keine Schlieren. Stattdessen konnte ich alles scharf sehen.

Früher hatte ich gedacht, dass es ganz normal war, dass man in der Ferne nicht mehr ganz so scharf sehen kann. Dass jemand, der mir auf der anderen Straßenseite entgegenkam, auch nicht ganz sicher sein konnte, ob ich es war oder nur jemand, der mir ein bisschen ähnlich sah. Seit ich die Brille hatte, verstand ich plötzlich, warum mein Vater, wenn im Fernsehen die deutsche Fußballnationalmannschaft ein Tor geschossen hatte, immer schon, bevor es der Kommentator erzählte, wusste, ob Rainer Bonhof oder Dieter Müller der Torschütze war.

Wenn ich nun aus dem Fenster des großen Zimmers auf der anderen Seite unseres Hauses sehe, kann ich die Präzisionsfedern-Leuchtschrift lesen. Ich kann auch die Lichter neben der Präzisionsfedern-Fabrik sehen und weiß nun, dass es tatsächlich Fenster von Häusern sind. Dort wohnen unsere Nachbarn, weil zwischen unserem Haus und diesen Häusern nur Wiesen mit Obstbäumen sind. Manchmal kann ich sogar einen Schatten an einem der Fenster vorbeihuschen sehen. Das war, denke ich, einer unserer Nachbarn.

Das große Zimmer auf der anderen Seite unseres Hauses ist noch nicht fertig. Mein Vater sagt, es ist noch nicht ausgebaut. Auf dem Boden liegt kein Teppichboden, sondern er ist mit Pressspanplatten bedeckt, über die man nicht mit nackten Füßen gehen darf, weil man sich sonst einen Span einreißen könnte. An den Wänden des großen Zimmers sind auch keine Fichtenpaneele montiert. Stattdessen kann man noch die weißen Steine sehen, aus denen unser Haus gemauert worden ist. Ich lege meine Hand auf die groben, unverputzten weißen Steine. Ich denke: Diesen Stein habe ich vielleicht getragen.

Als unser Haus gemauert wurde, war es gerade Frühling geworden. Aus der Obstwiese war endgültig Bauland geworden. Die Bäume waren verschwunden, ein Bagger war gekommen und hatte ein großes Loch ausgehoben. Das Loch war mit einem eckigen Igel aus Beton und Stacheln aus Stahl gefüllt worden.

Mein Vater kam nun noch später nach Hause, weil er nach der Arbeit auf die Baustelle fuhr. Oft kam er erst nach Hause in unsere Wohnung, wenn mein Bruder und ich schon im Bett lagen, und er war morgens, wenn unsere Mutter uns weckte, schon wieder weg. Am Wochenende machten wir nun keine Ausflüge mehr, weil mein Vater auf die Baustelle fahren musste. Mein Vater baute ein Haus. Unser Haus.

Manchmal, wenn am Wochenende das Wetter gut war, fuhren meine Mutter, mein Bruder und ich mit meinem Vater auf die Baustelle. Dann spielten mein Bruder und ich in dem großen Sandhaufen, der neben dem Loch lag, in dem einmal unser Haus stehen sollte. Der Sandhaufen kam uns riesig vor, er war auf jeden Fall viel größer als der Sandkasten im Hof des Hauses, in dem unsere Wohnung war. Wir lagen auf dem Bauch im Sand und stellten unsere Soldaten aus grünem Plastik in Reih und Glied auf. Ab und zu kam mein Vater und schaufelte Sand in einen Eimer, und wir mussten aufpassen, dass unsere Plastiksoldaten nicht im Sand vergraben wurden. Trotzdem liebten wir den Sandhaufen.

An einem Freitag kam mein Vater ausnahmsweise einmal direkt von der Arbeit nach Hause. Wir aßen Abendbrot, als er sagte: Martin, kommst du morgen mit auf die Baustelle. Es klang nicht wie eine Frage. Ich sagte nichts. Mein Vater sagte: Ich und Martin gehen morgen auf die Baustelle. Mein Bruder sagte: Ich will auch mit. Nein, du bist noch zu klein, sagte mein Vater, Martin soll mir helfen.

Mein Vater braucht mich, dachte ich. Mein Vater baut ein Haus für uns, und er braucht mich. Meine Mutter sagte: Iss deinen Teller auf.

Am nächsten Morgen weckte mich mein Vater, mein Bruder durfte weiterschlafen. Als ich in die Küche kam, schmierte meine Mutter Butterbrote und packte sie dann fest ein in Alufolie. Mein Vater trank eine Tasse Kaffee, ich bekam eine Tasse Milch. Wir essen später, sagte mein Vater. Wir fuhren los.

Im Auto knurrte mein Magen, aber der Motor war zu laut, ich konnte das Knurren gar nicht hören, ich konnte es nur spüren in meinem Bauch. Mein Vater sagte nichts, ich war zu müde, um etwas zu sagen. Ich genoss es, allein mit meinem Vater im Auto zu sitzen und nichts zu sagen.

Nach vierzig Minuten parkte mein Vater auf der frisch geteerten Straße. Wir stiegen aus. Der Betonigel hatte keine Stacheln mehr, er war nun oben ganz flach. Auf der Fläche standen halbe Mauern, manche sahen aus wie Treppen, die in den Himmel führen. Der Betonigel sah nun eher aus wie eine im Aufbau befindliche Burg. Die Baustelle war von einem Burggraben eingefasst. Überwunden werden konnte der Burggraben nur an einer einzigen Stelle: Auf Höhe des Sandkastens, in dem mein Bruder und ich immer spielten, lagen drei dicke lange Holzdielen, die vom Festland auf die Baustelle führten.

Mein Vater zeigte mir drei Paletten, die neben der Baustelle, an der Seite des Grundstücks, das zur frisch geteerten Straße lag, direkt neben dem Sandhaufen standen. Auf den Paletten waren große, weiße Steine gestapelt. Die Steine waren von einer gelben Folie umfasst. Mein Vater schnitt mit einem Messer Schlitze in die dicke Folie, dann zog er sich grobe Handschuhe an und zog die Folie von den weißen Steinen. Als die ganze Folie auf einem Haufen neben einer Palette lag, zog er die Handschuhe aus und gab sie mir. Die Handschuhe waren mir viel zu groß. Dann ging er, kam aber sofort wieder und schob eine Schubkarre vor sich her. Du legst zwei Steine in die Schubkarre, dann schiebst du die Schubkarre zu mir auf die Baustelle, sagte er. Alles klar?

Ich nickte. Mein Vater ging über die Dielen, die unter seinem Gewicht einsanken, und verschwand im Mauerlabyrinth der Burg.

Ich fragte mich, wie ich die Steine in die Schubkarre kriegen sollte. Die Steine waren riesig. Sie waren so groß, dass ich beide Arme lang ausstrecken musste, um sie umfassen zu können. Ich fasste fest zu und versuchte einen Stein zu heben. Und war vollkommen überrascht, dass ich ihn problemlos hochheben konnte. Die Steine waren riesig, aber ganz leicht.

Immer wenn ich einen der Steine hochhob, schubberte er an meinem Kinn. Aber das Kratzen war angenehm, und an meinem Kinn blieb dann immer etwas weißer Staub zurück. Mit dem Fingernagel konnte man noch mehr Staub von den Steinen abkratzen, so porös war das Material, aus dem sie hergestellt waren. Ich musste an die weiße Luftschokolade denken, die ich noch lieber aß als die Milchschokolade von Milka. Luftschokolade, aus der man Häuser bauen konnte.

Ich legte den Stein in eine Schubkarre. Dann legte ich noch einen Stein versetzt daneben. Dann fuhr ich mit der Schubkarre über die Dielen in die Burg. Vorsichtig lenkte ich die Schubkarre, die trotz der beiden riesigen Steine ganz leicht anzuheben war, durch das Labyrinth aus weißer Luftschokolade, bis ich meinen Vater fand. Er stand neben einem Haufen, auf dem schon viele weiße Steine gestapelt waren. Hier kannst du sie drauflegen, sagte er und deutete auf den Stapel.

Ich hob den ersten Stein hoch, er war immer noch so leicht wie vorhin, und legte ihn auf dem Stapel ab. Nachdem ich den zweiten Stein abgeladen hatte, hob ich die Schubkarre an und fuhr über die Zugbrücke zurück zu den Paletten. Ich beschloss, ab jetzt drei Steine in meine Schubkarre zu packen.

Wenn ich mit meinen drei Steinen zum großen Stapel in der Burg kam, war der Stapel geschmolzen, aber die

Wand daneben gewachsen. Mit der Wand, die immer weiter wuchs, wuchs auch mein Stolz.

Am kommenden Wochenende durfte ich wieder mit meinem Vater auf die Baustelle, aber wir waren nicht mehr allein. Zwei Männer, die blaue Latzhosen trugen, halfen uns beim Hausbauen. Ich holte Steine, und wenn ich keine Steine holte, dann sollte ich Bierflaschen holen. Die Bierflaschen standen im Keller, den man über eine Treppe erreichen konnte, die mitten im Luftschokoladenlabyrinth nach unten führte. Im Keller war es dunkel und viel kühler als oben in der Burg.

Die Männer sind alte Freunde, sagte mein Vater. Ich wunderte mich, weil ich sie noch nie vorher gesehen hatte. Einer der alten Freunde hatte einen dicken Bauch und saß meist auf einem umgedrehten Bierkasten vor einer Wand. Neben dem umgedrehten Bierkasten stand immer eine Flasche Bier. Wenn die Bierflasche leer war, rief er: Martin! Wenn ich kam, reichte er mir die leere Flasche. Dann ging ich los, die Treppe hinunter in den Keller, stellte die leere Flasche in den Bierkasten und holte eine neue heraus. Wenn ich dem dicken Mann die volle Bierflasche gab, holte er seinen Zollstock aus der Brusttasche seiner blauen Latzhose und setzte den Zollstock am Kronkorken an. Dann machte es Plopp, und der Kronkorken flog gegen die Wand, die der Mann gerade gemauert hatte. Von der Wand fiel der Kronkorken nach unten. Dann sagte er: Danke, prima machst du das.

Als es fünf Uhr nachmittags war, gingen die beiden Männer. Mein Vater gab mir einen Handfeger und eine Schaufel. Mit dem Handfeger fegte ich die Kronkorken zusammen, die am Fuße der Wand lagen, die nun fertig war. Dann fuhren wir nach Hause. Um sechs Uhr schaltete mein Vater den Fernseher ein. Die Sportschau begann. Wir trugen beide noch unsere dreckigen Arbeitsklamotten. Meine Mutter hatte ein Handtuch auf die Couch gelegt, auf der ich saß, und ein Handtuch auf den Sessel, auf dem mein Vater saß. Mein Vater trank ein Bier, ich hatte mir eine Limonade aus dem Kühlschrank geholt.

Nach der Sportschau aßen wir Abendbrot. Der Bierkasten ist leer, und die Wand ist fertig, sagte mein Vater zu meiner Mutter. Es ist ein Wunder, dass die Wand gerade ist. Ohne Bier würde sie wahrscheinlich schief werden, antwortete meine Mutter. Mein Vater lachte.

Ich war sehr glücklich.

Ich bin **13** Jahre alt, und mein Vater ist wieder mein Vater. Ich finde das gut. Meine Mutter, glaube ich, auch. Bei meinem Bruder bin ich mir nicht sicher. Aber auch er muss die Zeit, in der mein Vater nicht mehr mein Vater war, zumindest seltsam gefunden haben. Denn in diesen vier Wochen sah mein Vater zwar noch aus wie mein Vater, und er hatte auch dieselbe Stimme wie mein Vater und dieselben Augen, aber mein Vater redete nicht mehr wie mein Vater, und er guckte aus diesen Augen nicht mehr wie mein Vater, sondern wie jemand anderer. Vor allem redete dieser Mensch, der aussah wie mein Vater und hieß wie mein Vater und in dieselbe Arbeit ging wie mein Vater, viel mehr, als es mein Vater jemals tun würde. Gut zwei Wochen lang redete er ständig. Aber nun ist der Spuk zum Glück wieder vorbei.

Mein Vater war nicht mehr mein Vater, nachdem er von einer Geschäftsreise nach Taiwan zurückgekehrt war. Weil sein Flugzeug an einem Samstagvormittag landete, hatte meine Mutter meinen Bruder und mich mit zum Flughafen genommen, um meinen Vater abzuholen. Ich hatte keine große Lust gehabt mitzukommen, aber mich auch nicht getraut, das meiner Mutter zu sagen. Ich hatte mit dem Gedanken gespielt und mir immer wieder selbst den einen Satz vorgesagt: Ich will nicht mit, ich habe keine Lust, meinen Vater vom Flughafen abzuholen. Er klang seltsam, der Satz. Nicht, dass er unwahr gewesen wäre, ich hatte wirklich keine Lust, aber ich glaubte nicht wirklich an den Satz, er war mir unheimlich. Ich hatte doch gar keinen Grund, nicht einmal eine Erklärung für meine Unlust, meinen Vater vom Flughafen abzuholen, die mir selbst ausreichend gewesen wäre. Bedeutete, dass ich keine Lust hatte, meinen Vater vom Flughafen abzuholen, nachdem er wochenlang weg gewesen war, nicht auch, dass ich ihn gar nicht vermisst hatte? Und war das normal, dass ich meinen Vater nicht vermisste? War ich normal? Irgendwann wollte ich nicht mehr darüber nachdenken, und außerdem wusste ich, dass meine Mutter mich sowieso nicht allein zu Hause gelassen hätte.

Da standen wir also nun, meine Mutter, mein Bruder und ich und warteten in der Ankunftshalle. Der Flug aus Frankfurt, das zeigte die Anzeigetafel, war gelandet. Immer wieder öffnete sich die Tür, heraus kamen Männer im mittleren Alter und in Anzügen, die nur eine Aktentasche trugen. Dann kamen die Menschen mit großen Koffern und Taschen, Männer und Frauen, auch einzelne Familien. Dann kam mein Vater, er trug seinen Koffer in der einen Hand und in der anderen seine Aktentasche und zwei silbern glänzende, kleine Plastiktüten mit dem Lufthansa-Logo, das obligatorische Mitbringsel für meinen Bruder und mich, das Lunch-Paket mit den Mandarinen und den belegten Brötchen und dem eingeschweißten Orangensaft. Das war keine Überraschung, der Anzug meines Vaters sah aus wie immer, sein Koffer, seine Aktentasche, die beiden Lufthansa-Lunchpakete, alles wie immer. Und doch sah mein Vater nicht aus wie immer, denn er trug ein breites Grinsen im Gesicht, ein Grinsen, wie ich es noch nie von ihm gesehen hatte.

Normalerweise kam mein Vater, wenn wir ihn am Flughafen abholten, mit einem mürrischen Gesichtsausdruck auf uns zu. Natürlich, er hatte ja einen langen Flug hinter sich, hatte stundenlang in einem engen Sitz gesessen, hatte vielleicht Verspätung gehabt. Er kam auf uns zu und sagte Hallo, meine Mutter fragte: Wie war der Flug, aber eigentlich fragte sie nicht, und mein Vater antwortete auch meist nicht, sondern wir gingen lieber schnell zum Auto zurück, weil das Parken am Flughafen sehr teuer war.

Aber diesmal kam mein Vater auf uns zu, und er trug nicht nur ein breites Grinsen im Gesicht, sondern er lachte uns, seine Familie, an, er schien sich auf uns zu freuen. Und wenn ich das noch nicht verstanden hatte, während er auf uns zuging, dann verstand ich es, als er vor uns stand und sagte: Schön, dass ihr mich abholt. Ich habe euch doch tatsächlich vermisst.

Es entstand eine kleine Pause. Ich wusste nicht, wie ich reagieren sollte. Das hatte ich nicht erwartet. Ich sah meine Mutter an und sah, dass sie das auch nicht erwartet hatte. Dann ging mein Bruder auf meinen Vater zu und schlang seine Arme um seine Hüfte, denn größer war mein Bruder noch nicht. Mein Vater legte seine Hand auf den Kopf meines Bruders, er lächelte ein kleines Lächeln, aber er sah auch irritiert aus, mindestens genauso verunsichert, wie ich mich fühlte. Dann sah mein Vater meine Mutter an und sagte: Lasst uns nach Hause fahren. Ich möchte nach Hause.

Dort, zu Hause, fiel uns erst richtig auf, dass mein Vater nicht mehr mein Vater sein konnte. Schon im Auto hatte nicht meine Mutter gesprochen und meinem Vater erzählt, was alles passiert war in den Wochen, in denen er weg gewesen war. Diesmal hatte mein Vater nicht geschwiegen und sich angehört, was meine Mutter zu erzählen hatte, er hatte nicht jeden dritten oder vierten Satz mit einem knurrigen Hmm kommentiert. Nein, diesmal hatte mein Vater so viel erzählt, dass meine Mutter gar nicht zu Wort gekommen war, und irgendwann, das konnte ich im Rückspiegel sehen, hatte sich die missmutige vertikale Falte auf ihrer Stirn gebildet. Aber das war meinem Vater egal gewesen, er hatte das gar nicht gemerkt, er hatte ja nur geredet und geredet. Er hatte erzählt, was er gegessen hatte in Taiwan und dass das Essen manchmal so scharf gewesen war, dass er hatte weinen müssen. Er hatte erzählt, dass er auf einem Markt war, auf dem man lebendige Hühner und Frösche und sogar Affen hatte kaufen können. Und wisst ihr, warum man dort lebende Affen kaufen kann?, hatte er gefragt und sich zu meinem Bruder und mir auf dem Rücksitz umgedreht, obwohl er doch am Steuer unseres Autos saß, sodass meine Mutter vom Beifahrersitz aus ganz aufgeregt das Lenkrad gegriffen hatte, damit wir nicht in den Straßengraben fuhren. Wisst ihr, warum man lebende Affen auf dem Markt kaufen kann?, hatte er noch einmal lauter gefragt, als mein Bruder und ich ihn aus großen, verwunderten Augen schweigend angesehen hatten, und dann hatte er sich endlich wieder umgedreht und wieder auf die Straße gesehen, denn die ganze Zeit über war das Auto ja weitergefahren. Weil die Chinesen, hatte er gesagt, eher geschrien, er hatte sich wieder zu uns umgedreht, weil die Chinesen mit kleinen Hämmern dem lebenden Affen den Kopf aufhauen, um dann das Affenhirn roh zu essen. Könnt ihr euch das vorstellen?, hatte er gerufen, sich dann umgedreht, das Lenkrad gepackt, laut und schallend gelacht, und uns dann doch noch sicher nach Hause gefahren.

Auch nachdem wir zu Hause angekommen waren, blieb mein Vater seltsam. Gleich nachdem wir durch die Tür gekommen waren, wollte meine Mutter, wie sie es immer tat, seine dreckige Wäsche aus dem Koffer holen und waschen. Mein Vater aber sagte: Das mit der Wäsche kannst du doch auch noch später machen. Wir setzen uns jetzt alle an den Tisch, und ihr erzählt mir erst einmal, was los war in den letzten Wochen.

Also setzten wir uns an den Tisch im Esszimmer, und meine Mutter erzählte all das, was sie sonst schon im Auto erzählt hätte. Diesmal erzählte sie es vielleicht konzentrierter und strukturierter als sonst, denn mein Vater hörte ihr zu, er sah sie direkt an, als sie erzählte. Als meine Mutter fertig war, sah er mich an und fragte: Und bei dir?

Ich hatte mich die ganze Zeit, während meine Mutter erzählte, schon gefragt, was ich antworten sollte, wenn mein Vater mich fragen würde. Was hatte ich denn erlebt in den letzten Wochen? Ich war zur Schule gegangen, ich hatte meine Hausaufgaben gemacht, und an vier Tagen in der Woche war ich abends zum Hockey-Training gegangen. Wenn ich nicht zum Sport gegangen war, hatte ich mit meiner Mutter und meinem Bruder zusammen ferngesehen. Also antwortete ich: Ich war beim Hockey. Wir haben ferngesehen. Es war alles wie immer.

Mein Vater nickte und sah dann meinen Bruder an: Und wie ging es dir? Mein Bruder erzählte, dass er am vergangenen Wochenende bei der Kreismeisterschaft im Turnen in seiner Altersklasse den zweiten Platz belegt hatte. Das ist ja toll, sagte mein Vater. Und er sagte: Schade, dass ich das verpasst habe. Das fand ich ziemlich seltsam. Denn ich spielte jetzt seit fünf Jahren Hockey, mein Bruder turnte seit vier Jahren im Verein, ich spielte in einer Jugendliga, mein Bruder fuhr regelmäßig zu Wettkämpfen, aber noch nie hatte mein Vater versucht, uns zuzusehen. Ich konnte mich nicht einmal erinnern, dass er mich jemals gefragt hätte, wie eins meiner Spiele ausgegangen war, ob ich gewonnen oder ob ich verloren hatte. Natürlich nicht, er hatte ja anderes zu tun und anderes im Kopf, er musste immer bis spät arbeiten und oft auf Geschäftsreise fahren, und wenn er nicht arbeiten musste, dann schraubte oder tapezierte er in unserem Haus, in dem das halbe obere Stockwerk noch nicht fertig ausgebaut war.

Das nächste Mal, versprach mein Vater, bin ich dabei bei der Kreismeisterschaft. Dann grinste er breit, wie jemand, der sehr zufrieden mit sich ist, und sagte: Jetzt hab ich aber Hunger. Er drehte sich um zu meiner Mutter, die wortlos neben ihm gesessen hatte, und sagte: Kochst du uns was Schönes?

Meine Mutter reagierte nicht sofort. Sie starrte meinen Vater noch eine Sekunde lang an, und trug dabei einen ungläubigen Ausdruck im Gesicht. Gibt's denn was zu essen?, fragte mein Vater. Meine Mutter schreckte auf, ein kleiner Ärger huschte über ihr Gesicht. Dann stand sie auf und ging in die Küche, wo längst der Eintopf wartete, den sie schon vorbereitet hatte, bevor wir losgefahren waren, um meinen Vater vom Flughafen abzuholen. Sie musste nur noch den Herd anmachen.

Auch in den nächsten Tagen blieb mein Vater verändert. Das ging schon los, wenn er abends von der Arbeit nach Hause kam. Normalerweise würde ich das gar nicht bemerken, weil ich immer oben in meinem Zimmer saß und Musik hörte und las, und wenn meine Mutter rief, dass das Abendessen fertig sei, würde ich runtergehen ins Esszimmer, und da würde mein Vater sitzen und die Lokalzeitung lesen, als hätte er schon immer da gesessen. Die Zeitung würde quer ausgebreitet über den Tellern liegen, mit denen meine Mutter schon den Tisch gedeckt hätte.

Aber so war es nicht mehr. Nun hörte ich zwar immer noch nicht die Tür, wenn mein Vater nach Hause kam, aber ich hörte ihn, denn er rief, kaum dass er durch die Tür war, fröhlich: Guten Abend. Wo seid ihr denn?, rief er dann und hängte geräuschvoll seinen Mantel über einen Bügel.

Wenn dann das Abendessen fertig war, rief nicht mehr meine Mutter, dass wir runterkommen sollten, sondern mein Vater. Er rief: Das Essen ist fertig! Ihr könnt kommen! Er pfiff auch nicht mehr, wie er es sonst tat, wenn er unten war und wir oben und er etwas von uns wollte.

Wenn wir dann runterkamen ins Esszimmer, dann saß mein Vater nicht am Tisch und las die Lokalzeitung, sondern er stand in der Küchentür und redete auf meine Mutter ein. Und wenn ich ins Esszimmer kam, drehte er sich um und sagte: Weißt du, was ich gerade deiner Mutter erzählt habe. Und dann erzählte er mir, was er gerade meiner Mutter erzählt hatte, irgendetwas, was er auf der Heimfahrt von der Arbeit erlebt hatte oder wen er getroffen hatte, und er lachte, und dann ging er zu seinem

Platz und setzte sich und sagte: Jetzt hab ich aber Hunger. Ich hoffe, sagte er zu meiner Mutter, die gerade den Topf mit der Suppe hereintrug, ich hoffe, du hast auch etwas gekocht. Dann lachte er ganz laut.

Während wir aßen, war mein Vater nicht ruhig wie sonst, er senkte nicht den Kopf und schaufelte das Essen in sich hinein, bis sein Teller leer war und er den Teller hochhielt, dass ihn meine Mutter auffüllte und er auch den zweiten Teller wortlos in sich hineinstopfen konnte. Stattdessen erzählte er von der Arbeit, was es heute Mittag in der Kantine zu essen gegeben hatte, und er lobte immer wieder das Essen meiner Mutter, das so viel besser schmecken würde, als was ihnen in der Betriebskantine serviert würde. Er sprach ständig, manchmal sogar mit vollem Mund, was er uns immer verboten hatte, er erzählte sogar, was sein Abteilungsleiter wieder für einen Quatsch gemacht hatte, und er lachte über seinen Abteilungsleiter, als könnte er ihn ganz gut leiden, als wäre der nur ein wenig doof, aber eigentlich ein ganz lieber Kerl, aber ich wusste ja, dass mein Vater seinen Abteilungsleiter eigentlich hasste, weil sein Abteilungsleiter viel schlechter bei der Arbeit war als er, aber trotzdem sein Abteilungsleiter war. Der hat wieder eine Scheiße verzapft, hatte mein Vater manchmal gesagt, und dann hatte ich gefragt: Wer? Und mein Vater hatte geantwortet: Mein Herr Abteilungsleiter, und dann kurz auf seinen Teller gestarrt, bevor er weiter das Essen in sich hineingeschaufelt hatte, und ich hatte mich nicht getraut, weiter nachzufragen, welche Scheiße genau der Herr Abteilungsleiter verzapft hatte.

Ich wusste, dass mein Vater seinen Abteilungsleiter auch deshalb nicht leiden konnte, weil der einen Universitätsabschluss hatte. Denn mein Vater sagte manchmal auch: Der ist eine Niete, der hat den Job doch bloß, weil er ein Diplom hat, aber eine Ahnung hat er nicht. Mein Vater hat kein Diplom, weil er nach dem Krieg, als sein Vater starb, nach zwei Semestern wieder von der Uni runtermusste, weil seine Mutter sich das Studium nicht mehr leisten konnte und weil mein Vater lieber eine Lehre machen sollte und arbeiten und Geld verdienen. Jedes Mal, wenn sich mein Vater über seinen Abteilungsleiter aufgeregt hatte, sagte er noch zu meinem Bruder und mir: Deshalb müsst ihr studieren. Ihr könnt die größten Nieten sein, aber das ist egal, wenn ihr einen Abschluss habt. Macht bloß ein Diplom. Die Note ist egal, Hauptsache ein Diplom.

Jetzt sagte mein Vater: Mein Abteilungsleiter hat wieder was verbockt, und dann erzählte er, was der Abteilungsleiter verbockt hatte, und ich verstand zwar nicht immer, was der Abteilungsleiter überhaupt getan hatte und was daran falsch gewesen war, aber mein Vater erzählte es so, dass ich doch zumindest verstand, dass es ziemlich lustig gewesen sein muss, was sein Abteilungsleiter da verbockt hatte. Und immer wieder lachte er vor sich hin.

Meine Mutter lachte nicht. Meine Mutter sah meinen Vater an, während er erzählte, und manchmal vergaß sie sogar, das konnte ich beobachten, zu essen. Ich sah sie an und fragte mich, ob sie vielleicht sauer war, weil sie selber kaum mehr zu Wort kam. Aber ich glaubte, sie wunderte sich bloß, so wie ich mich auch wunderte, weil ich meinen Vater so nicht kannte, aber ich wusste nicht, ob meine Mutter meinen Vater vielleicht doch so kannte, denn sie kennt ihn ja schon länger als ich.

Wenn sich mein Vater den letzten Bissen von seinem zweiten Teller in den Mund geschoben hatte, dann sagte er: Das hat wieder großartig geschmeckt, Schatz, du bist die Beste. Dann stand er auf, drückte meiner Mutter einen Kuss auf die Backe, nahm seinen Teller und trug ihn in die Küche. Meine Mutter wurde ein bisschen rot und sah meinem Vater hinterher.

Mittlerweile war fast eine Woche vergangen, aber mein Vater war immer noch nicht mehr mein Vater. Er ging arbeiten wie mein Vater, er schlüpfte in dieselben Anzüge, aber wenn er abends nach Hause kam, blieb er nicht stumm und studierte die Zeitung, sondern erzählte wie ein Wasserfall. Zuerst nur von seiner Arbeit, aber dann auch Geschichten, die er erlebt hatte. Geschichten von seinen Geschäftsreisen, Geschichten aus fernen Ländern, von Menschen, deren Namen ich nicht kannte und die ich mir auch nicht merken konnte, Geschichten, die fast so schnell wieder gingen, wie sie kamen, weil er sie oft nicht zu Ende erzählte, sondern abbrach, um eine neue Geschichte zu beginnen, an die er sich eben erinnert hatte.

Mal erzählte er von einer Radtour, die er noch als Jugendlicher mit einem Freund unternommen hatte. Die beiden waren den ganzen Weg nach Italien mit dem Fahrrad gefahren, durch die Alpen, über den Brennerpass, sie hatten im Zelt übernachtet und sich die ganze Reise nur von Tütensuppen ernährt, weil sie kein Geld gehabt hatten. Er erzählte, wie er nach dem Krieg das Haus, in dem wir früher gewohnt hatten, wieder aufgebaut hatte, wie nur noch zweieinhalb der vier Stockwerke gestanden hatten. Er erzählte, wie er auf der Geschäftsreise in Taiwan, von der er eben zurückgekommen war, jeden Abend mit den Menschen, mit denen er Geschäfte machte, hatte trinken müssen. Dann zeigte er, wie die Menschen, mit denen er Geschäfte gemacht hatte, nach jedem Glas die Hände aneinandergelegt und den Kopf gebeugt hatten, und dass er das hatte nachmachen müssen nach jedem Glas. Er legte die Hände aneinander, als wollte er beten, grinste mich an, beugte den Kopf, sah auf den Boden und gluckste vor sich hin. Dann sah er auf, sagte: Und beim nächsten Schnaps dasselbe noch mal. Wieder legte mein Vater die Hände aneinander, neigte den Kopf und gluckste. Er wiederholte die Geste noch vier, fünf Mal, bis er gar nicht mehr aufhören konnte zu glucksen.

Mein Vater erzählte und erzählte, aber die meisten seiner Geschichten hatten keinen Anfang und kein Ende, sie führten nicht irgendwo hin, so wie die Geschichten in den Büchern, die ich las. Die Geschichten meines Vaters waren nicht unterhaltsam oder spannend, sie waren oft eher seltsam, und ihnen zu folgen war ziemlich anstrengend. Und obwohl er so viel lachte wie nie zuvor, war er doch launisch. Wenn meine Mutter, mein Bruder oder ich ihm nicht mit ungeteilter Aufmerksamkeit zuhörten, wurde er ungeduldig. Hör mir doch zu, sagte er einmal zu mir, und ich konnte hören, wie der Zorn in seine Stimme stieg. Du musst das wissen, sagte er, hör mir zu.

Nicht nur an diesem Tag fragte ich mich, während ich meinem Vater zuhörte, warum er mir, warum er uns das alles erzählte. Aber so, wie er erzählte, so gehetzt und sprunghaft, so, wie er von Geschichte zu Geschichte hüpfte, hatte ich das Gefühl, wusste mein Vater selbst nicht, warum er uns das alles erzählte. Es hatte eher den Anschein, als wollten, als mussten diese Geschichten alle heraus aus ihm, als hätte er sie zu lange in sich eingesperrt.

Immer wieder erzählte mein Vater von Amerika. Dort war er gewesen in einer Zeit, als es meinen Bruder oder mich noch nicht gab. An euch war doch gar nicht zu denken gewesen, sagte mein Vater und lachte laut. Ein ganzes Jahr war er als junger Mann in Amerika gewesen, das hatte ich schon gewusst, aber nun erfuhr ich Details, von denen ich noch nie gehört hatte.

So hatte ich nicht gewusst, dass mein Vater nach Amerika gekommen war, weil er Fußball gespielt hatte. Mein Vater hatte gerade seine Lehre als Elektroinstallateur beendet, als er im Mitteilungsblättchen seines Fußballvereins eine Anzeige fand: Deutscher Heimatverein in New York sucht deutsche Fußballspieler. Er und ein Sportkamerad schrieben an die Adresse. Aus New York kam ein One-Way-Ticket über den großen Teich für meinen Vater und den Sportkameraden. In New York warteten ein Zimmer bei einer deutschstämmigen Auswandererfamilie und ein kleines Taschengeld auf meinen Vater und den Sportkameraden. Die beiden spielten

Fußball und waren die mit Abstand besten Spieler in der Mannschaft des deutschen Heimatvereins, in der sonst nur altersschwache Auswanderer spielten, die nicht mehr allzu schnell laufen konnten, und deren Söhne, die gar nicht mitspielen wollten, weil sie lieber Baseball oder Basketball gespielt hätten.

Den Sportkameraden packte nach ein paar Wochen schon das Heimweh, er pumpte sich Geld für das Rückflugticket zusammen und war verschwunden. Eigentlich schuldet mir der Idiot immer noch 50 Dollar, lachte mein Vater. Die Fußballmannschaft wurde nach ein paar Monaten aufgelöst, weil es sowieso kaum Gegner gab, gegen die sie antreten konnte. Mein Vater blieb. Er suchte sich einen Job in einer Elektro-Klitsche, kaufte sich einen alten, klapprigen Chevrolet, fuhr einmal von Ost nach West durch das weite Land und von West nach Ost wieder zurück. Nach einem Jahr in den USA war er dann doch wieder zurückgegangen nach Deutschland, seine Mutter war allein gewesen und wäre ohne ihn nicht ausgekommen.

Immer wieder kam mein Vater auf dieses Jahr in den USA zu sprechen. Kaum ein Abend verging in dieser Zeit, an dem er nicht eine Begebenheit aus dem fernen Land auf der anderen Seite des Atlantiks zum Besten gegeben hätte. Und, sagte mein Vater plötzlich an einem dieser Abende und beugte sich über den Tisch zu meinem Bruder und mir. Er senkte seine Stimme, als würde er uns nun ein Geheimnis verraten. Und wusstet ihr, dass ihr beinahe zwei kleine Amerikaner geworden wärt?

Als mein Vater das sagte, sah ich im Augenwinkel, dass meine Mutter erstarrte. Auf ihrer Nasenwurzel erschien die vertikale Falte, und plötzlich stand sie auf, stellte die Platten, auf denen der Braten und das gedünstete Gemüse gelegen hatte und die jetzt leer gegessen waren, aufeinander, trug sie in die Küche und ließ die Küchentür hinter sich ein wenig lauter ins Schloss fallen, als nötig gewesen wäre.

Es war wohl so gewesen, dass mein Vater, kurz nachdem er meine Mutter kennengelernt hatte, die Auswanderung in die USA beantragt hatte. Meine Mutter war schwanger mit mir gewesen, als plötzlich und ein bisschen überraschend tatsächlich die Greencard im Briefkasten gelegen hatte. Mein Vater, meine Mutter und ich, der ja schon in ihrem Bauch war, konnten auswandern in die USA, am besten sofort. Das Land der unbegrenzten Möglichkeiten freute sich schon auf die Elektroinstallateurkenntnisse meines Vaters. Ich wäre in Amerika geboren worden, ich wäre jetzt ein Amerikaner, ich würde auf eine amerikanische Schule gehen, ich hätte amerikanische Freunde, ich würde Englisch sprechen und vielleicht gar kein Deutsch mehr, ich würde nicht Hockey spielen, sondern vielleicht Baseball, ich würde nicht Martin heißen, sondern Marten oder ganz anders, vielleicht sogar John oder Joe.

Aber eure Mutter, sagte mein Vater und lehnte sich noch einmal ein wenig weiter nach vorne über seinen Teller, dass ich Angst bekam, er könnte sein hellgraues Hemd, mit dem er von der Arbeit gekommen war, in die Reste der Bratensoße tunken, die er auf dem Teller übrig gelassen hatte. Aber eure Mutter, sagte er und lachte noch einmal, aber nicht wirklich fröhlich. Er machte eine kleine Pause, ich hielt die Spannung kaum noch aus. Aber eure Mutter, sagte mein Vater schließlich, hat im allerletzten Moment kalte Füße bekommen. Eure Mutter hatte Angst, sie wollte keine Amerikanerin werden.

Er lehnte sich zurück, nahm sein Glas und trank noch einen Schluck Bier. Deshalb, sagte er in die Stille hinein, seid ihr keine kleinen Amis geworden. Mein Bruder und ich sahen meinen Vater an. Wir warteten, irgendwie schien die Geschichte noch nicht zu Ende zu sein.

Plötzlich hörte ich die Stimme meiner Mutter aus der Küche. Sie war kaum zu hören, weil die Tür zu war. Sonst stand die Tür immer auf. Könnt ihr bitte eure Teller bringen, hörte ich meine Mutter sagen. Wie automatisch stand ich auf, nahm meinen Teller und ging die drei, vier Schritte zur Küchentür. Mein Bruder stand auf, nahm seinen Teller und kam mir hinterher. Ich öffnete die Küchentür und konnte meine Mutter sehen, wie sie über die Spüle gebeugt stand, die Hände im Spülwasser. Mein Bruder ging durch die Tür in die Küche, ich schickte mich an, ihm hinterherzugehen. Als ich hinter mir die Küchentür schloss, konnte ich sehen, wie mein Vater sein Glas in einem Zug leerte und nicht mich ansah, sondern aus dem Fenster blickte.

Es war noch keine Woche vergangen, seit mein Vater von seiner Geschäftsreise zurückgekommen war, als er wieder einmal nach der Arbeit nach Hause kam. Er rief das immer noch neue, ungewohnte Guten Abend von unten aus dem Windfang durchs Haus, dann konnte ich hören, wie er seinen Mantel aufhängte. Vielleicht eine halbe Stunde später lag ich auf dem Boden in meinem Zimmer und las ein Buch, als ich die Treppe knarzen hörte. Ich hatte erwartet, dass mein Vater, wie es neuerdings seine Art war, uns zum Abendessen rief, aber nun schien er die Treppe heraufzukommen. Mein Vater kam sonst nie die Treppe hoch, nur dann, wenn er etwas auf dem Dachboden suchte, der über unseren Kinderzimmern lag, aber das wollte er nur am Wochenende, und an diesem Tag war kein Wochenende.

Ich hörte die Treppe knarzen und fragte mich noch, was mein Vater an einem normalen Wochentag wohl vom Dachboden holen wollte, als ich seine Schritte auf dem Flur hörte, und bevor ich mich wundern konnte, wo er wohl hinwollte, ging schon die Tür auf, und mein Vater stand in meinem Zimmer. Ich war überrascht, vielleicht blieb mir sogar der Mund offen stehen, ich weiß es nicht. Aber wenn es so war, konnte mein Vater das nicht sehen, denn er sah nicht mich an, er sah sich um in meinem Zimmer. Er guckte von links nach rechts und wieder zurück, und in seinen Augen lag ein Ausdruck, als sähe er das alles zum allerersten Mal, den Schreibtisch, das alte Regal, mein Bett, die in dem einen Jahr, in dem wir nun in dem neuen Haus wohnten, nachgedunkelten Fichtenpaneele und die weiße Raufasertapete und den grün-bräunlichen Teppichboden, den er selbst verlegt hatte. Einen Moment verharrte sein Blick auf dem Antilopenfell über meinem Bett, und ich bildete mir ein, ein kleines Lächeln über sein Gesicht huschen zu sehen.

Dann sah er mich an. Ich hatte mich aufgesetzt, ich saß jetzt auf dem Boden, neben mir das Buch, aber auch noch die Ordner und Schulbücher und Stifte, die ich noch nicht weggeräumt hatte. Mein Vater fragte: Was machst du? Ich dachte einen Moment nach, ob ich die Wahrheit sagen sollte, aber entschied mich für die kleine Lüge. Ich sagte: Meine Hausaufgaben. Er nickte und sagte: Gut.

Dann sah er sich weiter um in meinem Zimmer, bis sein Blick auf meinem Schreibtischstuhl hängen blieb, den ich nie benutzte. Benutzt du deinen Schreibtischstuhl gar nicht, fragte er. Und während ich noch nachdachte, wie ich meinem Vater erklären sollte, aus welchen Gründen, die ich selber nicht wusste, ich mich nie auf meinen nagelneuen Schreibtischstuhl setzte, sondern lieber auf dem Boden lag, um meine Hausaufgaben zu machen und zu lesen, schritt er schon durchs Zimmer, umkurvte die auf dem Boden liegenden Papiere, drehte den Schreibtischstuhl um und setzte sich rücklings auf ihn. Er beugte sich nach vorn, stützte die Ellbogen auf seine Knie, sah mir in die Augen und sagte: Und wie geht es dir?

Ich war total perplex. Ich glaube, mein Vater hatte mich noch nie gefragt, wie es mir geht. Meine Mutter hat mich auch noch nie gefragt, glaube ich. Ich wusste nicht, was ich antworten sollte. Geht es mir gut? Ich stellte fest, dass ich mir diese Frage selbst noch nie gestellt hatte. Geht es mir gut? Doch, wahrscheinlich geht es mir gut, ich hatte ja keine Vergleichsmaßstäbe. Ich wusste, den Kindern in

Biafra ging es schlechter, weil meine Mutter, immer dann, wenn wir unseren Teller nicht leer essen wollten, sagte: Ihr müsst aufessen, die Kinder in Biafra wären froh, wenn sie überhaupt etwas zu essen hätten. Ich hatte keine Ahnung, wo Biafra war, ich wusste nicht einmal, ob Biafra ein Land oder eine Stadt war, aber ich wusste, es gibt Kinder, denen geht es schlecht. Also sagte ich: Gut. Mir geht es gut.

Mein Vater nickte noch einmal. Dann sagte er: Das ist gut. Er sah mich an, als müsste ich etwas sagen. Ich wusste aber nicht, was ich sagen sollte. Also sagte ich lieber nichts. Es entstand eine seltsame Stille. Keine unangenehme Stille, aber eine, die ich nicht gewohnt war, weil mein Vater mir sonst nie gegenübersaß und mir in die Augen sah. Ich fragte mich, was mein Vater eigentlich von mir wissen wollte, als er plötzlich sagte: Sag mal, willst du nicht mal bei mir auf der Arbeit vorbeikommen? Interessiert dich das nicht?

Ich sah meinen Vater an. Ich suchte in seinem Gesicht nach einem Anzeichen, was diese Frage bedeuten sollte. Niemals zuvor war die Idee, dass ich oder mein Bruder oder irgendwer meinen Vater im Büro der Firma, für die er arbeitete, besuchen könnte, überhaupt aufgekommen. Der Gedanke, ich könnte meinen Vater auf der Arbeit besuchen, schien mir nicht absurd oder lächerlich, eher seltsam, unwirklich. Es war ein Gedanke, der mir noch nie gekommen war.

Mein Vater lächelte und sah mich an. Ich wusste, mein Vater konnte seine Arbeit eigentlich nicht leiden. Warum wollte er sie mir dann zeigen? Ich wusste, mein Vater hielt seine Vorgesetzten für unfähig, genauso wie die meisten seiner Kollegen. Sollte ich die kennenlernen? All die Leute, die er für Idioten hielt? Aber vor allem hatte ich keine Ahnung, was mich dort, im Büro meines Vaters, erwarten würde. Ich sagte: Ja, klar. Ich sagte nicht, was ich eigentlich sagen wollte: Warum?

Okay, gut, sagte mein Vater. Warum nicht gleich morgen? Du kannst nach der Schule mit dem Bus in die Stadt kommen. Du kommst einfach ins Büro, fragst unten beim Pförtner nach mir, und ich komme dann runter. Ich zeig dir dann alles, und dann fahren wir zusammen nach Hause. Okay?

Ich nickte. Aber ich war mir nicht sicher, ob das Nicken deutlich genug war, also nickte ich noch einmal.

Gut, sagte mein Vater. Dann stand er auf, ging wieder durch mein Zimmer und drehte sich vor der Zimmertür noch einmal um. Ach ja, sagte er, als hätte er beinahe etwas vergessen, das Essen ist fertig. Es gibt gleich Abendessen. Du musst runterkommen.

Ich komme, sagte ich.

Mein Vater sah mich an, er nickte und lächelte, dann drehte er sich um und schloss vorsichtig die Tür hinter sich.

Am nächsten Nachmittag nahm ich wie jeden Nachmittag nach der Schule den Bus, allerdings diesmal in die andere Richtung. Diesmal fuhr ich mit dem Bus nicht zurück in unser Dorf, sondern mitten in die große Stadt. Das war seltsam, aber ich fühlte mich auch erwachsen, weil ich zum ersten Mal allein in die Stadt fuhr.

Ich wusste genau, wo mein Vater arbeitet. Jeder wusste das. Die Firma, für die mein Vater arbeitete, war die größte in der Stadt. Ich stieg aus dem Bus aus und lief durch die Fußgängerzone, die ich schon von Ausflügen mit meiner Mutter kannte, vorbei an dem großen Kaufhaus, in dem ich mit meiner Mutter meine letzte Jeans gekauft hatte, zur Zentrale der großen Firma. Ich stand vor der großen gläsernen Tür und drückte gegen das Glas, und die Tür begann sich zu drehen, und ich musste mich beeilen, dass ich hinter der sich drehenden Tür her ging, um die andere Glasscheibe nicht gegen die Hacken zu bekommen.

Als mich die Drehtür ausgespuckt hatte, stand ich in einer Halle, die mir riesig vorkam. Ich glaube, die Halle war sogar noch größer als das Kaufhaus, und genauso wie in dem Kaufhaus gingen Rolltreppen aus der Lobby in die höheren Stockwerke. Aber im Gegensatz zum Kaufhaus war die Eingangshalle in der Firma meines Vaters fast leer.

Mitten in der ziemlich leeren Halle war eine Absperrung und daneben ein Tresen, hinter dem zwei Männer in Uniformen standen. Zwischen Absperrung und Tresen war ein Durchgang, durch den Menschen in beide Richtungen strömten. Die allermeisten waren Männer in Anzügen, wie sie mein Vater auch trug, wenn er morgens zur Arbeit ging. Die Anzugmänner, die hineingingen, hielten den Uniformmännern einen Ausweis hin, und die nickten dann, aber die Anzugmänner verlangsamten ihren Schritt überhaupt nicht, während sie durch den Durchgang gingen. Die Anzugmänner, die hinausgingen, hielten den Uniformmännern keinen Ausweis hin.

Ich stand immer noch unschlüssig in der Halle, als ich merkte, dass mich einer der Uniformmänner ansah. Also ging ich zum Tresen, und der Mann fragte mich: Was willst du denn hier?

Ich wusste nicht, was ich hier wollte, aber ich wusste, dass ich das nicht sagen wollte. Also sagte ich: Mein Vater hat gesagt, ich soll hierherkommen und ihn besuchen.

Wer ist denn dein Vater?, fragte der Uniformmann.

Nachdem ich ihm den Namen meines Vaters gesagt hatte, blätterte der Mann einen Stapel Blätter durch, der hinter dem Tresen lag. Dann telefonierte er. Er sagte: Hier ist jemand für Sie, Herr Osterberg. Dann nickte er und legte auf. Du sollst ein paar Minuten warten, sagte der Uniformmann und deutete in eine Ecke der Eingangshalle, in der Sessel standen und eine Couch, die mit schwarzem Leder bezogen waren. Da drüben kannst du warten, sagte der Mann.

Ich setzte mich in einen der Sessel und versank dermaßen, dass meine Füße den Bodenkontakt verloren. Ich legte die Arme auf die breiten Lehnen und zog mich wieder hoch. Danach rutschte ich nach vorne an den Rand der Sitzfläche, bis meine Beine wieder auf dem Boden standen.

Vor mir stand ein flacher Glastisch, der vollkommen leer war.

Ich wartete.

Während ich wartete, sah ich mich um. Immer wieder kamen Anzugmänner und zeigten ihre Ausweise. Die meisten kamen allein, aber manchmal kamen auch Pärchen, die sich angeregt unterhielten, noch seltener auch Grüppchen, Sie alle unterbrachen ihre Unterhaltungen nicht, während sie durch die Drehtür gingen, die Lobby durchquerten, ihren Ausweis aus der Jackentasche nestelten und die Absperrung überwanden.

An der gegenüberliegenden Wand hing eine große Uhr. Dort konnte ich sehen, dass ich schon fast eine halbe Stunde gewartet hatte, als ich meinen Vater eine der Rolltreppen herunterfahren sah. Er ging durch die Absperrung, winkte den Uniformmännern flüchtig zu und kam durch die große Halle direkt auf die Sitzecke zu. Als sich mein Vater in den Sessel neben mir fallen ließ, versank er nicht wie ich, sondern saß sofort perfekt austariert im schwarzen Leder.

Hast du lange gewartet, sagte er, aber es war nicht wirklich eine Frage. Tut mir leid, schloss er sofort an, es war so viel zu tun.

Mein Vater machte eine kleine Pause und sah mich an. Deswegen kann ich dich jetzt leider auch nicht herumführen, sagte er, ich hab plötzlich so viel Arbeit, das passt gerade gar nicht.

Dann beugte er sich nach vorne, hob seine rechte Hand und verwuschelte meine Haare. Ich versuchte mich zu erinnern, wann mein Vater mir zum letzten Mal über den Kopf gestreichelt hatte, und ich konnte mich nicht erinnern.

Also, wiederholte er, es tut mir leid, aber heute passt es einfach nicht. Wir holen das nach.

Er stand auf. Du kannst doch den Bus nach Hause nehmen, sagte er, ist doch kein Problem, oder?

Nein, kein Problem, sagte ich.

Gut, das ist gut, sagte mein Vater, wuschelte noch einmal durch meine Haare und ging zurück zur Absperrung. Kurz vor dem Tresen holte er seinen Betriebsausweis aus der Anzugjackentasche, hielt sie einem der Uniformmänner hin, der müde nickte, und ging durch den Durchgang. Kurz vor der Rolltreppe drehte er sich noch einmal um, nahm Blickkontakt mit mir auf, winkte einmal kurz und lächelte aufmunternd. Dann stieg er auf die erste Stufe der Rolltreppe, fuhr nach oben und war verschwunden.

Ich stand auf, ging durch die Drehtür nach draußen und durch die Fußgängerzone zum Busbahnhof.

Ein paar Tage später kam ich aus meinem Zimmer, und auf dem Weg zum Badezimmer konnte ich hören, wie meine Mutter – wie jeden Tag – mit ihrer Mutter telefonierte. Doch ihre Stimme klang aufgeregter als sonst, wenn sie mit meiner Großmutter sprach, sie schallte hohl durchs offene Treppenhaus. Unwillkürlich, aber doch absichtsvoll blieb ich im Flur stehen und belauschte meine Mutter wie ein Indianer in einem Karl-May-Buch einen weißen Mann.

Ich hielt den Atem an und konnte hören, dass meine Mutter einfach weitersprach, sie hatte mich nicht gehört. Ich begann wieder zu atmen, ganz still und ruhig durch die Nase, möglichst lautlos, ich war jetzt wieder das Kind, das ich eigentlich nicht mehr sein wollte, das Kind, das sich verlor in seinen Fantasien, und nun war ich eben ein Indianer, der seine Mutter belauschte. Ich ging in die Knie und dann ganz hinunter auf alle viere, und kroch ganz langsam und vorsichtig, damit der Boden nicht knarrte, noch ein paar Meter Richtung Treppe, um besser hören zu können.

Ich halte das nicht mehr lange aus, das ist doch nicht normal, sagte meine Mutter. Der ist ganz anders als sonst.

Eine kleine Pause entstand, meine Mutter schien zuzuhören, ich stellte das Atmen ein, damit sie mich auch nicht hören konnte.

Keine Ahnung, ich weiß es nicht. Meine Mutter sprach wieder. Ich weiß nur, dass er anders ist. Er macht mir Angst, er redet und redet. Und was für einen Quatsch zum Teil.

Mir fehlte plötzlich die Luft, ich hatte vergessen zu atmen, mit aller Macht zogen meine Lungen die bitter benötigte Luft durch meinen offen stehenden Mund ein, und dabei entstand ein leises, aber deutliches Pfeifen. Ich hatte das deutliche Gefühl, etwas Verbotenes zu tun. Doch meine Mutter sprach einfach weiter, sie hatte das Pfeifen offensichtlich nicht gehört.

Hab ich dir doch schon gestern erzählt. Und vorgestern. Ich weiß es nicht. Seit er aus Taiwan zurück ist, benimmt er sich komisch. Wie ausgetauscht. Aber er erzählt auch nicht, was da passiert ist. Ob da überhaupt was passiert ist. Mir jedenfalls nicht. Aber irgendwas muss da passiert sein.

Wieder eine kleine Pause. Diesmal bin ich vorbereitet. Ich atme noch vorsichtiger, ganz flach wie ein Apache im Hinterhalt.

Ich hab ihn nicht gefragt, ich will ihn auch nicht fragen. Was soll ich ihn denn fragen? Warum bist du so seltsam?

Pause.

Nein. Ganz bestimmt nicht.

Pause.

Bestimmt ist bei den Chinesen was passiert. Denen kann man doch eh nicht trauen. Das sagt er ja selbst immer. Aber als ich ihn gefragt habe, wie es war, was los war, da hat er mich lange angeguckt, ganz komisch, und nichts gesagt. Er hat mich angeguckt, als hätte ich eine Macke und nicht er. Dann hat er wie ein Chinese die Hände aufeinandergelegt und genickt und hat gelacht.

Eine längere Pause. Plötzlich war es so leise im Haus,

dass ich das Atmen meiner Mutter zu hören glaubte. Ich hielt die Luft an, nun war gar nichts mehr zu hören.

Nein, nein, schon gut, sagte meine Mutter plötzlich in die gähnende Stille hinein, Resignation in der Stimme, aber auch ein wenig Missmut. Ich muss jetzt Essen machen, er kommt bald nach Hause.

Bald, dachte ich, mein Vater würde erst in einer Stunde kommen. Meine Mutter verabschiedete sich und hängte den Hörer auf die Gabel. Ich hielt wieder den Atem an und konnte nicht hören, aber spüren, wie sie einen Moment vor dem kleinen Tischchen im Flur verharrte, auf dem unser Telefon stand. Dann hörte ich feste, entschlossene Schritte und die Küchentür.

Ein paar Tage später ging ich hinunter zum Abendessen, ich setzte meine bestrumpften Füße auf die hölzernen, blank polierten Treppenstufen, ganz vorsichtig, weil ich wusste, wie rutschig sie waren. Die Treppenstufen, von denen ich wusste, dass sie knarren würden, knarrten erwartungsgemäß, als mir plötzlich auffiel, dass nicht mein Vater uns zum Essen gerufen hatte, sondern, so wie früher, meine Mutter.

Ich kam nach unten, sah ins Esszimmer, und da saß mein Vater und las die Zeitung. Er sah nicht auf, als ich hereinkam und mich auf meinen Platz setzte. Er sah auch nicht auf, als mein Bruder kam und sich auf seinen Platz setzte, er nahm nur die Zeitung, die über den Tellern auf dem gedeckten Esstisch gelegen hatte, und hielt sie hoch vor sein Gesicht. Von meinem Stuhl aus konnte ich nun nur noch die Stirn meines Vaters sehen, die über den Rand der Zeitung hinausragte. Manchmal sah ich seine linke Augenbraue sich heben. Als meine Mutter die Platten mit den Kartoffeln und den panierten Schnitzeln hereinbrachte, legte mein Vater die Zeitung zur Seite und begann zu essen. Er sagte nichts, und er aß, und mich beschlich ein seltsames, verwirrendes Gefühl. Einerseits war ich froh, dass alles wieder beim Alten war, vertraut und wie ich es kannte. Andererseits merkte ich jetzt, dass ich mich an den neuen Vater bereits ein wenig gewöhnt hatte, dass ich es, wenn auch nur heimlich und mit einem kleinen schlechten Gewissen, genossen hatte, dass er sprach und redete und erzählte, während wir aßen, dass er uns, dass er mich wahrgenommen hatte. Oder dass er uns zumindest gebraucht hatte, weil er uns etwas erzählen konnte. So sehr mich der neue Vater irritiert und verunsichert hatte, aber plötzlich war ich mir gar nicht mehr so sicher, ob ich den alten Vater wiederhaben wollte und ob ich den neuen Vater nicht doch auch ein wenig vermissen würde.

Wir aßen eine Weile alle schweigend, und dann begann meine Mutter zu erzählen, wen sie heute im Supermarkt getroffen hatte und was es dort im Sonderangebot gegeben hatte. Als ich mein Schnitzel aufgegessen hatte, fragte sie mich: Willst du noch ein Schnitzel? Ich sagte: Ja, und ich nahm mir ein zweites Schnitzel und setzte das Messer an und schnitt mir den ersten Bissen ab. Als mein Vater sein Schnitzel aufgegessen hatte, legte ihm meine Mutter ungefragt ein zweites auf den Teller.

Als mein Vater sein zweites Schnitzel aufgegessen hatte, legte er sein Besteck zur Seite, sah sich um auf dem Tisch und sagte: Alle fertig? Alle waren fertig. Gut, sagte mein Vater, stand auf, ging aus dem Zimmer, und ein paar Sekunden später konnten wir das vertraute Schnarren des Fernsehnachrichtensprechers von nebenan hören. Meine Mutter stand auf und trug die Platten mit den Resten in die Küche. Ich nahm meinen Teller und mein Besteck und ging ihr hinterher.

Dann ging ich nach oben in mein Zimmer und schloss die Tür hinter mir. Nun konnte ich sie wieder hören, die alte Stille, die gewohnte Sprachlosigkeit, die vom emotionslosen Singsang des Nachrichtensprechers strukturiert wird. Es war, als hätte mein Vater alles erzählt, was er hatte erzählen wollen, und nun war er leer geredet.

Meine Mutter sagte kein Wort, sie kommentierte die Rückverwandlung nicht, aber ich konnte ihr ansehen, dass sie beruhigt war, auch wenn sie so tat, als wäre mein Vater nie anders gewesen. Sie nahm, als hätte sie Angst, er könnte wieder seltsam werden, sofort wieder die Rolle ein, die sie vor der Verwandlung innegehabt hatte. Aus all ihrer Beredsamkeit war vor allem eins herauszuhören, die Erleichterung, dass die Welt wieder war, wie sie sein sollte. Ich wusste, ich war auch erleichtert. Ich war mir aber gar nicht sicher, ob ich es gut finden sollte, dass ich erleichtert war.

Ich bin 15 Jahre alt und gehe immer noch über den großen Onkel. So hat es mein Vater genannt, und meine Mutter hat auch gesagt: Genau, du gehst über den großen Onkel. Ich fand das zuerst komisch, weil mein Vater und meine Mutter zwar beide keine Geschwister haben, aber mein Bruder und ich trotzdem jede Menge Tanten und Onkel. Denn so gut wie alle Freunde und Bekannten meiner Eltern nennen wir Onkel oder Tante. Es gibt einen Onkel Karlheinz, der immerhin mein Patenonkel ist, und eine Tante Hannelore, die zwar nicht meine Patentante ist, weil man nur einen Paten oder eine Patin haben kann, aber immerhin die Frau von Onkel Karlheinz, was sie irgendwie dann doch zu meiner Patentante macht. Es gibt eine Tante Lisbeth aus München, mit der meine Mutter irgendwie und sehr entfernt verwandt ist, und einen Onkel Gustav in Österreich, mit dem mein Vater noch entfernter verwandt ist, so entfernt, dass nicht mal mein Vater erklären kann, wie genau wir miteinander verwandt sind, jedenfalls kann mein Vater das nicht so erklären, dass man ihm noch folgen könnte. Es gibt einen Onkel Peter, der nicht mit meinem Vater verwandt ist, aber ein alter Freund aus seiner Kindheit, der jetzt immer noch in dem großen Mietshaus wohnt, in dem wir früher gewohnt haben. Im Sportverein meines Vaters gibt es sogar einen ganzen Sack an Onkels von Onkel Werner über Onkel Hans bis Onkel Erwin, und deren Frauen heißen alle Tante.

Und jetzt gibt es also auch noch einen großen Onkel.

Mein Vater hat gesagt, ich soll nicht mehr über den großen Onkel gehen. Die großen Onkel, das weiß ich jetzt, sind die großen Zehen an meinen Füßen. Ich soll, so hat mein Vater mir das vorgemacht, die Füße beim Gehen so auf den Boden stellen, dass die Fersen nach innen zeigen und die Fußspitzen nach außen. Beim Vormachen hat er übertrieben, sodass es fast aussah wie bei Charlie Chaplin, den ich, als ich kleiner war, immer im Fernsehen gesehen habe in einer Sendung, die »Väter der Klamotte« hieß. Die Sendung war witzig, sie bestand aus einzelnen Clips aus alten Schwarz-Weiß-Filmen aus der Stummfilmzeit. Charlie Chaplin fand ich allerdings immer weniger witzig als Dick und Doof oder Buster Keaton. Aber mein Vater hat auch gar nicht an Charlie Chaplin gedacht, als er mir vormachte, wie ich laufen sollte, er hat es auch gar nicht witzig gemeint. Mein Vater hat gesagt, allerhöchstens dürften die Füße parallel zueinander stehen, wenn ich sie auf den Boden aufsetze, auf keinen Fall dürfen sie nach innen zeigen.

Mein Vater hat nicht erklärt, warum das so sein soll, es ist halt so: Über den großen Onkel läuft man nicht.

Seit der große Onkel in mein Leben getreten ist, achte ich darauf, wie ich gehe, und ich achte auch darauf, wie andere gehen. Früher habe ich gar nicht bemerkt, dass andere über den großen Onkel laufen. Heute freue ich mich zwar nicht, wenn ich jemanden sehe, der auch über den großen Onkel läuft, aber ich finde es doch sehr beruhigend, dass ich nicht der Einzige bin. Wenn ich jemanden sehe, der so geht, dann glaube auch ich inzwischen meinen Vater zu verstehen. Ich finde dann auch, dass das ziemlich doof aussieht. Allerdings weiß ich nicht genau, ob mein Vater meint, ich solle nicht mehr über den großen Onkel laufen, weil das doof aussieht, oder ob er andere Gründe dafür hat. Ich denke mir nur, wenn das bei mir auch so doof aussieht wie bei anderen, wenn sie so laufen, dann kann ich ja versuchen, auch nicht mehr über den großen Onkel zu laufen.

Das Problem ist nur, dass es ziemlich anstrengend ist, nicht mehr über den großen Onkel laufen zu dürfen. Wenn ich morgens nach dem Aufstehen im Badezimmer stehe und in den Spiegel sehe, dann fällt mir das erste Mal ein, dass ich auf dem Weg von meinem Bett ins Badezimmer vergessen habe, darauf zu achten, nicht über den großen Onkel zu laufen. Wenn ich unten am Frühstückstisch sitze, fällt mir schon das zweite Mal ein, dass ich den großen Onkel vergessen habe. Aber die Holztreppe, die vom ersten Stock ins Erdgeschoss führt, ist gut lackiert und von meiner Mutter immer frisch geputzt und deshalb sehr rutschig, und ich bin einmal, kurz nachdem wir eingezogen waren, auf der Treppe ausgerutscht und dann auf den Hintern gefallen und noch drei Stufen weiter hinuntergerutscht. Mein Steißbein hat noch tagelang wehgetan, und deshalb habe ich für mich beschlossen, dass ich beim Treppenruntergehen nur darauf achten muss, nicht auszurutschen und nicht auch noch zusätzlich darauf, nicht über den großen Onkel zu gehen.

Ich habe für mich beschlossen, auf den großen Onkel dann zu achten, wenn ich richtig wach, nicht sonderlich abgelenkt und weitgehend unbeobachtet bin. Das ist zum ersten Mal an einem gewöhnlichen Tag so, wenn ich am Morgen nach dem Frühstück von unserem Haus zum Bus gehe. Ich gehe aus dem Haus, zuerst rechts, dann die Straße hinunter und links, dann wieder rechts, ich würde den Weg auch mit verbundenen Augen gehen können, also kann ich auch den ganzen Weg nach unten schauen und auf den großen Onkel achten. Fuß links, Fuß rechts, Fuß links. Bei jedem Schritt muss ich den Fuß ein wenig nach außen drehen, beim linken Fuß gegen den Uhrzeiger, beim rechten mit dem Uhrzeiger. Wenn ich mich nicht konzentriere, ist der große Onkel sofort wieder da und im Weg.

Wenn der Bus nach einer Viertelstunde hält an der Haltestelle, an der ich aussteigen muss, um zur Schule zu gehen, wird es allerdings schwieriger. Der Weg den kleinen Berg hinauf zur Schule ist zwar ganz gerade, aber ich bin nicht allein. Der Bus war voller Kinder, Schüler aus unteren Klassen und aus älteren Klassen. Also kann ich nicht, den Blick starr auf meine Füße gerichtet, den Berg hinaufgehen. Ich darf nicht über den großen Onkel gehen, aber kann nicht überprüfen, ob meine Füße das machen, was ich will, dass sie machen. Wenn ich Pech habe, dann war sogar ein Mitschüler mit im Bus. Dann muss ich mich den Weg den Berg hinauf unterhalten über die Klassenarbeit, die wir gleich schreiben werden, oder über die Hausaufgaben, die er vergessen hat, und von wem er sie abschreiben kann, weil ich sie auch vergessen habe. Und während wir reden, gucke ich immer wieder verstohlen auf meine Füße und sehe, dass sie parallel stehen. Oder doch ein wenig nach innen? Aber wenn ich nicht hinsehe, bin ich mir gar nicht sicher, ob sie vorschriftsmäßig nach außen stehen.

Es ist anstrengend. Die Füße wollen lieber nach innen stehen. Aber sie dürfen nicht, das hat mein Vater gesagt. Es ist eine Aufgabe, die er mir gestellt hat. Mehr will er ja gar nicht. Ich soll einfach geradeaus laufen, das kann ja, denke ich, nicht so schwer sein.

Aber ich tue mich schwer bei der Sache mit den Füßen. Oft bin ich zu unkonzentriert. Ich vergesse immer wieder die Füße richtig aufzusetzen. Selbst dann, wenn ich neben meinem Vater hergehe, wenn wir am Sonntag spazieren gehen. Er geht neben mir, auf der anderen Seite neben ihm geht meine Mutter und sagt, wie schön es ist, dass wir mal wieder spazieren gehen, weil wir ja nicht mehr so oft spazieren gehen, seit wir nicht mehr in der Stadt wohnen, und dass mein Bruder und ich die frische Luft ja jetzt quasi frei Haus bekommen, da sagt mein Vater plötzlich: Geh gerade.

Erst dann merke ich, dass ich wieder mal vergessen hatte, nicht über den großen Onkel zu laufen. Und deshalb bin ich ganz froh, dass wir nicht mehr so oft spazieren gehen wie früher, nicht mehr jeden Sonntag wie damals, als wir noch in der Großstadt gewohnt haben. Wir wohnen ja jetzt auf dem Land, da sind mein Bruder und ich eh ständig an der frischen Luft, sagt meine Mutter. Wir müssten ja nur die Fenster unserer Zimmer aufmachen, schon käme die frische Luft herein. Manchmal höre ich die Schritte meiner Mutter auf der von ihr frisch geputzten Treppe, die immer etwas knarrt, und dann kommt meine Mutter schon zu mir in mein Zimmer, sie klopft nicht an, sondern kommt einfach herein. Ich sitze auf dem Boden und mache meine Hausaufgaben, und meine Mutter kommt herein, ohne anzuklopfen, und fragt sofort: Warum sitzt du nicht am Schreibtisch. Da ist doch das Licht viel besser. Du machst dir doch die Augen kaputt. Setz dich doch an den Schreibtisch.

Ich schaue auf, ich antworte nicht. Ich weiß, es ist keine Frage, ich weiß, sie erwartet keine Antwort. Stattdessen geht sie von der Tür auf direktem Weg mitten durchs Zimmer zum Fenster und öffnet das Fenster und sagt: Hier müffelt es, lass doch mal ein bisschen frische Luft rein. Dann dreht sie sich auf dem Absatz um, geht denselben Weg wieder zurück und schließt die Tür hinter sich.

Das alles dauert keine zehn Sekunden, es ist eine choreografierte Inszenierung vom leisen Knarren der Treppe bis zum Abgang durch die Zimmertür. Manchmal frage ich mich, ob meine Mutter erst einen Moment unten am Fuße der Treppe steht, neben dem Windfang, in dem mein Mantel an der Garderobe hängt und meine Schuhe auf einem viereckigen, geriffelten Teller aus braunem Plastik stehen, auf dem die Schuhe abtropfen können. Ob sie erst einen kurzen Moment dort unten steht und im Kopf noch einmal den Weg und ihren Text durchgeht. Denn wenn meine Mutter in mein Zimmer kommt, dann bleibt sie nicht an der Tür stehen. Sie hält nicht einmal inne, sie öffnet die Tür und sagt sofort: Warum sitzt du nicht am Schreibtisch? Da ist sie schon mitten im Zimmer, geht direkt zum Fenster, tritt auf dem Weg dorthin, weil sie auf ihrem durchchoreografierten Weg nicht abweichen kann, ohne die Gesamtinszenierung durcheinanderzubringen, auf die Blätter und Ordner, mit denen ich meine Hausaufgaben mache, öffnet das Fenster, und sagt: Hier muss mal frische Luft rein. Dann dreht sie sich um, geht zurück und tritt wieder auf die Blätter, wenn ich sie nicht rechtzeitig unter ihren Füßen wegziehe, ist schon wieder an der Tür und schließt sie fein säuberlich hinter sich, denn sonst gäbe es Zug, und unten würde dann ein Fenster schlagen.

Mindestens einmal kommt meine Mutter auch in mein Zimmer, wenn mein bester Freund Lars da ist. Lars und ich sitzen in meinem Zimmer am Boden. Wir sitzen am Boden, weil keiner von uns auf dem Schreibtischstuhl sitzen will, und wenn einer von uns auf dem Sessel sitzt, müsste der andere auf dem Bett sitzen, und das fühlt sich seltsam an. Deshalb sitzen wir auf dem Boden und trinken Tee. Ich habe die Teekanne und die beiden Teetassen aus braunem Steingut aus dem Regal geholt, wo sie neben dem Space-Shuttle-Modell, das ich aus einem Bausatz vor zwei oder drei Jahren zusammengeklebt habe, deplatziert aussieht. Ich weiß nicht, warum die braune Teekanne und das weiß-schwarze Space-Shuttle-Modell nicht zueinander passen im Regal, aber ich weiß, dass es so ist.

Ich habe mit dem Wasserkocher in der Küche Wasser gekocht, und meine Mutter hat gefragt: Ist Lars da? Ich habe gesagt: Ja, und dann bin ich mit dem heißen Wasserkocher vorsichtig die rutschige Treppe nach oben gegangen. Ich habe den Tee aufgegossen, ich habe ihn drei Minuten ziehen lassen, das braune Teesieb aus der Kanne geholt, und dann den Tee in die Tassen gegossen, in die Lars und ich braunen Kandiszucker gelöffelt hatten, alles genau so, wie wir es auch in der Teestube in der Stadt machen. Neben der Teestube ist ein kleiner Laden, der zur Teestube gehört, in dem kann man den Kandiszucker kaufen und den Tee, der in verschiedenen Geschmacksrichtungen aromatisiert ist. Ich trinke am liebsten schwarzen Tee mit Orangengeschmack.

Lars und ich sitzen auf dem Boden, wir trinken Tee, und wir reden. Dann höre ich die Treppe leise knarren, und dann geht schon die Tür auf, und meine Mutter steht in der Tür, aber kommt nicht ins Zimmer. Denn wenn Lars da ist, wird nicht die Hier-müsste-man-mal-wieder-lüften-Inszenierung aufgeführt, sondern die Braucht-ihr-noch-was-Inszenierung. Meine Mutter steht unter dem Türrahmen, die Türklinke in der Hand, und sagt: Wollt ihr noch was, wollt ihr ein paar Kekse zu eurem Tee. Lars sagt: Aber sehr gern, Frau Osterberg, Sie wissen doch, dass ich Ihre Kekse liebe. Meine Mutter lächelt, und wenn man sie gut kennt, dann weiß man, dass es kein echtes Lächeln ist, sondern ein gequältes, denn meine Mutter ist keine gute Schauspielerin. Aber das sage ich Lars nicht. Ich habe allerdings den Verdacht, dass er längst weiß, dass meine Mutter eine schlechte Schauspielerin ist. Dann dreht sich meine Mutter um und schließt die Tür. Fünf Minuten später öffnet sie die Tür wieder und bringt uns einen Teller mit Keksen. Lars sagt: Vielen Dank, Frau Osterberg. Er sagt nach jedem Satz, den er mit meiner Mutter spricht: Frau Osterberg. Er betont das Frau Osterberg, als wäre er ein Kellner in einer Komödie mit Peter Alexander, und Peter Alexander würde eine Gräfin bedienen.

Manchmal fragt Lars meine Mutter, wenn sie den Teller mit den Keksen bringt, auch: Wie geht es Ihnen, Frau Osterberg? Dann ist meine Mutter irritiert, ich kann das daran erkennen, wie sich die Fältchen auf ihrem Nasenrücken bilden. Ihre Nase ist nicht sehr lang, aber doch etwas länger als normal, und die Nasenspitze springt ein wenig nach vorne, als würde die Nase einen Knick nach oben machen. Über dem Knick entstehen dann, wenn meine Mutter nicht weiß, was von ihr erwartet wird, wenn sie nicht weiß, was sie sagen soll, kleine vertikale Falten. Ich habe dieselbe Nase wie meine Mutter und frage mich, ob ich auch diese Falten bekomme, wenn ich nicht weiß, was ich sagen soll, denn es kommt ziemlich oft vor, dass ich nicht weiß, was ich sagen soll, ich wünschte mir, ich wäre ein schlagfertiger Mensch wie Lars.

Mir ist es trotzdem peinlich, wenn Lars meine Mutter fragt, wie es ihr geht. Ich würde meine Mutter nie fragen, wie es ihr geht. Meine Mutter fragt mich ja auch nicht, wie es mir geht. Mein Vater fragt mich auch nicht, wie es mir geht. Niemand in meiner Familie fragt den anderen, wie es ihm geht, und wenn ich jemanden schlechter kenne als jemanden aus meiner Familie, frage ich den doch erst recht nicht, wie es ihm geht. Nein, ich möchte allein in meinem Zimmer sein, ich will nicht wissen, wie es meiner Mutter geht. Ich vermute aber, dass Lars auch gar nicht wirklich wissen will, wie es meiner Mutter geht. Wenn ich Lars frage, warum er meine Mutter fragt, wie es ihr geht, und dass ich vermute, dass er das doch gar nicht wissen will, dann sagt Lars: Wieso, deine Mutter ist doch nett. Wenn ich dann überrascht gucke, erklärt Lars: Zu netten Menschen sollte man höflich sein, denn dann sind sie auch wieder nett zu einem selbst. Wenn Lars so etwas sagt, weiß ich nicht immer, ob er das ernst meint. Ich weiß nicht, was ich sagen soll, aber ich spüre, ohne es begründen zu können, dass er eigentlich nicht recht hat. Überhaupt glaube ich, dass Lars manchmal auch ganz gern ein Schauspieler wäre.

Wie geht es Ihnen, Frau Osterberg?, fragt Lars.

Sehr gut, Lars, sagt meine Mutter, und die Fältchen verschwinden wieder. Zumindest bei meiner Mutter scheint die Nettigkeits-Theorie von Lars zu funktionieren. Jedenfalls sagt meine Mutter, wahrscheinlich weil Lars sie nach jedem Satz Frau Osterberg nennt, auch nach jedem Satz nun Lars.

Wie geht es Ihren Eltern, Lars?, fragt meine Mutter und schafft tatsächlich, es wie eine echte Frage klingen zu lassen. Dabei kennt meine Mutter die Eltern von Lars gar nicht, und die Eltern von Lars kennen meine Eltern nicht. Meine Mutter weiß, dass Lars' Vater eine Schlosserei betreibt am anderen Ende des Dorfes, in dem wir leben, und dass es ihm und seiner Frau gut geht. Ich kenne den Vater von Lars auch nicht, und seine Mutter hat mich noch nie gefragt, wie es meinen Eltern geht. Allerdings habe ich die Mutter von Lars auch noch nie gefragt, wie es ihr geht.

Als Lars das erste Mal bei mir in meinem Zimmer war und meine Mutter zum ersten Mal Kekse gebracht hatte und Lars zum ersten Mal: Vielen Dank, Frau Osterberg, gesagt hatte und nachdem meine Mutter wieder gegangen war, hatte Lars gesagt: Ich verstehe nicht, warum deine Mutter nicht klopft.

Als Lars das sagte, erinnerte ich mich daran, dass ich ein paar Wochen zuvor meine Mutter gebeten hatte, nicht mehr auf die Blätter zu steigen, die in meinem Zimmer auf dem Boden liegen. Welche Blätter?, hatte meine Mutter gefragt.

Die Blätter auf dem Boden, sagte ich.

Meine Mutter dachte einen Moment nach. Dann fragte sie: Warum legst du denn Blätter auf den Boden?, drehte sich um und ging wieder aus meinem Zimmer.

Als Lars mich fragte, warum meine Mutter nicht anklopfte, wenn sie in mein Zimmer kam, fragte ich mich, was sie wohl sagen würde, wenn ich sie darum bitten würde, anzuklopfen. Wahrscheinlich würde sie gar nicht verstehen, was ich meinte. Denn meine Mutter klopfte nie an, egal, in welches Zimmer sie ging. Ob sie in mein Zimmer oder in das meines Bruders ging oder in den Keller, um dort die Wäsche zu waschen. Ob sie zum Bäcker ging oder durch eine Restauranttür. Warum sollte man klopfen, wenn man etwas zu erledigen hatte, wenn man eine Aufgabe hatte in dem Raum, in den man ging?

Mein Bruder und ich klopften, bevor wir ins Schlafzimmer meiner Eltern gingen, aber das war etwas anderes. Wir klopften am Schlafzimmer, seit wir einmal, als mein Bruder und ich noch klein waren, am Sonntagmorgen ins Schlafzimmer unserer Eltern gestürzt waren und ins Bett hüpfen wollten, weil wir wie jeden Sonntagmorgen mit meinem Vater im Bett herumtoben wollten, aber als wir kaum durch die Schlafzimmertür hindurch waren, kam uns schon mein Vater entgegen. Es war dunkel im Zimmer, obwohl es draußen schon hell war, die Jalousien mussten noch heruntergelassen sein. Es war so dunkel, dass ich nur meinen Vater sehen konnte, der direkt vor uns auftauchte, und ein Kopfkissen vor seinen Schoß gepresst hatte und wütend aussah. Das war ein so seltsamer und ungewohnter Anblick, dass mein Bruder und ich sofort stehen blieben und vergaßen, was wir eigentlich im Schlafzimmer meiner Eltern gewollt hatten. Ich hatte das sehr gewisse Gefühl, etwas Falsches, vielleicht sogar etwas Schlimmes getan zu haben, und mein Vater sagte nur: Jetzt nicht, geht wieder in euer Bett. Aber das hätte er gar nicht sagen müssen, wir wären auch so sofort gegangen und wieder zurück in unser Bett, denn es war ja noch früh am Morgen, es war zwar schon hell, aber es war ja auch Sonntag, und wir mussten nicht in die Schule und mein Vater nicht zur Arbeit. Mein Vater, meine Mutter, mein Bruder und ich haben nie wieder über diesen einen Sonntagmorgen gesprochen, aber seitdem sind mein Bruder und ich nie wieder an einem Sonntagmorgen oder an irgendeinem anderen Tag zu meinen Eltern ins Bett gehüpft, um mit meinem Vater herumzutoben. Seit diesem Sonntagmorgen klopfen mein Bruder und ich an, bevor wir ins Schlafzimmer meiner Eltern gehen, jedenfalls dann, wenn wir wissen, dass meine Eltern in ihrem Schlafzimmer sind.

Lars ist zwei Jahre älter als ich. Er trägt immer einen alten, grauen Janker, der von seinem verstorbenen Großvater stammt, und eine Nickelbrille. Er wohnt wie ich noch bei seinen Eltern im Haus, das auf der gegenüberliegenden Seite unseres Dorfes nicht weit entfernt von der Schlosserei seines Vaters liegt, aber in seinem Zimmer gibt es kein Bett, keinen Sessel, kein Regal wie in meinem Zimmer.

Im Zimmer von Lars gibt nur einen kleinen Schreibtisch, einen alten Holzstuhl, den Lars auf dem Sperrmüll gefunden hat, eine Matratze, die auf dem Boden in der Ecke liegt, und vor allem sehr viele Bücher. Die Bücher stehen auf dem Boden an der Wand, überall dort, wo nicht die Matratze liegt. An manchen Wänden stehen die Bücher in zwei Reihen hintereinander, so viele Bücher sind es.

In Lars' kleinem Zimmer stehen mehr Bücher als in dem großen Regal hinter den Fernsehsesseln meiner Eltern. Die Bücher sehen auch ganz anders aus, sie sind viel kleiner und nicht so bunt. Die meisten Bücher sind Taschenbücher und haben keinen glänzenden Schutzumschlag wie die Bücher im Regal meiner Eltern, durch das ich mich in den letzten beiden Jahren gewühlt habe.

Zuerst hatte ich, noch als Kind, die ganze Karl-May-Sammlung meines Vaters gelesen. Die Bücher standen längst in meinem Zimmer. Dann hatte ich Jugendbücher bekommen, Enid Blyton vor allem, am liebsten »Die fünf Freunde«. Als ich fast alles von Enid Blyton gelesen hatte, stellte ich fest, dass meine Mutter alle drei Monate ein Buch mit der Post zugeschickt bekam. Sie war schon seit Jahren Mitglied in einem Buchclub, aber vergaß immer wieder, dort etwas zu bestellen. Aber weil sie brav die Buchclub-Beiträge bezahlte, lag jedes Quartal der sogenannte Vorzugsband im Briefkasten. Der Vorzugsband war meist ein dicker Schmöker eines amerikanischen Autors, in dem das verschlungene Schicksal einer Südstaatenfamilie oder der Aufstieg und Fall eines ambitionierten jungen Mannes beschrieben wurde. Manchmal waren es auch Gesellschaftsromane oder das neue Buch von Johannes Mario Simmel. Den Simmel nahm meine Mutter und stellte ihn neben die anderen Vorzugsbände ins Regal. Das ist noch nichts für dich, sagte sie. Seit der Simmel im Briefkasten gelegen hatte, durfte ich mir einmal im Quartal ein Buch beim Buchclub bestellen, das dann anstelle des Vorzugsbandes kam.

Ich las und las, einmal 16 Bücher während zwei Wochen Osterferien, ich ging in die Bibliothek und lieh mir Bücher aus, und als ich alles gelesen hatte und 13 Jahre alt war, durfte ich an das große Regal hinter den Fernsehsesseln meiner Eltern und in den Vorzugsbänden stöbern. Ich durfte das Buchclub-Buch von Johannes Mario Simmel lesen und seine anderen Bücher, die daneben im Regal standen. In den Simmel-Büchern gab es Stellen, in denen der Held Sex mit einer Frau hatte. Ich vermutete, dass ich deshalb das Buch nicht hatte lesen dürfen, als es im Briefkasten gelegen hatte.

Im Regal hinter den Fernsehsesseln standen Bücher, die schon ein wenig eingestaubt waren, deren Seiten aber noch ganz unbefleckt und sauber waren, Bücher, die vor mir offensichtlich noch niemand gelesen hatte. Es gab Bücher, in denen Hochhäuser abbrannten, und andere, in denen Astronauten auf dem Mars siedelten. Es gab sogar gleich zwei Bücher, die in einem Hotel spielten, eins von jemandem, der Arthur Hailey hieß, und das andere von Vicki Baum. Anderthalb Regalbretter voll waren mit Büchern, die von einer Angelique handelten, die vor ein paar Hundert Jahren sehr viel in Kutschen herumgefahren und immer wieder in dunkle Kerker gesperrt wurde. In jedem Buch war sie auf der Suche nach demselben, sehr gut aussehenden Mann, mit dem sie verheiratet war, musste sich aber regelmäßig mit anderen, sehr unangenehm aussehenden Männern herumschlagen, die in sie verliebt waren. Ich las alle Bücher, auch alle mit Angelique.

Im Zimmer von Lars stehen ganz andere Bücher. Bücher von Hermann Hesse, in denen junge Männer auf der Suche nach dem Sinn in ihrem Leben waren. Die Helden in Hesses Büchern konnte ich gut verstehen. Dort standen auch Bücher von Henry Miller, in denen die Helden nicht nur Sex hatten, sondern ständig von Ficken sprachen und manchmal sogar fickten. Bücher von Charles Bukowski, in denen die Helden ständig soffen und sehr selten noch einen hochbrachten, um zu ficken. Bücher von Jean Genet, in denen Männer mit Männern fickten. Bücher von Thomas Mann, in denen garantiert niemand das Wort ficken benutzen würde, dafür aber alte Männer von jüngeren Männern fasziniert waren. Ich fand Thomas Mann, ehrlich gesagt, ziemlich langweilig, aber Lars meinte, das sei Weltliteratur, und er betonte das Wort immer ein wenig übertrieben. Bei Lars im Zimmer lag einmal auf den Büchern auch eine Zeitschrift, die »Rosa Flieder« hieß. Ich kriegte schnell mit, dass das eine Zeitschrift für Schwule war, aber fand den Henry Miller, den ich darunter fand, viel spannender.

Im Zimmer von Lars stehen auf jeden Fall einige Bücher, von denen ich meinem Vater oder meiner Mutter lieber nicht erzähle, dass ich sie las. Bücher, die ich aber trotzdem einfach bei mir im Zimmer herumliegen lassen kann, weil meine Mutter nie auf die Idee käme, eins meiner Bücher aufzuschlagen und lesen zu wollen, und weil mein Vater eh nie in mein Zimmer kommt. Mein Vater kommt ja nur in den ersten Stock, in dem mein Bruder und ich wohnen, wenn er auf dem Dachboden über uns etwas sucht. Wenn mein Vater etwas von mir will, dann geht er nicht die leise knarrende Treppe nach oben, sondern stellt sich an den Fuß der Treppe und pfeift auf zwei Fingern, dann ruft er den Namen meines Bruders oder meinen Namen. Mein Vater kann auf zwei Fingern sehr laut pfeifen. Das Pfeifen höre ich sogar, wenn ich laut Musik höre und die Tür meines Zimmers geschlossen ist.

Das Zimmer von Lars liegt zwar im Haus seiner Eltern, und wenn ich Lars besuche, ist oft auch seine Mutter im Haus. Dann sage ich Guten Tag zu Lars' Mutter, die in der Küche an der Spüle stehr, und Lars' Mutter sagt Guten Tag zu mir. Dann gehen wir in Lars' Zimmer zu den Büchern. Es gibt Tee und manchmal auch Kekse, aber die holt Lars selber von unten aus der Küche. Trotzdem fühlt es sich ganz anders an, bei Lars zu sein. Lars hat sein Zimmer selbst weiß gestrichen, er hat selbst die alten Möbel hinausgetragen und in den Schuppen hinters Haus gebracht, er hat die Matratze in die Ecke gelegt und die Bücher an die Wände sortiert. Lars lebt in seinem eigenen Zimmer.

In meinem Zimmer steht eine Schrankwand, die in unserer alten Wohnung die Schrankwand meiner Eltern gewesen ist. An der Wand hängt eine Tapete, deren Muster meine Mutter ausgesucht hat, und ein Antilopenfell, das mein Vater von einer seiner Geschäftsreisen aus Südafrika mitgebracht hat. Auf dem Boden liegt ein Teppichboden in einer undefinierbar gemuschelten Farbe, den meine Mutter im Baumarkt ausgesucht und mein Vater verlegt hat. Ich lebe in einem Zimmer, das nicht mein Zimmer ist. Immerhin schlafe ich in einem Bett, das ich mir selbst ausgesucht hatte. Aber damals, als wir in das Möbelgeschäft gegangen waren, war ich elf Jahre alt und fand das Bett gut, weil es so schön groß war: zwei Meter lang und ein Meter und sechzig Zentimeter breit. Mittlerweile hätte ich mein Bett am liebsten auf den Müll geworfen, so hässlich finde ich den riesigen Klotz mit dem braunen Bezug, der mein Zimmer schon allein nahezu ausfüllte. Aber ich weiß genau, was meine Mutter sagen würde, wenn ich sagen würde, ich möchte ein anderes Bett. Warum, würde meine Mutter sagen, und es wäre wieder keine Frage, das Bett ist doch noch gut. Mein Vater hätte nur kurz aufgeblickt, er hätte nichts gesagt und dann einfach weitergegessen.

Und selbst wenn meine Mutter ihr Warum als Frage gemeint hätte, hätte ich doch keine Antwort gewusst. Oder ich hätte es nicht erklären können. Ich wusste, was meine Mutter dachte: Ein Bett ist zum Schlafen da, und auf deinem Bett kann man doch noch gut schlafen, das ist doch so gut wie am ersten Tag, findest du nicht auch?, würde sie meinen Vater fragen. Was mein Vater dachte, wusste ich nicht genau, aber ich vermutete, dass meine Mutter nach den langen Jahren, die die beiden zusammenlebten, ganz genau wusste, was mein Vater dachte.

Ich sagte auch deshalb nie, ich hätte gern ein anderes Bett, weil ich gar nicht genau wusste, was mich störte an meinem Bett. Ich wusste auch nicht, wie das Bett aussehen sollte, das ich haben wollte, ich spürte aber, dass ich ein anderes Bett wollte. Bis ich genau wissen würde, was für ein Bett ich haben wollte, hätte ich am liebsten so wie Lars nur auf einer Matratze auf dem Boden geschlafen, aber das hätte ich meinen Eltern erst recht nicht erklären können. Man muss doch auf einem Bett schlafen, hätte meine Mutter gesagt. Sie hätte gesagt, das wäre nicht gut für die Matratze, die würde keine Luft von unten bekommen und zu schimmeln beginnen. Niemand schläft auf einer Matratze, die einfach auf dem Boden liegt, hätte sie gesagt, vielleicht die armen Menschen in Indien. Lars schläft auf einer Matratze, die auf dem Boden liegt, hätte ich sagen können. Ja, Lars, hätte meine Mutter gesagt, Lars ist ja sowieso der Größte, und ihre Oberlippe hätte sich leicht gekräuselt.

Ich weiß nicht genau, warum meine Mutter Lars nicht leiden kann. Sie versucht zwar, sich Lars gegenüber genauso zu benehmen wie gegenüber meinen anderen Freunden, aber wenn ich mit Gunther, Stefan oder Thomas in meinem Zimmer bin, dann knarrt die Treppe nicht, und die Kekse müssen wir uns, wenn wir welche wollen, auch selbst aus der Küche holen. Gunther, Stefan oder Thomas duzt sie, zu Lars, der auch nur zwei Jahre älter ist als ich, sagt meine Mutter: Lars, grüßen Sie Ihre Eltern von mir. Wenn es geklingelt hat und meine Mutter sieht, dass Lars vor der Gartentür steht, dann ruft sie zu mir nach oben: Lars ist da, und ich kann den leichten Ärger hören in ihrer Stimme. Ich glaube, meine Mutter merkt gar nicht, dass man ihrer Stimme diese Verärgerung anhören kann, sie denkt, sie kann die Verärgerung verstecken.

Wenn ich Lars zur Haustür gebracht habe und Lars gegangen ist und ich danach in die Küche gehe, um den Teller abzustellen, auf dem die Kekse waren, fragt mich meine Mutter manchmal: Was macht ihr beide da eigentlich, wenn ihr in deinem Zimmer sitzt?

Nichts, sage ich.

Meine Mutter sagt nichts.

Wir trinken Tee, sage ich.

Meine Mutter nimmt mir den Teller aus der Hand, dreht sich um und spült den Teller in der Spüle ab.

Wir gehen dann doch mal wieder spazieren. Eigentlich war ich mit Lars verabredet an diesem Sonntag, aber meine Mutter hatte gesagt: Wir fahren am Sonntag was essen, und danach gehen wir spazieren. Ihr müsst mal wieder an die frische Luft.

Ich hatte überlegt, zu sagen: Ich könnte doch auch das Fenster aufmachen, wenn Lars vorbeikommt am Sonntag, dann kommt die frische Luft rein. Aber bevor mir das einfiel, erzählte meine Mutter meinem Vater schon, dass im Supermarkt die Butter billiger als sonst ist, und sie deshalb gleich zwanzig halbe Pfund gekauft, und die zwanzig halben Pfund Butter in der Tiefkühltruhe im Keller eingefroren hat.

Auf dem Spaziergang gehe ich hinter meinen Eltern her, weil mich nicht interessiert, was meine Mutter meinem Vater erzählt. Mein Bruder geht noch ein ganzes Stück hinter mir, er kickt Steinchen vom Waldweg in den Wald. Ich erinnere mich daran, dass meine Mutter schon länger nicht mehr erzählt hat, dass ich früher, als ich klein war und mein Bruder noch viel kleiner war, bei den Spaziergängen im Wald immer Angst hatte, dass mein Bruder zurückbleiben könnte. Da hast du immer Angst gehabt, hat meine Mutter gesagt. Stimmt's?, hatte sie noch meinen

Vater gefragt, und mein Vater hatte gelacht und gesagt: Schiss hat er gehabt, dass wir seinen kleinen Bruder im Wald vergessen.

Ich frage mich, war das wirklich damals so im Wald, oder ist das nur eine Geschichte, die meine Mutter so oft erzählt hat, bis sie wahr geworden ist. Vielleicht ist die Geschichte tatsächlich wahr, aber wie oft hatte ich wirklich Angst im Wald, dass mein Bruder zurückbleiben könnte? Jedes Mal, wenn wir im Wald spazieren waren? Oder nur ein einziges Mal, aber weil meine Mutter die Geschichte so gern erzählt hat, klingt es, als hätte ich jedes Mal große Angst um meinen kleinen Bruder gehabt.

Plötzlich läuft mein Vater neben mir. Er sagt nichts. Er geht neben mir. Ich sehe ihn an und sehe, dass er nicht mich ansieht, sondern meine Füße, die gehen. Ich folge seinem Blick und sehe, dass meine Füße über den großen Onkel gehen.

Deine Mutter soll mal mit dir zu einem Orthopäden gehen, sagt mein Vater.

Vier Wochen später hatte ich Einlagen.

Ich bin 16 Jahre alt und allein. Das Haus ist ganz still. Kein Geräusch. Kein Klappern aus der Küche. Kein Fernsehnachrichtensprecher, der durch den Türschlitz aus dem Wohnzimmer kriecht. Kein rundes Grollen der Waschmaschine aus den Eingeweiden des Hauses.

Ich bin allein. Es wird auch niemand mehr kommen heute. Und morgen nicht. Und übermorgen auch nicht.

Seltsames Gefühl.

Ich öffne die Tür meines Zimmers, höre hinaus in die Stille. Man kann die Stille hören. Das wusste ich nicht. Ich trete hinaus in den Flur. Ich warte. Mir fällt ein, dass ich manchmal schon hier stand, zwischen meinem Zimmer und dem Badezimmer, das Zimmer meines Bruders zur Linken, ein, zwei Minuten hier stehen blieb, verharrte mitten in der Bewegung und auf die Geräusche im Haus hörte. Ich hörte den Fernseher meines Bruders durch die Tür zur Linken leise wimmern, hörte den Fernseher im Wohnzimmer unten, vor dem mein Vater saß, eher dröhnen, leise zwar, aber es war ein ganz anderer Tonfall. Ich hörte meine Mutter in der Küche etwas sagen, ohne verstehen zu können, was sie sagte, hörte sie lauter werden, den Satz wiederholen, ohne dass ich ihn verstehen konnte, bis das leise Fernseherdröhnen aus den Wohnzimmer noch leiser wurde und fast verstummte und mein Vater rief: Was ist denn? Und ich stand da, lauschte dem Leben im Haus und hatte das Gefühl, ich stände daneben, wäre unsichtbar und hörte dem Leben nur zu und wäre kein Teil davon, müsste kein Teil davon sein, wenn ich nur lautlos und spurlos verschwinden könnte aus diesem Haus. Aber dann fiel mir die Treppe ein, die knarren würde, und meine Mutter, die das Knarren hört und die rufen würde: Martin, bist du das? Kannst du mal den Tisch decken?

Und dann wusste ich wieder, ich würde nicht verschwinden können.

Jetzt stehe ich wieder im Niemandsland zwischen Zimmer und Bad und höre, und das Leben ist verschwunden aus dem Haus und auch das kann ich hören. Ich gehe die Treppe hinunter. Die Treppenstufen in der Kurve knarren. Sie knarren immer. Meine Mutter ruft nicht. Ich schaue ins Esszimmer. Da steht der Tisch. Der Tisch ist leer. Niemand sitzt am Tisch. Der Tisch muss nicht gedeckt werden.

Gestern noch war das Haus ganz anders. Auch anders als sonst. Gestern räumte meine Mutter aus den Regalen im Keller Dosen mit Pfirsichen und Dosen mit Ravioli und legte sie in einen Wäschekorb. Ich nahm den Wäschekorb und trug ihn durch den Keller und die Garage zum Wohnwagen, der neben der Garage stand. An der Tür des Wohnwagens nahm mir mein Vater den Wäschekorb ab, dann räumte er die Dosen in den Stauraum unter den Bänken im Wohnwagen. Ich nahm den anderen Wäschekorb, der leer vor dem Wohnwagen stand, trug ihn zu meiner Mutter und sah ihr zu, wie sie Nudeln in den Wäschekorb legte und Packungen Paradiescreme, bis auch dieser Wäschekorb voll war und ich ihn zum Wohnwagen tragen konnte.

Mein Vater, meine Mutter und mein Bruder fahren in den Urlaub, sie fahren nach Jugoslawien. Morgen früh fahren sie los, wenn es noch dunkel ist, den Wohnwagen angehängt an den roten Mercedes Diesel, morgen geht es bis Zagreb, dort wird übernachtet und dann am nächsten Tag weiter bis unterhalb von Split, auf den Campingplatz mit dem Kiesstrand, und ich bin nicht dabei, ich muss zum ersten Mal nicht mehr mit meinem Vater und meiner Mutter und meinem Bruder in den Urlaub fahren.

Meine Mutter legt weiter Vorräte in den Wäschekorb. Sie sieht mich nicht an. Sie findet es nicht gut, dass ich nicht mit in den Urlaub komme. Es ist zwar schon ewig klar, dass ich nicht mitkommen werde, aber es ist nie wirklich abgemacht und besprochen und festgemacht worden, und meine Mutter ist nicht damit einverstanden. Sie wird nie damit einverstanden sein.

In meiner Familie wird nie etwas klar ausgesprochen und besprochen und verbindlich abgemacht. Trotzdem dauern die Diskussionen Wochen. Es sind eigentlich keine Diskussionen. Ich sagte, ich wolle den kommenden Urlaub nicht mitkommen. Meine Mutter fragte mich nicht, warum ich nicht mitkommen wollte, was mir ganz recht war, denn sonst hätte ich sagen müssen, dass ich meinen Vater und sie, meine Mutter, nicht mehr ertragen konnte, schon gar nicht vier Wochen lang zusammen gesperrt zu viert in einem kleinen Wohnwagen. Das hätte ich nicht sagen können, also war ich froh, dass meine Mutter mich nicht fragte, warum ich nicht mitfahren wollte, sondern nur: Wer soll denn da auf dich aufpassen? Und auch das war nicht wirklich eine Frage, denn meine Mutter wusste ja, dass es niemanden gab, der auf mich aufpassen konnte, wenn sie sie nicht da war, um auf mich aufzupassen, denn sie war ja die Einzige, die so auf mich aufpassen konnte, wie sie fand, dass auf mich aufgepasst werden sollte. Ich sagte: Ich kann auf mich selbst aufpassen. Meine Mutter machte ein glucksendes Geräusch, das ein unterdrücktes Lachen sein konnte, aber genauso gut auch ein beginnendes Schluchzen. Danach schwiegen meine Mutter und ich uns an.

Irgendwann waren alle Argumente ausgetauscht, und mein Vater hatte eines Tages, als er von der Arbeit nach Hause kam und schon wieder meine Mutter und mich und das eisige Schweigen, das uns beide umgab, vorfand, in einer Mischung aus Abscheu und Unwillen gesagt: Dann bleibt der halt da, wenn er unbedingt will. Meine Mutter hatte nichts mehr gesagt, weil schon lange alles gesagt war, aber vor allem, weil sie genauso wie ich wusste, dass damit alles entschieden war, denn so wurden bei uns in der Familie die Entscheidungen getroffen. Diesmal war die Entscheidung zu meinen Gunsten ausgefallen, aber ich wusste auch genau: Hätte mein Vater verfügt, dass ich noch einmal mitzukommen hätte, hätte ich mitkommen müssen.

Meine Mutter hatte mich angesehen und so viel Enttäuschung in ihren Blick gelegt, wie es ihr möglich war. Ich hatte die Enttäuschung gesehen und mich gewundert, dass sich das vertraute Gefühl, dieses Gefühl, das ich immer bekam, wenn sie mich mit diesem Blick anzusehen pflegte, das Gefühl, etwas falsch gemacht zu haben und im Unrecht zu sein, diesmal nicht eingestellt hatte.

Als die Entscheidung gefallen war, hatte meine Mutter begonnen zu kochen. Sie kochte in den letzten beiden Wochen vor der Abfahrt in den Urlaub jeweils doppelt so viel, wie wir abends essen konnten. Die eine Hälfte aßen wir auf, die andere wurde portionsweise eingefroren. Die Plastikdosen beschriftete meine Mutter fein säuberlich. Rouladen, stand da nun, Klöße, saure Nierchen, Erbseneintopf. Meine Mutter, dachte ich, wollte unbedingt verhindern, dass die Lokalzeitung schlagzeilte: Verantwortungslose Mutter lässt ihren Sohn verhungern!

Ich gehe vom Esszimmer ins Wohnzimmer. Es ist noch Vormittag. Der rote Mercedes Diesel mit dem angehängten Wohnwagen müsste nun irgendwo hinter München sein, vielleicht kurz vor Salzburg, vielleicht im Stau, dort ist oft Stau. Ich schalte den Fernseher an. An einem Vormittag. Es läuft die Wiederholung einer alten Serie, die, schließe ich aus den Schlaghosen und den dicken Backenbärten, die die männlichen Schauspieler im Gesicht tragen, aus den mittleren Siebzigerjahren stammen musste, die ich aber noch nie gesehen hatte. Ich mache den Fernseher wieder aus. Es fühlt sich seltsam an, vormittags fernzusehen.

Die Stille fühlt sich auch seltsam an. Sehr ungewohnt. Aber schön.

Ich kenne die Stille nicht gut, weil ich selten allein zu Hause bin. Eigentlich bin ich nur allein zu Hause, wenn ich krank bin und in meinem Bett liege, und meine Mutter gerade unterwegs zur Apotheke ist, um das Medikament zu holen, das ich brauche, um wieder gesund zu werden. Manchmal bin ich nachmittags allein, wenn ich schon von der Schule zurück bin, mein Vater lange noch nicht von der Arbeit zurück ist, mein Bruder bei einem Freund oder im Sportverein und meine Mutter einkaufen, aber das kommt nur sehr selten vor.

Ich kenne die Stille also nicht gut, aber diese Stille, das spüre ich, ist noch stiller als die normale Stille, von der ich weiß, dass sie gleich zu Ende ist, wenn meine Mutter zurückkommt vom Einkaufen und damit beginnt, das Abendbrot zu kochen, bei dem mein Vater, meine Mutter, mein Bruder und ich dann wieder zusammensitzen, und bei dem mein Vater, mein Bruder und ich kaum etwas sagen werden, und meine Mutter etwas erzählt, was wir alle schon wissen, weil sie es schon am Abend davor erzählt hat.

Auch das ist eine Stille, aber eine ganz andere Stille als diese hier. Ich bin allein in dem großen Haus, und es wird auch niemand mehr kommen. Ich bin allein, und ich bleibe allein. Es ist sehr friedlich.

Ich gehe in die Küche und schalte das Radio an, das immer läuft, wenn meine Mutter in der Küche ist und kocht. Ich stelle mich in die Küche und blicke aus dem Fenster auf die Straße. Kein Auto kommt vorbei, kein Fußgänger. Im Radio singt Howard Carpendale. Als Howard Carpendale fertig ist, kommt keine Staumeldung, sondern Vicky Leandros. Ich schalte das Radio wieder aus. So dringend ist das jetzt auch nicht, denke ich. Der rote Mercedes ist vielleicht schon über die österreichische Grenze.

Ich schließe die Tür zur Küche. Ich gehe durchs Esszimmer in den Flur. Ich höre noch einmal auf die Stille, die hier, im offenen, gefliesten Treppenhaus noch einmal gewaltiger zu hallen scheint.

Ich muss lächeln. Ich frage mich, ob das Freiheit ist, was ich spüre. Ich weiß nicht, ob das Freiheit ist, denke ich, aber ich weiß, dass ich es wieder spüren möchte.

Dann gehe ich die Treppe hinauf, lege mich auf mein Bett und nehme mein Buch.

Ich bin 17 Jahre alt. Ich habe jetzt einen Ohrring. Meine Freundin hat ihn mir gestochen. Sie heißt Sabine. Sabine hat einen alten Ohrring über einer Kerze so lange heiß gemacht, bis wir beide der Meinung waren, dass er nun desinfiziert sein müsste. Der Ohrring ist technisch eigentlich ein Ohrstecker. Er lag in ihrem kleinen roten Schmuckkästchen. Es war einer der beiden Ohrstecker, mit dem Jahre zuvor Sabine bei einem Juwelier ihre Ohrlöcher gestochen bekommen hatte. Damals kamen die Stecker frisch und vermutlich keimfrei vom Hersteller. Ich war nicht dabei, als sich Sabine die Löcher hat stechen lassen, aber ich vermute, die Mitarbeiterin im Juweliergeschäft hat sie sehr vorsichtig aus ihrer Verpackung geholt, dann hat sie zuerst einen in die Ohrloch-Pistole gelegt und hat das eine Ohrläppchen meiner Freundin durchstoßen. Danach hat die freundliche Mitarbeiterin den anderen Ohrstecker in die Pistole gelegt und dann kam das zweite Ohrläppchen dran. Sabine hat zwei Mal kurz gezuckt, dann ist sie nach Hause gegangen mit dem Hinweis, drei Wochen lang vorsichtig zu sein und bei einer Entzündung sofort zum Arzt zu gehen. Nach einer Woche hat sie die schlichten, wenig modischen Stecker aus den halbwegs verheilten Ohrlöchern geholt. Dann hat sie sehr viel schickere Ohrringe in die Löcher gesteckt, irgendwas Buntes, das hängt. Vielleicht mit Federn dran. Sie mag Federn.

Das war das. Für mich ist das nicht so einfach. Als ich am Abendbrottisch eher zufällig erwähnt hatte, dass ich einen Ohrring möchte, hat mich meine Mutter angesehen, als hätte ich ihr gestanden, ich wäre seit einem halben Jahr Mitglied der Roten Armee Fraktion. Ich erwähne neuerdings Dinge immer öfter eher zufällig, denn ich habe herausgefunden, dass ihnen dann nicht widersprochen wird. Das liegt daran, dass niemand dem anderen zuhört. Mein Vater isst schnell und so laut, dass er gar nichts hören kann. Mein Bruder sitzt neben ihm und hat deshalb wahrscheinlich Probleme, irgendetwas mitzukriegen, also schweigt er lieber. Und meine Mutter plappert pausenlos, erwartet aber nicht wirklich, dass irgendjemand zur Kenntnis nimmt, was sie sagt. Also erscheint es mir eine vielversprechende Strategie, etwas, was nicht auf Dauer verschwiegen werden kann, dann vorzubringen, wenn sowieso niemand mitkriegt, was man sagt. Nirgendwo, so scheint es mir, liegen störende Wahrheiten besser begraben als im lautstarken Schweigen meiner Familie. Ich erwähne also eher nebenbei, dass ich nicht weiß, wann ich heute Nacht nach Hause kommen werde. Dass die letzte Klassenarbeit nicht so ganz optimal für mich gelaufen ist. Oder eben, dass ich meine körperliche Unversehrtheit ein für allemal beenden möchte und gedenke, ein Loch in mein linkes Ohrläppchen stanzen zu lassen.

Die Strategie ist allerdings nicht wirklich ausgereift. Denn meine Mutter hat ihr Plappern eingestellt. Sie denkt nach. Sie guckt mich an. Sie kneift die Augenbrauen zusammen, dass zwei senkrechte Falten auf ihrer Stirn entstehen. Ich weiß, was sie denkt. Sie denkt: Ich hab's doch gewusst. Zuerst Lars. Dann diese Freundin, die wir noch nie gesehen haben, die es wahrscheinlich gar nicht gibt. Sie denkt an die Enkelkinder, die es nicht geben wird. Sie denkt an die Nachbarn und was die sagen könnten. Sie denkt noch mal an die Nachbarn und was die heute schon sagen, weil dieser Lars hier ständig ein und aus geht. Sie denkt, das gefällt ihr nicht. Sie sagt zu meinem Vater: Und was sagst du dazu?

Mein Vater sagt nichts. Er isst. Meine Mutter schaut nicht mehr mich an, sondern schaut jetzt ihren Mann an. Mein Bruder ist auch erwacht. Wir alle schauen meinen Vater an. Mein Vater guckt irritiert. Was du dazu sagst, dass dein Sohn einen Ohrring haben will, sagt meine Mutter noch einmal. Mein Vater guckt noch irritierter. Einen Ohrring?, fragt er. Wozu braucht der einen Ohrring? Er redet nicht mit mir, sondern mit meiner Mutter. Ich sitze ihm direkt gegenüber an dem sechseckigen Tisch im Esszimmer. Der braucht keinen Ohrring. Mein Vater isst weiter. Meine Mutter sieht mich triumphierend an.

Aber die Sache mit dem Ring ist wichtig. Alle, die cool sind, haben schon einen im Ohr. Oder, um genauer zu sein: Hansi hat einen im Ohr, als Einziger in meiner Klasse, aber Hansi ist auch der Einzige in meiner Klasse, der cool ist. Hansi ist ein Jahr älter, er ist einmal durchgefallen, trägt jeden Tag dieselbe dünne, zerschlissene Armeejacke und spricht nicht mit jedem. Sein halblanges Haar ist pechschwarz, alle Mädchen lieben ihn, alle Jungs wollen sein Freund sein. Hansi heißt eigentlich Hans-Peter, aber wenn man ihn so nennt, wird er wirklich sauer. Sogar die meisten Lehrer sagen Hansi, wenn sie ihn aufrufen. Wenn ein Lehrer ihn doch einmal Hans-Peter nennt, kichern die Mädchen in der Klasse.

Vor wenigen Monaten noch bedeutete, einen Ring im Ohr zu haben, dass man schwul war. Dann trug Hansi plötzlich einen Ring im Ohr. Hansi ist allerhand, nämlich Mopedfahrer, schlecht in Mathe, kaum besser in allen anderen Fächern, Sportverweigerer, im Nachmittagsunterricht auch schon mal zugekifft und – wie gesagt – ziemlich cool, aber schwul ist er garantiert nicht. Was genau an Hansi cool ist, vermag ich nicht zu erklären. Ich weiß auch nicht genau, was eine Hypotenuse ist, ganz bestimmt weiß ich nicht, warum Rhenium im Periodensystem rechts von Wolfram und links von Osmium steht, aber eins weiß ich ganz sicher: dass Hansi cool ist. Hansi ist Arztsohn, er soll einmal die Praxis seines Vaters übernehmen. Weil schon jetzt klar ist, dass sein Abitur viel zu schlecht sein wird, um Medizin studieren zu können, soll er nach dem

Abschluss nach Österreich gehen. Dort darf, so heißt es, jeder Arzt werden, der genug Geld mitbringt.

Trotzdem weiß ich, wissen wir alle, dass Hansi cool ist. Und deshalb haben sich, seit Hansi einen Ohrring trägt, sehr radikal, vollkommen überraschend und doch unwiederbringlich die Codes verändert: Auf einmal ist nur noch schwul, wer seinen Ring im rechten Ohrläppchen trägt. Links ist nicht schwul. Links ist cool. Sehr cool.

Die, die cool sind, vor allem aus den höheren Klassen, haben alle schon einen Ring im Ohr. Die, die cool sein wollen, das ist abzusehen, werden bald alle einen Ring im Ohr haben. Wenn man nicht bald einen Ring im Ohr hat, das verstehe sogar ich, wird es nicht mehr cool sein, einen Ring im Ohr zu haben.

Der Ring steht dafür, dass man anders ist. Er steht fürs Experiment, für die Hoffnung auf eine weniger verklemmte Sexualität, dafür, dass sich Geschlechtergrenzen langsam auflösen. Das weiß ich nicht, das spüre ich nur. Ich weiß bloß: Der Ring im Ohr ist cool. Mit dem Ring im Ohr werde ich sagen: Ich gehöre nicht mehr zu euch. Ich bin jetzt nur noch ich selbst. Auch wenn ich nicht so genau weiß, wer das ist. Ich weiß nur, ich bin hier nicht zu Hause. Ich bin anders. Aber wenn alle einen Ring im Ohr haben, dann sind alle anders. Und keiner mehr.

Es ist also eigentlich ganz einfach. Aber eindeutig zu kompliziert, um es irgendjemandem zu erklären, der älter als 25 Jahre ist. Oder gar Eltern. Geschweige denn meinen Eltern.

Allerdings durchlöchern die Juwelierfachgeschäfte in der Stadt minderjährige Ohrläppchen nur dann, wenn der Minderjährige eine unterschriebene Einverständniserklärung der Erziehungsberechtigten vorlegen kann. Diese Einverständniserklärung würde ich nie bekommen. Selbst wenn ich sie bekommen könnte, würde ich sie nicht haben wollen. Denn so sicher, wie es cool ist, dass Hansi einen

Ring im Ohr hat, ist es, dass es nicht mehr cool wäre, einen Ring im Ohr zu haben, wenn die eigenen Eltern es begrüßen würden, wenn man einen Ring im Ohr hätte.

Es ist ein Dilemma, das, dazu hat sich Sabine bereit erklärt, in Heimarbeit gelöst werden soll. Sabine ist allein zu Haus. Es ist ihr lieber so. Womöglich wollen ihre Eltern eine Einverständniserklärung meiner Eltern sehen. Wir lachen. Aber wir wissen beide, wir tun etwas Verbotenes. Würde ich ihr ein Loch ins Ohr stechen, wäre das nur schmerzhaft und medizinisch fragwürdig. Indem sie mir ein Loch ins Ohr sticht, macht sie mich zu einem anderen und sich selbst zur Komplizin. Der Ohrstecker liegt auf ihrem Nachttisch, Kerze und Streichhölzer daneben, Papiertaschentücher und Pflaster. Ich sitze auf dem Bett, sie kniet vor mir. Ich nicke. Wir sind jetzt Bonnie and Clyde.

Der Ohrstecker ist über der Flamme desinfiziert. Sie hat gesagt, am besten wäre es, wenn er glüht, dann müsste das Durchstechen eigentlich wie von selbst gehen. Der Ohrstecker aber wollte über der Kerze nicht zu glühen beginnen. Dann probieren wir das jetzt so, hat Sabine gesagt, und den Kerzenruß mit einem Papiertaschentuch abgewischt.

Ich spüre die Hitze, noch bevor der Ohrstecker meine Haut berührt. Dann riecht es verbrannt, bevor ich den ersten Schmerz spüre, der noch süß ist und angenehm. Sabine atmet schwer. Ich sehe nur ihr angestrengtes Gesicht, ihre Backen laufen rot an, genau so, wie wenn ich ihr sage, dass ich sie mag, oder wenn ich sie küsse. Rote Backen unter strohblondem Haar, wie ich es eigentlich nicht mag, weil ich dann immer Backfisch denken muss und kleines Mädchen. Ihr Blick neben den roten Backen ist starr auf einen Punkt links von mir, außerhalb meines Sichtfeldes gerichtet. Der Schmerz ist da, nicht schlimm, nur da.

Zwei, drei Minuten später sind die Backen immer noch rot, der Blick immer noch starr, der Schmerz immer noch da. Doch der Schmerz ist nicht mehr süß. Tut mir leid, sagt Sabine, die Backen immer röter. Jetzt verändert sich der Schmerz, ist nicht mehr diffus, sondern konkret. Ich habe das Gefühl, Sabine rührt mit dem spitzen Ende des Ohrsteckers in meinem Ohrläppchen, als suche sie den Ausgang zwischen der Haut vorne und der Haut hinten und als sei zwischen den beiden nichts, nicht einmal Luft.

Sie ist Bonnie, sie war Bonnie, sie traut sich nicht. Ich fasse ihre Hand, nehme den Ohrstecker selbst und spüre die blutige Wärme. Ich drücke zu, und der Schmerz ist verschwunden. Sabine hat nun keine roten Backen mehr, Sabine ist blass. Sie holt mehr Papiertaschentücher, aber kein Blut fließt mehr.

Zwei Tage später pulsiert mein Ohrläppchen, angeschwollen wie schwanger. Wenn ich es zwischen Daumen und Zeigefinger prüfend reibe, glüht es voller Leben. Sabine hat ein schlechtes Gewissen. Meine Bonnie findet, ich hätte doch lieber zu einem Juwelier gehen sollen. Meine Eltern finden, ich hätte weder zu Sabine noch zu einem Juwelier gehen sollen, und anstatt jetzt zu einem Arzt zu gehen, sollte ich einfach den Stecker aus dem Ohr nehmen. Bevor ich mir noch wirklich wehtue.

Sie akzeptieren die Tatsachen, könnte man meinen. Darin sind sie wirklich gut. Andererseits: Akzeptieren wäre ein aktiver Prozess. Das Ohrloch wird einfach als gegeben wahrgenommen, als wäre es immer schon da gewesen. Ein Naturschauspiel, aufgebrochen wie ein Vulkan, über dessen feuerspeiendes Spektakel man sich auch nicht weiter aufzuregen braucht, weil es sowieso nicht zu verhindern ist. Man zieht den Kopf ein, und wenn sich der Rauch verzogen hat, reckt man die Nase wieder in die Luft und lebt weiter wie zuvor.

Nein, es gibt keine Zeitrechnung vor und nach dem Ohrloch. Die Revolution ist ausgeblieben, der Aufstand wurde nicht niedergeschlagen, sondern erfolgreich ignoriert. Das ist eine Erleichterung. Aber, auch wenn ich es mir gegenüber nicht zugeben mag, zugleich eine Enttäuschung. Ich habe jetzt ein Ohrloch, aber niemanden interessiert es. Ich weiß nicht, was ich mir versprochen habe. Ich habe den Aufstand nicht absichtsvoll geprobt. Aber ich habe gelernt, dass die Probe misslungen ist.

Drei Tage später pulsiert das Ohrloch. Das linke Ohrläppchen ist heiß und fühlt sich dick an. Nach drei Tagen ist es prall und rot wie eine reife Kirsche. Es tut weh. Aber ich kann nicht zum Arzt. Würde ich zum Arzt wollen, müsste ich meiner Mutter sagen, dass sich das Ohrloch entzündet hat. Sie würde sagen: Hab ich dir doch gesagt. Ich würde sagen: Hast du nicht. Sie wieder: Aber gedacht. Ich: Das ist nicht dasselbe.

Ein Dialog, den ich mir sparen will. Ich stehe vor dem Badezimmerspiegel und studiere dieses aufgequollene Anhängsel an meinem Ohr, das aussieht, als würde es nicht zu meinem Körper gehören. Eher wie ein Parasit aus einem Science-Fiction-Film. Ich drücke den Parasiten vorsichtig zusammen. Der Parasit ist warm und eindeutig lebendig. Sehr warm, sehr lebendig. Mitten in dem rotglühenden Parasiten steckt, kaum mehr zu sehen, der silberne Kopf des Ohrsteckers.

Der Parasit wird weiterwachsen, irgendwann wird die rote Pflaume platzen, Blut und Schleim überall, und tausend kleine Aliens krabbeln durchs Badezimmer, die blassrosa Fliesen mit dem Rosenrelief hinauf, verschwinden zwischen den nach Weichspüler duftenden und akkurat zusammengelegten Handtuchtürmen im Regal.

Vielleicht sollte ich das Ohrläppchen kühlen. Dazu müsste ich aber wieder meine Mutter fragen, ob sie mir einen Kühlakku aus einer ihrer beiden Gefriertruhen holt, in denen sie im Keller ausreichend Vorräte lagert, um uns durch den dritten Weltkrieg zu bringen. Dann würden wir den Dialog führen müssen, den ich nicht führen will. Würde ich mir den Kühlakku selbst holen, würde das den

Dialog nur ein, zwei Tage aufschieben, bis sie das Kühlakkudefizit während eines ihrer Inspektionsgänge registriert. Ich könnte in den Keller gehen, einen Kühlakku aus der Gefriertruhe holen, mich vor die Truhe setzen und das Ohrläppchen vor Ort kühlen, und anschließend den Kühlakku sofort wieder an seinen angestammten Platz legen. Aber wenn ich jetzt in den Keller gehe, wird meine Mutter aus der Küche rufen: Was machst du im Keller? Ich könnte behaupten, ich will im sogenannten Hobbyraum an meiner Dribbeltechnik feilen. Das geht allein, das mache ich in unregelmäßigen Abständen immer mal wieder. Dazu müsste ich aber tatsächlich mit dem Schläger und dem Ball in den Keller und tatsächlich das Dribbeln üben, damit meine Mutter, wenn sie in den Keller kommt, um dort ein Stück Butter aus dem Vorratskühlschrank im Vorratsraum zu holen, der rein zufällig genau gegenüber dem Hobbyraum liegt, den harten Hockeyball auf dem Fliesenboden klackern hören kann. Aber während ich das Dribbeln übe, kann ich mein Ohrläppchen nicht mit dem Kühlakku kühlen.

Vielleicht sollte ich doch zum Arzt gehen.

Fünf Tage später ist Sonntag. Wir frühstücken. Mein Vater liest in der Lokalzeitung. Den Sportteil hat er schon durch. Den lese jetzt ich. Weiter vorne, im Politteil, den mein Vater jetzt liest, hat anscheinend irgendjemand ein Problem mit dem Datenschutz. Oder ein Problem, dass es zu wenig Datenschutz gibt. Ich weiß es nicht genau, mein Vater spricht nicht mit uns, er brabbelt eher vor sich hin. Er isst ein halbes Brötchen und schnauft. Dann sagt er: Ich weiß nicht, wo da das Problem sein soll. Ich hab nichts zu verbergen, ich brauch auch keinen Datenschutz. Wir sagen nichts.

Sieben Tage später ist der Parasit verschwunden. Er ist nicht geplatzt, keine Aliens sind die rosa Fliesen hinaufgewuselt. Eines Morgens war stattdessen das Ohrläppchen wieder da. Ich bin erleichtert. Aber auch ein wenig enttäuscht. Ich hatte mich an den leichten, fast schon angenehmen Schmerz gewöhnt. Liebevoll hatte ich immer wieder meinen Parasiten berührt, überprüft, ob er noch in meinem Herzschlag pulsiert, ob er noch glüht, noch lebt.

Karlheinz und Hannelore haben sich angekündigt. Karlheinz ist mein Patenonkel. In meinem Reisepass steht unter Vornamen: Martin Karlheinz. »Martin« ist unterstrichen. »Karlheinz« fühlt sich schon immer sehr seltsam an, als würde es nicht zu mir gehören.

Für meinen Vater ist Karlheinz so etwas wie ein väterlicher Freund. Vielleicht sogar ein Ersatz für den Vater, den er kaum hatte. Karlheinz ist ein großer, schwerer Mann, der rot anläuft, wenn er zwei Gläser Wein getrunken hat, und hinter den Gläsern seiner goldumrandeten Brille zu schwitzen beginnt. Dann beginnt er das zu tun, was meine Mutter politisieren nennt und nicht leiden kann. Egal, wer politisiert, meine Mutter meint, das Politisieren führe generell zu nichts außer zu Missstimmung, und ich muss zugeben, dass sie recht hat.

Trotzdem gefällt es mir, wenn Karlheinz und Hannelore kommen oder wir bei Karlheinz und Hannelore sind, und Karlheinz zwei Gläser Wein getrunken hat, und das Politisieren beginnt. Denn Karlheinz wählt, seit er wählen kann, also ziemlich genau seit dem Ende des Zweiten Weltkriegs, die SPD. Karlheinz ist ein Sozi, sagt mein Vater. Was mein Vater ist, sagt er nicht, aber wir alle wissen: Mein Vater ist garantiert kein Sozi.

Wenn Karlheinz zu politisieren beginnt, verändert sich mein Vater. Er ist dann nicht mehr der Mann, den ich kenne. Er ist zurückhaltend, fast defensiv, ausgleichend. Er relativiert statt zu provozieren. Zu Karlheinz sagt er nicht: Du hast doch keine Ahnung. Er sagt nicht: Was weißt du schon. Oder: Du bist ein Idiot.

Also reden die beiden über Politik. Sie reden über Politiker, deren Namen ich schon mal gehört habe, und über Sachverhalte, von denen ich in den Schlagzeilen der Zeitung, hinter der sich mein Vater mir gegenüber am Samstagmorgenfrühstückstisch versteckt, gelesen habe. Ich denke, ich müsste eigentlich verstehen, wovon die beiden reden, aber ich verstehe nicht, welche Konflikte sie miteinander ausfechten. Von meinem Standpunkt aus gesehen, sind die beiden einer Meinung.

Trotzdem spüre ich, dass mein Vater verunsichert ist. Karlheinz, der Sozi, stellt seine Überzeugungen auf den Prüfstand. Ich weiß, dass mein Vater den kleinen weißhaarigen Mann, der gerade Bundeskanzler ist, nicht gut findet. Karlheinz findet ihn auch nicht gut, aber aus ganz anderen Gründen. Mein Vater findet, Gewerkschaften sind überflüssig, ihre Funktionäre nur Schwätzer. Karlheinz ist schon so lange Gewerkschafter, dass er nicht mehr weiß, warum, aber dass Gewerkschaftsfunktionäre früher der Sache gedient haben und jetzt nur noch sich selbst. Mein Vater und Karlheinz sind sich eigentlich einig, aber keiner von beiden will so genau wissen, warum.

Das Politisieren ist gar nicht so schlimm. Es ist ein lieb gewordenes Ritual für die beiden geworden. Der Sozi freut sich, dass ihm noch jemand zuhört. Mein Vater genießt, vermute ich, das Gefühl, er wäre in der Lage, eine substanzielle Diskussion in einem respektvollen Ton zu führen. Und beide, da bin ich mir sicher, genießen es, dass sie ihre Frauen verunsichern. Ich kann sehen, wie meine Mutter und Hannelore ihre Augenbrauen hochziehen, wie sie Blicke tauschen. Jetzt geht's gleich wieder los, sagen die Blicke. In ihren Augen liegt die Angst, dass die beiden den Respekt, der mir eher befremdlich erscheint, aber ihre Beziehung prägt, seit ich sie kenne, im Rotwein ersäufen könnten.

Karlheinz und Hannelore wollen zu uns kommen. Das passiert nur selten. Wir sehen die beiden nicht mehr so oft, nur manchmal besuchen wir sie auf ihrem Wochenendgrundstück. Das liegt über den Berg, hinter einem kleinen Dorf, eine Ackerfuhre hinauf am Waldrand. Selbst am drückend heißesten Sommertag des Jahres ist es dort, hinter den hohen Fichten, kühl und ein wenig klamm. Aber mitten in die abschüssige Wiese hat Karlheinz ein Loch graben und einen Pool versenken lassen. In dem zieht er morgens, wenn es auf seinem Grundstück noch ein wenig kühler ist als sonst schon, seine Runden durchs Wasser.

Karlheinz und Hannelore kommen nicht gern zu uns, weil Hannelore Kette raucht. Hannelore ist, seit ich mich erinnern kann, Rentnerin und raucht. Früher hat sie bei einer Firma gearbeitet, die Zigaretten aus den USA importierte. Ich weiß nicht genau, was genau Hannelores Beitrag dazu war, dass deutsche Raucher amerikanischen Tabak rauchen konnten, weil Hannelore nie sehr viel erzählt hat. Ich weiß aber, dass Hannelore zusätzlich zu ihrem Gehalt von der Firma mit Zigaretten versorgt wurde, das hat Karlheinz erzählt. Jede Woche bekam sie eine Stange Zigaretten. Eine Praxis, die zwar nicht ganz Hannelores Bedarf befriedigen konnte, aber auch noch fortgesetzt wurde, als sie sich bereits im Ruhestand befand. Vor ein paar Jahren hat die Firma dann die Zigarettenlieferungen an ehemalige Mitarbeiter aus Kostengründen eingestellt.

Im Haus meiner Eltern darf man eigentlich nicht rauchen. Raucher müssen auf die Terrasse, dort steht auf dem Sims über dem offenen Kamin ein Aschenbecher, der immer leer und peinlich sauber ist. Für Hannelore gibt es eine Ausnahmegenehmigung, für sie holt meine Mutter den Aschenbecher vom Sims auf der Terrasse und stellt ihn auf den Wohnzimmertisch direkt vor Hannelore. Das will Hannelore dann aber auch wieder nicht, dass wegen ihr Umstände gemacht werden. Aber sie will auch nicht auf die Terrasse. Karlheinz behauptet, er würde nicht rauchen. Nur gelegentlich würde er aus Gründen der Geselligkeit zusammen mit seiner Frau eine Zigarette rauchen, am liebsten nach dem Essen, da schmecken sie am besten. Ich kann mich nicht erinnern, einen Nachmittag auf dem Grundstück am Waldrand erlebt zu haben, an denen Karlheinz nicht fast so viele Zigaretten geraucht hätte wie seine Frau.

Es klingelt. Karlheinz und Hannelore stehen vor der Tür. Ich habe die beiden seit Monaten nicht gesehen. Ich komme die Treppe hinunter. Hannelore steht im Windfang, sie zieht schon ihren Mantel aus. Meine Mutter redet auf sie ein, ich gebe ihr die Hand. Sie riecht nach Rauch von der letzten Zigarette, die sie schnell noch im Auto geraucht hat.

Jetzt kommt Karlheinz durch die Tür, er hat noch den Wagen geparkt, mein Vater hat ihn auf dem Treppenabsatz empfangen. Sie reden über den neuen Wagen, den sich Karlheinz gekauft hat. Gutes Thema, die Politik kommt später.

Karlheinz und ich geben uns die Hand, er hält sie einen Moment länger fest als nötig. Was hast du im Ohr?, fragt er. Er will keine Antwort. Bevor ich eine geben könnte, sagt er: Wenn du das nicht rausnimmst, gehe ich wieder.

Das überrascht mich dann doch. Ich weiß bloß nicht, ob es mir gefällt, dass nun endlich jemand meine kleine Revolte bemerkt. Ich weiß nicht, was ich sagen soll. Ich sage nichts.

Alle sind sprachlos. Meine Mutter schaut zuerst mich an, dann Karlheinz, einen milden, ungläubigen Schreck in den Augen. Keine Missbilligung in ihrem Blick, weil die eh schon fragile Familienharmonie wieder mal in Gefahr ist, sondern nur Verwunderung. Hannelore ist still, aufmerksam, in Habachtstellung. Sie wünscht sich, das kann ich sehen, eine Zigarette.

Karlheinz und ich stehen uns immer noch gegenüber auf Armlänge, so, wie wir uns die Hand gegeben haben. Ich sehe in sein Gesicht. Es ist leicht rot wie immer, kein Grund, sich Sorgen zu machen. Keine Aggression, nur die selbstsichere Gewissheit, dass das, was im linken Ohrläppchen des Patensohns steckt, da nichts zu suchen hat.

Diese Selbstsicherheit verunsichert mich. Ich frage mich selbst: Was soll der Ohrring in meinem Ohr? Wem möchte ich etwas beweisen? Und vor allem: Was? Das Wissen, was cool ist, ist plötzlich kein Wissen mehr, sondern nur mehr ein sehr diffuses Gefühl. Ich habe sogar das Gefühl, dass Hansi, wäre er jetzt hier und stände Karlheinz gegenüber, bereit wäre, seinen Ohrring aufzugeben und sogar noch sein Moped draufzulegen.

Ich wanke nicht mehr, ich liege schon k.o. am Boden. Karlheinz hat schnell und überraschend zugeschlagen und einen Volltreffer gelandet. Es war vielleicht ein illegaler Tiefschlag, aber er hat gesessen. Ich stehe nicht mehr auf.

Plötzlich steht mein Vater neben uns, fast wie ein Schiedsrichter, der im Ring die beiden Boxer zu trennen versucht, und sagt: Das ist immer noch mein Sohn. Was der darf, bestimme immer noch ich.

Und von einem Moment auf den anderen bin ich aus dem Spiel. Die beiden großen Männer verbeißen sich ineinander. Es geht hin und her, der eine sagt etwas, der andere wird laut. Karlheinz rennt zornig vor die Tür, mein Vater hinterher. Sie stehen auf der Straße vor dem Haus, gestikulieren kaum, reden und reden und laufen rot an im Gesicht. Wir anderen stehen hinter der Gardine und beobachten die beiden. Ab und an kommt ein Auto vorbei, wird etwas langsamer, während es sich um die beiden herumschlängelt. Dann legt meine Mutter die Hand vor den Mund, als hätte sie Angst, die beiden könnten überfahren werden. Ihre Augen sind feucht, aber sie weiß, sie muss jetzt tapfer sein, darf nicht hysterisch werden, muss die Ruhe bewahren, denn bald muss jemand den Kaffee kochen, mit dem die beiden Streithähne ihre Versöhnung begießen, und den Kuchen servieren, mit dem sie ihren Ärger hinunterschlingen werden.

Ich bin nur noch Staffage, Requisite in einem größeren, wichtigeren Schauspiel. Eine Nebenfigur in einem Klassiker, den ich nicht verstehe.

Ich stehe hinter der Gardine. Die Gardine hängt in schlangenartigen Falten herab. Ich kann durch sie hindurch nach außen sehen, aber die beiden dort draußen könnten mich nicht sehen, selbst wenn sie aufhören würden zu streiten und zu mir herüberblicken würden.

Ich bin durcheinander. Ich weiß nicht, was ich denken soll. Als ich Sabine den Ohrstecker aus der Hand genommen habe, als ich zu Ende brachte, was Bonnie nicht gewagt hatte, habe ich mich sehr erwachsen gefühlt. Jetzt gerade fühle ich mich wieder wie ein kleiner Junge.

Ich bin stolz, dass mein Vater mich verteidigt hat. Andererseits irritiert mich, dass es mich so überrascht, alle überrascht hat, dass er mich in Schutz genommen hat. Ich weiß, dass er den Ohrring genauso wenig billigt, wie Karlheinz das tut. Er hat sich trotzdem vor mich gestellt.

Fünf Minuten vergehen, vielleicht auch zehn oder mehr. Ich weiß es nicht, ich habe hier hinter der Gardine mein Zeitgefühl verloren. Aber langsam werden die beiden Gesichter dort draußen auf dem Gehweg weniger rot. Karlheinz berührt meinen Vater am Arm, als wollte er sagen: Schon gut.

Die beiden nicken sich zu. Sie gehen die frisch geteerte Straße entlang, verlassen unser Sichtfeld hinter der Gardine, treten ab von der Bühne.

Dann öffnet mein Vater die Haustür, hinter ihm Karlheinz. Karlheinz nimmt den Mantel ab, mein Vater hängt den Mantel an die Garderobe. Niemand sagt ein Wort. Es gibt Kaffee und Kuchen.

Seit gestern bin ich 18 Jahre alt, heute ist ein Freitag, und deshalb gehen mein Vater, meine Mutter, mein Bruder und ich essen. Sogar fein essen. Du isst doch so gern, hat meine Mutter gesagt, und ein Restaurant ausgesucht, das teurer ist als die Dorfgasthöfe, die mein Vater mag, weil ihr Preis-Leistungs-Verhältnis seinen Moralvorstellungen entspricht. Also fahren wir diesmal in die große Stadt. Im Auto schweigen wir, so wie immer. Als wir im Restaurant sitzen, bringt uns die Bedienung die Speisekarten. Jeder bekommt eine eigene Speisekarte. Die Speisekarten sind abgeheftet in schweren Mappen aus braunem Kunstleder, auf denen das Wort »Speisekarte« eingeprägt ist. Wir studieren die Speisekarten andächtig und schweigend. In der Speisekarte stehen nicht nur Schweinebraten und Sauerbraten und Kartoffelklöße, sondern auch Lendchen mit Kroketten.

Meine Mutter sagt: Ich nehme das Lendchen. Niemand ist überrascht, meine Mutter liebt Schweinefilet und noch mehr liebt sie es, das Schweinefilet Lendchen zu nennen. Bis vor wenigen Monaten hatte ich gar nicht gewusst, dass Lendchen das beste Stück vom Schwein ist, ich hatte immer gedacht, ein Lendchen sei ein exotisches Tier, ein Wild vielleicht, das es nur in ausgesuchten Gaststätten gibt. Seit ich weiß, dass Lendchen auch nur Schwein ist, vermute ich, dass meine Mutter das Lendchen vor allem deshalb liebt, weil sie glaubt, es ließe sie wie eine feine Dame klingen, wenn sie das Wort ausspricht.

Meine Mutter liebt das Lendchen, so vermute ich, aus denselben Gründen aus denen sie »die Kultur« schätzt oder zumindest das, was sie dafür hält, nämlich die Oper. Meinem Vater ist Kultur generell verdächtig. Da macht jemand etwas, das er in den seltensten Fällen versteht, und will dafür auch noch Geld von ihm. Menschen, die Geld von ihm wollen, die sind meinem Vater schon dann verdächtig, wenn sie wie Kfz-Mechaniker oder Klempner etwas tun, was er versteht und prinzipiell gutheißt. Aber jemand, der singt? Malt? Schreibt? Schreiben kann er doch auch. Hat er in der Schule gelernt. Wo ist da die Kunst?

Aber weil meine Mutter die Kultur schätzt und von der Kultur vor allem die Oper, muss mein Vater immer mit in die Oper. Er würde lieber nicht mit, aber meine Mutter lässt nicht locker. Am liebsten würde er sie mit einer Freundin gehen lassen oder auch allein. Aber meine Mutter meint, die Kultur würde auch meinem Vater guttun, so wie die Kultur, wie sie glaubt, ihr guttut. Mein Vater rächt sich, indem er in der Oper sofort einschläft, wenn die erste Heldenarie überstanden ist. Bei der Sterbeszene, wenn die schwindsüchtige Heldin ihren letzten großen Auftritt hat, stößt meine Mutter meinen schnarchenden Vater in die Seite. Das soll er dann doch nicht verpassen, die Eintrittskarte war ja auch teuer.

Tatsächlich verstehe ich nicht wirklich, warum meine Mutter in die Oper geht, was sie wirklich daran findet. Sie liebt, glaube ich, vor allem die Vorstellung, sie könne mit einem Opernbesuch den Anschein erwecken, sie sei jemand anderer als der, der sie eigentlich ist. Kultur, so sieht sie das wohl, ist ein Ausweis, etwas Besseres zu sein. Ein Opernbesuch, das ist wie die Zinnteller, die an der Wand im Esszimmer hängen, silbern glänzende Halbreliefs von schnauzbärtigen Bauern mit Pfeife im Mund, hässlich, aber teuer. Mit der Oper kann man nichts falsch machen, da ist man auf der sicheren Seite, wenn es um Kultur geht. Vor allem aber liebt meine Mutter die Heldenverehrung, die in der Oper getrieben wird. Sie liebt Iglesias und Carreras, und vor allen anderen liebt sie, wie sie ihn nennt: den Pavarotti. Das P und das doppelte T spricht sie zu hart aus, aber das ist ihr egal. Sie sagt: Der Pavarotti ist schon wieder dicker geworden. Dabei klingt ihre Stimme, als fälle sie ein kennerhaftes Urteil über des Sängers letzte Interpretation des Rodolfo aus »La Bohème«.

Den Iglesias, den Carreras und den dicken Pavarotti zeichnet nicht nur aus, dass sie gesellschaftlich abgesicherte Kultur veranstalten, sondern auch die Tatsache, dass sie in den bunt bedruckten Seiten der Klatschmagazine und Frauenzeitschriften vorkommen, von denen sich meine Mutter aber immer nur eins pro Woche leistet. Nur eines, um auf dem Laufenden zu bleiben, um zu wissen, ob der Pavarotti schon wieder dicker geworden ist. Zwei oder drei der bunten Blättchen, das würde doch sehr danach aussehen, als wären sie ihr wichtiger, als sie sein dürfen. Zwei oder drei Magazine, das wäre doch auch Verschwendung, steht doch in allen sowieso dasselbe drin.

Meine Mutter liebt also den Pavarotti, aber, das glaube ich, auch wenn sie es natürlich nie zugeben würde, die Musik selbst ist ihr einerlei. Sie geht in die Oper, um zu sehen, ob der Pavarotti noch dicker geworden ist, sie schleppt meinen Vater bis nach Verona, weil der Pavarotti im dort gelegenen antiken Amphitheater auftritt. Ein paar Jahre lang besaß meine Mutter sogar ein Abonnement im örtlichen Opernhaus, obwohl sie dann doch extra Eintrittskarten kaufen musste, wenn der Pavarotti sich mal in die Provinzstadt verirrte, und je teurer die Eintrittskarten waren, desto besser. Dann hatte sie wieder etwas zu erzählen im Brustton der Entrüstung. Kannst du dir vorstellen, was die haben wollen für den Pavarotti, konnte ich sie dann hören, wenn sie mit einer Freundin telefonierte, und wieder war es keine Frage, weil atemlos ohne Pause, das Gegenüber am anderen Ende der Leitung hätte sie ja womöglich unterbrechen können, kam sofort der unerhörte Preis, die Zumutung. Siebzig Mark, sagte sie dann, oder: achtzig Mark, Triumph in der Stimme, und auch ich fand, das war eine Menge Geld für einen dicken Mann, der viel zu hoch singt. Vor allem ist es eine Menge Geld, wenn man es ausgibt, nur um den Freundinnen zu erzählen, dass man es ausgegeben hat.

Meine Mutter bezahlte die teuren Eintrittskarten aber gern, auch wenn manche meinten, der Pavarotti habe seinen Zenit bereits überschritten. Aber egal, ob seine Stimme, wie manchmal in den Klatschmagazinen stand, brüchig geworden war, egal, ob es dann doch zu viele Portionen Spaghetti geworden sind: Meine Mutter focht das nicht an, nun konnte sie sogar zweimal entrüstet sein.

Weißt du, was der Pavarotti kostet, fragte sie vor dem Konzert am Telefon ihre Freundin, und ihre Stimme schraubte sich empört nach oben. Und nach dem Konzert konnte sie ebenso indigniert sagen: Die Stimme von dem Pavarotti, die ist auch nicht mehr das, was sie mal war.

So, wie sie gern Pavarotti sagt, weil es sie wie eine feine Dame klingen lässt, so sagt meine Mutter auch gern: Ich nehme das Lendchen. Man kann, findet meine Mutter, das Wort Lendchen gar nicht oft genug aussprechen, also blickt meine Mutter am Tag nach meinem 18. Geburtstag über die schwere braune Speisekarte und sagt zu mir: Nimm doch auch das Lendchen, das ist gut.

Also nehme ich das Lendchen, und als ich beim Kellner bestelle, als ich das Wort ausspreche, als ich sage: Ich nehme bitte auch das Lendchen, da erst fällt mir auf, dass Lendchen ja die Verkleinerungsform von Lende ist und dass ich eben die Lende eines Tieres bestellt habe. Der Kellner nickt, schreibt auf seinen Block, und während er schreibt, kann ich sehen, wie seine Lippen tonlos das Wort Schweinefilet bilden.

Es ist nicht das erste Mal, dass ich zu lange einen in meiner Familie gebräuchlichen Begriff übernommen habe, ohne ihn zu hinterfragen. So war ich jahrelang, gewogen in familiärer Sicherheit, davon ausgegangen, dass bumsen bedeutet, einen fahren zu lassen. Das Wort furzen kannte ich lange Zeit gar nicht. Wenn mein Bruder furzte, dann sagte meine Mutter: Hast du gebumst? Kannst du nicht aufs Klo gehen, bevor du bumsen musst?

Wenn mein Vater auf einer der langen Autoreisen in den Urlaub einen fahren ließ und der Furz besonders schlimm stank, dann fragte meine Mutter: Wer hat hier gebumst? Dann rief ich: Ich war's nicht. Mein Bruder rief: Ich war's auch nicht. Mein Vater lachte und sagte: Ich hab auch nicht gebumst. Niemand lachte, aber wir alle wussten, dass er es gewesen war.

Als ich mich das erste Mal in der Schule für einen Furz entschuldigen wollte, haben meine Schulfreunde sehr lang und sehr laut gelacht. Ich muss sieben oder acht Jahre alt gewesen sein. Danach wusste ich, was Bumsen wirklich bedeutet und was Furzen ist.

Der Kellner bringt das Essen. Mein Vater bekommt einen Schweinebraten, meine Mutter ihr Lendchen und mein Bruder ein großes Wiener Schnitzel. Vor mir steht nun ein Teller, braune Soße, von der ich weiß, dass darin angebratenes Schweinefilet versteckt ist, über weißen Spätzle, daneben eine rot-grüne Salatgarnitur. Ich esse. Das Lendchen schmeckt, denke ich, während mein Vater schweigt, mein Bruder schweigt, und meine Mutter irgendetwas erzählt von einer Freundin, die ich nicht kenne.

Irgendwann sagt auch meine Mutter nichts mehr, und mein Vater sagt: Ich habe noch ein Geschenk für dich.

Ich höre auf. Noch ein Geschenk? Die Geschenke gab es doch schon gestern vor der Schule. So wie es üblich war bei uns. Ein paar Bücher, die ich mir gewünscht hatte, eine Platte, die ich mir gewünscht hatte, und eine Jeans, die ich drei Wochen zuvor mit meiner Mutter in einem Kaufhaus in der großen Stadt gekauft hatte, aber seitdem nicht hatte anziehen dürfen. Die kriegst du dann zum Geburtstag, hatte meine Mutter gesagt, und die Tüte mit der Jeans weggeräumt.

Ich sehe meinen Vater an. Mein Vater sieht mich an.

Ich schenke dir den Führerschein, sagt mein Vater.

Er schweigt. Er scheint auf eine Antwort zu warten. Und ich weiß, ich müsste jetzt Danke sagen. Ich merke plötzlich, dass ich aufgehört habe zu kauen, aber noch einen Bissen Schwein im Mund habe. Ich schlucke und kaue auf dem Stück Fleisch herum, und das Schweinefilet ist plötzlich sehr zäh. Ich nicke.

Mein Vater sieht mich an. Ich sehe zurück. Ich schlucke den trockenen Bissen hinunter und sage: Danke.

Mein Vater ist zufrieden. Er säbelt ein Stück seines Schweinebratens ab, steckt es sich in den Mund und fängt an zu schmatzen.

Und alles, was ich denken kann, ist: Ich hasse meinen Vater.

Der Hass ist schlimm geworden in den letzten Jahren. Er beherrscht mich. Ich sitze da und weiß, ich müsste dankbar sein, aber ich kann nicht. Ich sage: Danke, aber ich fühle nur Abscheu. Und mein Vater hat sich wieder seinem Schweinebraten und seinen Sättigungsbeilagen und seiner Salatgarnitur zugewandt, und ich sehe ihn an und denke nur: Ich hasse diesen Menschen, wie ich sonst keinen Menschen jemals hassen werde.

Ich hasse ihn dafür, dass er schmatzt beim Essen. Dafür, dass sich, wenn er schwitzt, ein kleiner Tropfen bildet an seiner Nasenspitze, der niemals herunterzufallen scheint. Ich hasse ihn dafür, dass er im Auto einen fahren lässt und nie, noch nie zugegeben hat, dass er es war. Manchmal sehe ich meinem Vater zu, wie er irgendwo abseits steht, es fehlt ihm gerade ein Taschentuch, also hält er mit dem Zeigefinger das linke Nasenloch zu und rotzt durch das rechte Nasenloch auf den Boden. Dann hält er das rechte Nasenloch zu und rotzt aus dem linken. Es ist ihm egal, ob ihn jemand sieht, und ich habe ihn im Verdacht, dass er gar nicht deshalb auf den Boden rotzt, weil er gerade kein Taschentuch hat, sondern weil er ein Taschentuch sparen will. Wenn mein Vater auf den Boden rotzt, dann finde ich es widerlich, und es ist mir peinlich, aber ein Grund für Hass kann das ja wohl nicht sein.

Also, sage ich mir, hasse ich meinen Vater dafür, dass er sich noch nie für irgendetwas entschuldigt hat bei mir, auch wenn mir gerade kein konkretes Beispiel einfällt, wo er sich hätte entschuldigen müssen. Ich hasse ihn dafür, dass er glaubt, immer recht zu haben, auch wenn ich genau weiß, dass er nicht recht hat. Ich hasse ihn dafür, dass er noch niemals, kein einziges Mal zugegeben hat, im Unrecht gewesen zu sein. Wahrscheinlich, denke ich, hasse ich meinen Vater bloß dafür, dass er mein Vater ist. Womöglich hasse ich ihn dafür, dass ich genau weiß, dass es keine wirklich guten Gründe gibt, ihn abgrundtief zu hassen. Gern aber würde ich meinen Vater aus tiefstem Herzen und mit umfassender Berechtigung hassen.

Aber mein Vater gibt mir keinen echten Anlass, ihn zu hassen. Meistens ist er weg. Wenn er mal da ist, guckt er in seine Zeitung. Wenn wir abends alle zusammen am Abendbrottisch sitzen, schaufelt er das Essen wortlos in sich hinein. Wenn er mal was sagt, interessiert es mich nicht. Vielleicht bin ich ja das Problem.

Es wäre großartig, wenn mein Vater und meine Mutter richtig streng wären. Wenn sie mir verbieten würden, abends wegzugehen. Tun sie aber nicht. Als ich 16 Jahre alt war, gab es noch einen täglichen Kampf um jede halbe Stunde, die ich später nach Hause kommen wollte. Irgendwann war es auch egal. Ich gehe und komme, wann ich will, solange ich bei der Essensausgabe anwesend bin, kümmert es niemanden. Von Montag bis Donnerstag gehe ich abends zum Sport und anschließend in die Dorfkneipe, Freitag bis Sonntag ziehe ich in der Stadt durch die Kneipen. Manchmal fragt meine Mutter: Wohin gehst du? Ich sage: Zum Sport. Oder: In die Stadt. Mehr will niemand wissen. Mehr muss niemand wissen. Hauptsache, ich muss nicht in dem Haus sein, das die Bezeichnung Zuhause trägt, sich aber nicht mehr so anfühlt.

Wenn sie mich einsperren würden. Wenn sie genau aufpassen würden, ob ich meine Hausaufgaben mache, wenn sie wenigstens mitkriegen würden, dass ich meine Hausaufgaben schon lange nicht mehr mache, sondern nur noch jeden Morgen bei irgendjemandem abschreibe, weswegen ich einen Bus früher in die Schule nehme, um genug Zeit zum Abschreiben zu haben. Aber meine Mutter hat noch nie wissen wollen, warum ich einen Bus früher fahre, sondern hat meine Pausenbrote einfach zwanzig Minuten früher fertig, und mein Vater ist sowieso schon lange weg, in sein Auto gestiegen und in die Firma gefahren.

Das glaubt mir jetzt keiner, aber es ist so: Manchmal wünsche ich mir sogar, mein Vater und meine Mutter würden mich schlagen. Aber das ist schon lange nicht mehr vorgekommen. Den Kochlöffel auf den Po, den es früher mal gegeben hat, wenn mein Bruder und ich partout nicht einschlafen wollten, habe ich längst vergessen, der ist gar nicht mehr wahr. Sonst hat mich mein Vater noch nie angefasst, und meiner Mutter ist seit Jahren nicht mehr die Hand ausgerutscht, wie sie es damals genannt hat, wenn sie mir eine gewischt hat und es ihr hinterher mehr leidgetan hat, als dass es mich geschmerzt hätte.

Die schlimmere Strafe war sowieso immer der Liebesentzug. Wenn meine Mutter mich bestrafte, indem sie, die schlechte Schauspielerin, die Beleidigte spielte. Die Inszenierung war provinziell, aber effektiv. Mutter ist traurig, und du bist schuld daran. Das sagte sie nicht, das dachte sie wahrscheinlich nicht mal, aber sie ließ es den vierjährigen oder den achtjährigen Martin spüren. Und auch der elfjährige Martin hatte noch ein schlechtes Gewissen, selbst der 14-jährige Martin noch.

Dann kam der Tag, an dem meine Mutter ihre emotionale Macht über mich verlor. Ich sollte, das war Gesetz, einmal in der Woche mein Zimmer sauber machen. Die von mir in jüngeren Jahren zusammengeklebten Flugzeugmodelle in der Schrankwand abstauben, die Regalbretter durchwischen, den Teppichboden saugen. Einmal in der Woche wollte ich nicht. Ich war 15 Jahre alt und konnte nicht erkennen, dass sich nach einer Woche überhaupt neuer Staub angesammelt hätte. Ich will nicht saugen, es ist überhaupt nicht dreckig, sagte ich.

Du musst saugen, sagte meine Mutter, einmal die Woche.

Ich sagte nichts.

So ist es abgemacht, schob sie hinterher.

Ich wollte sagen: Ich wüsste nicht, dass ich eine Abmachung unterschrieben hätte. Du willst, dass ich einmal die Woche sauge. Ich halte es nicht für nötig. Es ist nicht nötig, weil es nicht dreckig ist.

Ich sagte nichts.

Okay, dann saugst du halt nicht, sagte meine Mutter. Aber Staub wischst du.

Ich konnte sehen, wie sie die Fassung verlor. Ihr Nasenrücken zog sich zusammen zu den drei vertikalen Falten. Sie drehte sich um, zog die Tür meines Zimmers hinter sich zu, fester als sonst, ich sollte hören, dass sie beleidigt war.

Ich sah ihr hinterher und studierte die Maserung der furnierten Tür, die sie hinter sich geschlossen hatte. Ich stellte das erste Mal überhaupt fest, dass die Tür eine Maserung besaß, die kaum Kontraste besaß, aber doch deutlich zu sehen war. Die Maserung war mir trotzdem nie aufgefallen, ich hatte immer gedacht, die Tür sei einfach hellbraun, hätte denselben hellbraunen Ton wie alle anderen Türen im Haus auch. Wahrscheinlich, dachte ich jetzt, haben alle Türen im Haus eine leichte Maserung. Ob die Maserung überall dieselbe ist?

Ich überlegte, ob ich meine Überlegungen überprüfen sollte. Aufstehen und die Tür öffnen und von Tür zu Tür gehen und nachsehen, ob sie alle eine Maserung hatten und ob diese Maserung einheitlich war oder uneinheitlich, was ein Beweis dafür wäre, dass die Furniere aus echtem Holz bestanden. Meine Mutter würde in der Küche sein und dort irgendetwas abspülen, das man nicht abzuspülen bräuchte, oder sie würde die hellgrauen Bodenfliesen im Wohnzimmer abwischen, obwohl sie die bereits vor drei Tagen gewischt hatte. Sie würde vom Spülbecken aufsehen oder vom Putzeimer, sie würde einen Moment innehalten, die Falten auf ihrem Nasenrücken würden verschwinden, während sie mich beobachtete, wie ich in Gedanken versunken mit der Hand über das Furnier der Küchentür oder das Furnier der Wohnzimmertür strich. Was machst du da, würde sie fragen.

Ich ging nicht. Ich vergaß das Furnier. Ich saugte nicht, und ich staubte auch nicht ab.

Zum Abendessen war der Zorn meiner Mutter verraucht. Seitdem schob ich den Staubsauger einmal die Woche ein, zwei Minuten durch mein Zimmer, dann legte ich ihn in die Mitte und ließ ihn weiterlaufen. Währenddessen wedelte ich mit dem Staubtuch einmal zwischen den Flugzeugmodellen, als wollte ich Fliegen vertreiben. Nach fünf Minuten zog ich den Stecker des Staubsaugers und verstaute ihn wieder im Abstellraum.

Ich weiß nicht, ob meine Mutter weiß, wie oberflächlich ich meinen Pflichten nachgehe. Wahrscheinlich weiß sie es, wahrscheinlich kommt sie nach den wöchentlichen Staubsauginszenierungen einmal in der Woche heimlich in mein Zimmer, überprüft meine Arbeit und stellt als Hygieneprofi, der sie ist, schnell fest, dass ich gar nicht gesaugt oder staubgewischt habe. Aber sie sagt trotzdem nichts, wahrscheinlich will sie keinen Streit. Es soll mir recht sein.

Trotzdem ist meine Mutter immer noch regelmäßig beleidigt, wenn etwas nicht so läuft, wie sie es sich vorstellt. Aber ich weiß dann, dass ihr die emotionale Ausdauer fehlt, durchzusetzen, was sie durchsetzen will. Tatsächlich frage ich mich sogar, ob sie nicht, während sie beleidigt ist, sogar vergisst, was sie durchsetzen wollte. Ich frage mich, ob sie verstanden hat, dass das Spiel nicht mehr zu ihren Regeln gespielt wird. Ich bin mir allerdings ziemlich sicher, dass sie noch nicht begriffen hat, dass sie ihre Macht über mich verloren hat. Dass sie noch nicht weiß, dass dem 18-jährigen Martin vollkommen egal ist, ob seine Mutter beleidigt ist oder nicht.

Dein Lendchen wird doch kalt, sagt meine Mutter.

Ich sehe sie an, und ein wenig ist es, als stellte ich erst jetzt fest, dass sie auch hier ist. Ich spieße ein paar Spätzle mit der Gabel auf und tauche sie dann in die braune Soße. Mein Vater isst, mein Bruder isst, ich esse, meine Mutter sagt: Egal, wie viele Fahrstunden du brauchst.

Ich sehe sie an. Wovon redet die Frau?

Wir zahlen alle Fahrstunden, bis du den Führerschein hast, sagt meine Mutter.

Ach so, der Führerschein, denke ich.

Und egal, wie oft du durchfällst, sagt mein Vater, er hat den Mund noch voll. Versuch, nicht zu oft durchzufallen.

Ich weiß nicht, ob es ein Witz sein soll. Wahrscheinlich soll es ein Witz sein. Niemand lacht.

Alle meine Freunde haben den Führerschein schon. Jedenfalls alle, die schon 18 Jahre alt sind. Die meisten hatten schon mit der Fahrschule angefangen, bevor sie 18 waren. Manche hatten die theoretische Prüfung absolviert, da waren sie noch nicht einmal volljährig. Die, die noch nicht 18 Jahre alt sind, gehen schon seit Monaten regelmäßig zur Fahrschule, lernen Prüfungsbögen auswendig, machen Fahrstunden, erzählen von Überlandfahrt und Nachtfahrt und Autobahnfahrt und zählen sich vor, wie viele Fahrstunden sie schon haben und wann sie ihre zur Prüfung machen dürfen.

Ich bin jetzt auch 18 Jahre alt, aber ich habe keinen Führerschein. Ich gehe nicht mal in die Fahrschule. Wenn ich in die Schule muss, fahre ich mit dem Fahrrad. Wenn das Wetter zu schlecht ist oder wenn ich keine Lust habe, mit dem Fahrrad zu fahren, nehme ich den Bus. Wenn ich nach der Schule nach Hause muss, finde ich immer jemanden, der schon einen Führerschein hat und mich mitnimmt mit seinem Auto oder dem Auto seiner Mutter. Wenn ich in die Stadt will, um mich in der Kneipe mit Freunden zu treffen, dann trampe ich, und wenn ich spätnachts wieder nach Hause muss, dann weiß ich, an welchen drei Stellen ich stehen muss, an denen es am vielversprechendsten ist, den Daumen rauszuhalten. Bisher bin ich noch immer nach Hause gekommen.

Und wenn dir was passiert beim Trampen, sagt meine Mutter.

Ich kenne niemanden, dem was passiert ist, sage ich.

Es ist keine politische Entscheidung, dass ich keinen Führerschein habe, ich habe gar nichts gegen das Autofahren. Ich lasse mich ja auch herumfahren im Auto, wenn es sein muss, von meiner Mutter und von meinen Freunden und von meinem Mannschaftskollegen, wenn wir zu einem Auswärtsspiel fahren. Es ist eher eine praktische Entscheidung. Ich brauche keinen Führerschein, es geht auch ohne. Ich kann den Führerschein immer noch machen, wenn ich ihn brauche. Vor allem aber ist es eine Bauchentscheidung. Ich will keinen Führerschein. Ich weiß zwar nicht, warum, aber ich will nicht, was alle anderen wollen. Es ist mir suspekt, dass sich alle so einig sind: mein Vater, meine Mutter, meine Freunde, alle.

Mein Vater schmatzt, und ich müsste jetzt eigentlich sagen, was ich immer sage. Ich brauche keinen Führerschein, sage ich immer.

Ich sage nichts.

Obwohl ich nichts gesagt habe, antwortet mir mein Vater. Er hört einen Moment auf zu schmatzen und sagt: Jeder braucht einen Führerschein. Er sagt es, weil er es immer sagt. Weil es wichtig ist in seiner Welt.

In meiner Welt ist es nicht wichtig. Ich weiß nicht, warum es in meiner Welt nicht wichtig ist, einen Führerschein zu haben. Ich weiß nicht mal, was in meiner Welt wirklich wichtig ist. Ich weiß nur, Antilopenfelle und Teppichböden und Führerscheine gehören nicht zu den wichtigen Dingen.

Jeder braucht einen Führerschein, sagt mein Vater. Dann trinkt er sein Bier aus.

Meine Mutter wird nervös, sie merkt, dass ihr Mann und ihr Sohn kurz davor sind, sich ineinander zu verbeißen, ganz so, wie sie es fast immer tun, wenn sie im selben Raum sitzen.

Also erzählt meine Mutter, dass sie vor zwei Tagen einen Tramper mitgenommen hat. Sie sei aus der Stadt gekommen, wo sie einkaufen war, sie zählt auf, was sie alles eingekauft hat, und dann, erzählt sie, habe sie den Tramper gesehen, und da habe sie sich gedacht, mein Sohn trampt ja auch immer, und der steht auch immer an genau derselben Stelle, wenn er trampt, und das könnte ja jetzt mein Sohn sein, und dann habe sie angehalten, und der Tramper war genauso alt wie du, sagt sie zu mir und schaut mir einen kurzen Moment in die Augen. Vielleicht kennst du ihn ja, sagt sie, aber bevor ich antworten könnte, dass sich nicht alle Menschen, die trampen, automatisch kennen, ist sie schon weiter und erzählt, in welches Kaff der Tramper wollte, und weil das eh auf ihrer Strecke lag und weil ihr Sohn ja auch immer trampe, habe sie den Tramper einfach mitgenommen.

Mein Vater trinkt sein Bier aus. Dann bestellt er noch ein Bier. Er hat gar nicht hingehört, was meine Mutter erzählt hat. Vielleicht denke ich auch nur, dass er nicht hinhört. Vielleicht denke ich das, weil ich selber kaum noch hinhöre, wenn meine Mutter etwas erzählt. Ich sage mir dann, sie erzählt ja doch nur immer dasselbe. Aber auch: Immerhin spricht sie. Allerdings spricht sie nie etwas aus, das wichtig wäre. Oder zumindest nicht das, was ich wichtig fände. Aber darüber spreche ich ja auch nicht, jedenfalls nicht mit meinen Eltern.

Ich spreche mit meinen Freunden über das, was mir wichtig ist. Über Musik und über Bücher, manchmal sogar über Gefühle, aber auch nicht oft.

Gefühle sind etwas, das habe ich gelernt, was einen schwach macht. Ich habe aber auch gemerkt, dass ich meine Gefühle gut kontrollieren kann. Der Jähzorn, den ich von meinem Vater geerbt habe, überkommt mich zwar noch, aber ich habe gelernt, ihn einzusperren in mir. Selbst der Hass ist mir zu Diensten mittlerweile, ich habe ihn umgewandelt in Gefühllosigkeit.

Die Gefühllosigkeit ist eine große Kraft. Sie schützt mich vor meinem Vater, und gibt mir Macht über meine Mutter. Mit der Gefühllosigkeit habe ich meine Rolle in der Familie verändert. Ich bin immer öfter nicht mehr verzweifelter Teilnehmer an dieser Familie, sondern interessierter Beobachter. Ich habe beschlossen, dass diese Familie zwar vielleicht die meine ist, aber dass sie mich kaltlassen soll.

Das funktioniert mal besser, mal schlechter.

Wichtigster Teil des Plans, den ich beschlossen habe, ist es, jedem Streit mit meinem Vater aus dem Weg zu gehen. Wenn ich merke, dass mein Vater politisieren möchte, dann verlasse ich den Raum, bevor er mich direkt ansprechen kann. Wenn er etwas sagt, das mich provozieren soll, versuche ich es zu ignorieren.

Wenn mein Vater also mal wieder sagt, die Sache mit der Nazi-Zeit solle man jetzt auch mal auf sich beruhen lassen, das ergebe doch keinen Sinn mehr, davon habe doch niemand mehr etwas, als wenn wir noch Schuld hätten, was der Adolf und sein Gesocks damals getrieben hätten. Dann müsste ich eigentlich dagegenhalten und sagen, da wäre er ja nicht allein, den berühmten Schlussstrich ziehen zu wollen, aber dieser Schlussstrich dürfte nie gezogen werden, denn diese Verbrechen sind so einmalig, sie dürften nie vergessen werden. Ein Wort würde das andere ergeben, wir würden uns anschreien und uns beleidigen, und am Ende würde ich meinem Vater bescheinigen, er hätte die mentale Verfasstheit, einen pflichtbewussten KZ-Wärter abzugeben, und er würde mich einen Idioten nennen.

Das Gespräch würde im Zweifelsfall dann womöglich ganz anders ablaufen, aber das Ergebnis wäre immer dasselbe: Mein Vater würde jede Logik, jedes Argument und jede humane Selbstverständlichkeit so konsequent ignorieren, dass ich irgendwann wütend davonrennen würde. Ich hätte verloren, mein Vater hätte gewonnen.

Also bleibe ich ruhig sitzen und sage nichts. Den ersten Satz ignoriere ich, den zweiten auch noch, beim dritten stehe ich auf, wünsche eine gute Nacht und gehe einfach. Ich weiß genau, dass ihn das mehr treffen wird als jedes noch so gute Argument. Denn ich weiß, was ich für richtig halte, aber ich weiß auch, dass er das niemals akzeptieren wird. Und ich weiß, ich werde ihn nicht verändern, ich werde ihn nicht missionieren können. Diese Erkenntnis ist ungemein befreiend. Denn nun weiß ich, ich habe die emotionale Macht, ich muss nur ruhig bleiben.

Aber noch fehlt mir eine Rechtfertigung für meine neue Macht. Ich habe zwar gelernt: Ich fahre am besten, wenn mir mein Vater und meine Mutter egal sind. Aber wofür bestrafe ich sie eigentlich? Ich habe genug zu essen, ich friere im Winter nicht. Wir fahren im Sommer in den Sommerurlaub und im Winter zum Skifahren. Ich bekomme Taschengeld und alles, was ich brauche. Es fehlt mir an nichts. Ich hasse sie trotzdem.

Wenn sie mich nur schlagen würden, wenn sie nur irgendetwas täten, um sie richtig zu hassen. Wenn sie nur so richtig scheiße wären, dass ich eine Rechtfertigung hätte dafür, das zu fühlen, was ich fühle.

Aber sie sind nicht scheiße. Sie sind halt da. Ich bin da. Und zwischen uns gibt es nichts, was uns verbindet. Nicht mehr.

Wenn ich nach unten ins Esszimmer gehe, dann sehe ich die Zinnteller an der Wand, und ich hasse die Zinnteller und hasse meine Mutter dafür, dass sie glaubt, dass Zinnteller ein Ausdruck von gutem Geschmack seien. Wenn ich zurückgehe, hoch in mein eigenes Zimmer, dann sehe ich das Antilopenfell an der Wand und wie es einstaubt, und ich sehe das alte braune Bett, das ich seit Jahren nicht mehr leiden kann, und ich sehe den muscheligen Teppichboden, dessen Besaugung ich einmal in der Woche imitiere. Ja, am meisten hasse ich mich wohl dafür, dass ich jeden Tag über diesen Teppich schlurfe und jede Nacht unter diesem Antilopenfell einschlafe, anstatt den Teppich einfach herauszureißen und ihn zusammen mit dem muffigen Antilopenfell durchs Fenster in den Garten zu werfen, und weiterzuleben auf den bloßen Spanplatten, die unter dem Teppich liegen, und meiner Mutter zu sagen, sie solle sich ihren Staubsauger in den Arsch stecken, und meinem Vater, er solle sein Maul halten.

Aber ich sage nichts, ich tue nichts. Ich flüchte nur.

Wahrscheinlich hasse ich mich nur selbst. Ich hasse mich dafür, dass ich nicht dazugehören kann. Dass ich mich fremd fühle in dieser Familie, die mir doch alles zu geben bereit ist, alles gibt: ein warmes Bett und einen vollen Magen, ein Dach über dem Kopf und alle Möglichkeiten, die sich ein junger Mensch wünschen kann.

Aber vor ein paar Wochen saßen mein Vater und ich nebeneinander vor dem Fernseher, wir sahen eine Nachrichtensendung. Die Grünen waren in den Bundestag eingezogen, die Welt hatte sich verändert. Ich war noch zu jung gewesen, ein paar Monate, um sie zu wählen, aber ich wusste und mein Vater wusste, dass ich sie gewählt hätte. So wie alle, die jung waren und wollten, dass sich die Welt endlich mal ändert, und wenn es nur darum ging, denen Angst zu machen, die die Welt in den erbärmlichen Zustand versetzt hatten, in dem sie sich jetzt befand, die Welt meines Vaters.

Im Fernsehen berichteten sie von der ersten Sitzung des neuen Bundestages. Man sah eine Frau stricken, Männer mit zauseligen Bärten, der Kommentator machte sich lustig. Mein Vater lachte. Es war kein echtes, herzliches Lachen, sondern eher ein gutturaler Laut, fast schon ein Rülpsen, reserviert als Ausdruck tiefster Verachtung. In vier Jahren kannst du diese Schwachköpfe ja auch wählen, sagte mein Vater. Er sagte es hinein in den Raum, hinein in die Stille zwischen uns, er sah mich nicht an, aber es war an mich gerichtet, an wen sonst. Er wollte, so sah er es wahrscheinlich, doch bloß ein Gespräch führen mit seinem ältesten Sohn, aber der Sohn wollte nicht. Mal wieder nicht.

Ich hätte jetzt sagen müssen: Das sind keine Schwachköpfe. Aber ich sagte nichts. Es war besser so. Ich konnte mir den Dialog, der sich entspinnen würde, selbst denken. Er hätte gesagt, die Grünen werden dieses Land zugrunde richten. Ich hätte sagen müssen: Auf dieses Land kann ich gut verzichten. Er hätte gesagt: Ihr wollt keine Atomkraftwerke bauen, aber Strom wollt ihr haben. Ich hätte sagen müssen: Es gibt auch noch Wasser- oder Windkraft und Solarenergie. Er hätte gesagt: Du hast doch keine Ahnung. Du bist doch selber ein Schwachkopf.

Aber dazu kam es nicht, weil ich schwieg. Weil ich aufstand, Gute Nacht sagte, die Wohnzimmertür hinter mir schloss und hinaufging in mein Zimmer.

Es war ein Sieg. Es hat sich sehr gut angefühlt.

Genauso gut wie an dem Tag, an dem ich meine Mutter zum ersten Mal erfolgreich angelogen hatte. Es war keine große Sache, eigentlich. Nicht für jemand anderen. Für mich schon. Es ging um etwas gänzlich Unbedeutendes, um nichts eigentlich. Es war nur eine Notlüge, ein Spiel vielleicht. Ich wollte sehen, wie weit ich gehen konnte. Würde sie merken, dass ich sie anlüge?

Meine Mutter ist immer noch fest überzeugt, dass sie es mir ansehen könnte, wenn ich lüge. Der Martin kann nicht lügen, sagt sie, wenn der Martin lügt, dann sehe ich ihm das an der Nasenspitze an. Seit Jahren weiß ich, dass das nicht stimmt.

Ich nutze dieses Wissen nur selten aus. Ich lüge nicht, wenn ich leicht zu überführen wäre. Ich lüge nicht, wenn es um Nichtigkeiten geht. Ich lüge eigentlich so gut wie nie. Ich spare mir dieses Wissen für den Notfall auf, für den Moment, wenn es wirklich wichtig wird.

Vor allem aber gibt mir dieses Wissen, dass ich lügen könnte und meine Mutter mir sofort glauben würde, weil sie ja denkt, ich könne nicht lügen, einen sicheren Hafen, in den ich mich zurückziehen kann. Meine Gedanken, das weiß ich jetzt, sind sicher. Niemand weiß, was ich wirklich denke, wenn ich es nicht will. Niemand wird erfahren, was ich fühle, wenn ich es nicht wirklich will.

So kann ich mir vorstellen, kann mir ausmalen in meinen eigenen Gedanken, selbst wenn ich meinem Vater gegenübersitze, ihm dabei zusehe, wie er den Schweinebraten zerstückelt, dass er nicht zurückkehrt von einer seiner Geschäftsreisen, dass das Flugzeug, mit dem er unterwegs ist, vom Himmel fällt, dass meine Mutter und ich vor dem Fernseher sitzen und in den Nachrichten verkündet wird, dass Flug Nummer 197 zwischen Frankfurt und New York vom Radar verschwunden ist, dass man Wrackteile gefunden hat, noch nach der Blackbox sucht, aber niemand überlebt hat. Lieber Martin, sagt der Nachrichtensprecher im Fernsehen in einer tonlosen, möglichst emotionslosen Stimme zur mir, dein Vater ist tot, du bist jetzt Halbwaise.

Mein Vater ist tot. In Gedanken spreche ich die vier Worte nach. Ich wiederhole sie. Ich sehe meinen Vater an, der nun die Schweinebratenvernichtung beendet hat und vertieft ist in die Desserts auf der Speisekarte, auf der Suche nach weiteren Lebensmitteln, die er geräuschvoll zwischen seinen eckigen Kiefern zermahlen kann, und ich spreche es noch einmal nach in Gedanken: Mein Vater ist tot.

Ist was mit dir, fragt meine Mutter, und ich zucke zusammen und ich frage mich, ob ich die vier Worte womöglich laut ausgesprochen habe oder ob ich meine Lippen bewegt habe. Aber die Frage meiner Mutter war wieder mal keine Frage, sie hat schon wieder vergessen, was sie irritiert hat. Willst du auch einen Nachtisch, sagt sie jetzt, du hast doch noch Hunger, du hast doch immer noch Hunger, du bist noch jung, du kannst doch immer noch was essen, willst du ein Eis? Oder ein Stück Kuchen?

Der Moment ist vorbei. Vergangen, ohne dass ich und meine Gedanken entdeckt worden wären. Der Kellner kommt. Mein Vater bestellt sich drei Kugeln Vanilleeis, mein Bruder einen Apfelstrudel, meine Mutter bestellt nichts, und mein Geheimnis ist sicher.

Mein Vater ist tot. Der Gedanke ist mir vertraut. Das erste Mal habe ich ihn gedacht, da war ich 14, vielleicht schon 15 Jahre alt. Damals war der Gedanke noch neu, eine Ungeheuerlichkeit, ein Monster, das mich in der Wut befiel. Nach einem der Streits, die damals immer häufiger wurden, stieg der Gedanke auf in mir wie die Einflüsterung eines schlechten Freundes. Wie viel einfacher, wie viel unbeschwerter, dachte ich, wäre mein Leben, wenn es meinen Vater nicht gäbe.

Damals mit 14 oder 15, als er das erste Mal in mir aufstieg, habe ich den Gedanken noch verscheucht. Zu böse, zu hinterhältig schien er mir nicht nur, sondern sogar vollständig undenkbar. Wie konnte ich etwas denken, das niemand sonst dachte? Ein Junge, der sich wünscht, dass sein Vater tot ist, so einen gab es nicht in den Büchern, die ich las, nicht in den Fernsehserien wie »Bonanza«, die ich in dem Alter sehen durfte. Ben Cartwright hatte drei Söhne, die nicht unterschiedlicher sein konnten, aber jeden seiner Söhne liebte er auf seine Art, und sie liebten ihn. Der alte Cartwright hatte Haare, die sogar noch grauer waren als die meines Vaters, der vor ein paar Jahren plötzlich innerhalb weniger Wochen ergraut war. Der alte Cartwright stritt sich mit Hoss und mit Little Joe und immer wieder vor allem mit Adam, aber am Schluss retteten sie zusammen doch die Farm, denn das Band zwischen ihnen war unzerstörbar, die Liebe zur Familie war heilig, die Familie war, selbst ohne eine Mutter, ein sicherer Hafen.

Meine Familie war kein sicherer Hafen, sondern ein

Albtraum. Hätten wir zusammen eine Farm gehabt, ich hätte sie angezündet.

Wo kamen sie her, diese Gedanken? Diese bösen Gedanken? Ich musste doch selbst auch böse sein, weil ich solche bösen Gedanken hatte.

Mit 14 oder 15 stürzte mich diese Überlegung noch in Verzweiflung. Es gab keine Vorbilder, die so etwas schon gedacht hätten und denen ich die Verantwortung hätte übereignen können. Es gab keine, absolut keine Rechtfertigung für solche Gedanken.

Ein paar Jahre später, nun offiziell volljährig, habe ich mich an den Gedanken gewöhnt. Ich habe andere Bücher gelesen, ich habe in Abgründe geschaut, die andere verschlungen haben und noch viel tiefer waren als die meinen. Ich habe gelesen, dass man jeden hassen kann, sogar seinen eigenen Vater, sogar sich selbst.

Damals, als der Gedanke das erste Mal in mir auftauchte, unvermittelt und schockierend, war ich, das wusste ich jetzt, ein Fall für den guten alten Kollegen Sigmund Freud. Nun, ein paar Jahre später, hatte ich den Gedanken immer noch. Freud hatte ausgedient, ich war jetzt offiziell und ohne pubertäre Ödipuskomplex-Ausreden ein undankbarer Vaterhasser, einer, der seinem eigenen Erzeuger den Tod an den Hals wünschte.

Ich spürte mittlerweile eine seltsame, aber unleugbare Faszination für diese dunkle Seite in mir. Mein Lieblings-Cartwright war längst nicht mehr der gemütliche Hoss, sondern der stets schwarz gekleidete Adam, der nicht nur mit Indianern und Banditen, sondern auch mit seinen eigenen Dämonen kämpfte. Ich fand, dass Old Shatterhand und Kara Ben Nemsi, ja, selbst Winnetou, dass die Helden meiner Kindheit fürchterliche Spießer geworden waren, während ihre Gegenspieler die weitaus komplexeren, interessanteren Charaktere waren.

Das Befremdlichste an diesen Gedanken war, dass sie mich schnell nicht einmal mehr befremdeten. Mittlerweile überfielen mich diese Gedanken nicht mehr wie aus heiterem Himmel, sondern kamen regelmäßig zu Besuch wie gute, alte Bekannte. Ich hatte mich an die Gedanken, und damit ja auch an das Böse in mir, nicht nur gewöhnt, ich hatte mich damit angefreundet.

So vertraut mir diese Gedanken mittlerweile waren, so sehr trieb mich doch weiter die Frage um, warum ich sie dachte.

Eine Erklärung, die mir damals, als die bösen Gedanken noch neu waren, in den Sinn kam, war: Meine Familie ist gar nicht meine Familie. Die Idee kam mir, als ich in der zehnten Klasse einen neuen Mitschüler bekam. Er hieß auch Martin, was keine Überraschung war, denn damit war er schon der vierte Martin in unserer Klasse. Aber nach ein paar Wochen stellten Martin und ich fest, dass Martin am gleichen Tag wie ich Geburtstag hatte. Dann stellten wir fest, dass er auch im gleichen Krankenhaus zur Welt gekommen war. Wir malten uns aus, dass wir beide nebeneinander in unseren Bettchen auf der Babystation gelegen hatten. Stell dir vor, sagte Martin, wir wären als Babys miteinander vertauscht worden.

Stell dir vor, dachte ich, ohne es laut zu sagen, wir sind tatsächlich vertauscht worden.

Wir können gern wieder zurücktauschen, sagte ich. Martin sah mich an. Er sagte nichts.

Nein, echt, sagte ich. Du kannst meine Eltern gern geschenkt haben. Ich wäre dir dankbar, wenn du sie mir abnimmst.

In seinem Blick lag nun eine belustigte Verwunderung. Aber auch ein wenig Abscheu, die ich mir vielleicht auch nur eingebildet habe, weil mir die Rolle des missverstandenen, undankbaren Kindes längst gut gefiel.

Seitdem gratulieren Martin und ich uns einmal im Jahr zum Geburtstag. Meist treffen wir uns am Morgen vor dem Klassenzimmer, in dem die erste Schulstunde stattfindet, dann geben wir uns förmlich die Hand und sagen im Chor: Herzlichen Glückwunsch zum Geburtstag. Es soll witzig sein. Über vertauschte Babys haben wir nie wieder gesprochen.

Ich aber habe die Idee noch ein paar Monate mit mir herumgetragen. Ich stellte mir vor, Martin und ich wären damals tatsächlich vertauscht worden. Zur allerersten Stillzeit wäre die Schwester in die Säuglingsstation gegangen, hätte den lauter schreienden Martin auf den Arm genommen und ihn zu meiner Mutter getragen, die eigentlich gar nicht meine Mutter war. Und nach dem Stillen wäre es niemandem aufgefallen, weil der andere Martin längst friedlich saugte an der Brust von Martins Mutter, die eigentlich gar nicht seine Mutter ist.

Ich kenne Martins Eltern nicht, ich war nie bei Martin zu Hause. Aber ich stellte mir vor, dass dort keine Zinnteller an der Wand hängen, sondern die Wände vollgestellt sind mit Bücherregalen. Die Bücher stehen nicht nur brav nebeneinander wie bei meinen Eltern, sondern kreuz und quer, und sie fallen fast aus dem Regal, weil sie dort, wo kein Platz mehr ist, hineingestopft werden müssen.

Konkreter wurde meine Vorstellung nicht, musste sie auch nicht werden. Ich wusste gar nicht, was für eine Familie ich wollen würde, ich wollte es gar nicht wissen. Doch vor allem war das andere Gefühl viel stärker: Ich bin falsch in meiner Familie. Ich will keine andere Familie, ich will gar keine Familie, ich will bloß raus aus dieser Familie.

Ich dachte nicht nur, ich sei anders, sondern ich fühlte es wie eine Gewissheit: Ich bin anders. Ich kann nicht in diese Familie gehören.

Diese Gedanken bekamen neue Nahrung, als die Mutter meiner Mutter, meine Oma, die wir Großmutter nannten, eine Geschichte erzählte, die ich eigentlich niemals hätte erfahren sollen. Sie erzählte mir, dass mein Vater und meine Mutter eine Krise hatten, bevor sie endgültig zusammenkamen. Dass meine Mutter meinen Vater verlassen hatte. Dass mein Vater plötzlich vor ihrer Tür, der Tür der Mutter meiner Mutter, stand, einen Strauß Blumen in der Hand, und meine Großmutter bat, bei meiner Mutter ein gutes Wort für ihn einzulegen. Das habe sie sehr überrascht, sagte meine Großmutter, denn dass mein Vater und sie sich nicht leiden könnten, das sei keine neue Entwicklung, das sei schon damals so gewesen. Die Abneigung habe auf Gegenseitigkeit beruht, sie habe es gar nicht gern gesehen, dass ihre Tochter ausging mit dem älteren Mann. Warum, das hat sie mir nicht erklärt. Aber ich wusste ja, die beiden konnten sich nicht leiden. Die Mutter meines Vaters, meine andere Oma, die wir Oma nannten, konnte ja auch meine Mutter nicht leiden. Und umgekehrt. Für mich war das ein Naturgesetz: Niemand kann seine Schwiegermutter leiden und Schwiegermütter können Schwiegersohn oder Schwiegertochter nicht leiden. Ich stellte dieses Naturgesetz nicht infrage, ich fragte nicht nach einer Erklärung, warum meine Großmutter und mein Vater sich nicht leiden konnten.

Aber was mich an der Geschichte, die Großmutter erzählt, wirklich beeindruckte, das waren die Blumen. Niemals hatte ich erlebt, dass mein Vater einen Strauß gekauft oder gar jemandem mitgebracht hätte. Nicht, wenn wir eine der vielen Tanten besuchten, die zu den Onkels gehörten, mit denen wir nicht verwandt waren. Nicht, wenn er zusammen mit meiner Mutter losging zu einem Geburtstag von Bekannten. Er brachte keine Blumen mit, wenn Oma oder Großmutter Geburtstag hatten, und erst recht nicht brachte mein Vater meiner Mutter Blumen mit. Warum auch, dachte er wahrscheinlich, sollte man auch Geld ausgeben für eine Frau, mit der man sowieso verheiratet ist, für etwas, das wenige Tage später verblüht und kurz darauf vergessen ist.

Die Sache mit den Blumen irritierte mich. Ich dachte: Dann muss mein Vater sehr verzweifelt gewesen sein, dass ihn meine Mutter verlassen hatte. Er muss, das war der Gedanke, der mir danach kam und der mir sehr seltsam vorkam, ohne dass ich genau wusste, wieso: Mein Vater musste verliebt gewesen sein. Und Angst gehabt haben um diese Liebe. So viel Angst, dass er bereit gewesen war, Geld auszugeben für so etwas leicht Verderbliches und eigentlich Überflüssiges wie Blumen. Heute, Jahre später, denke ich: Vielleicht hatte er nur Angst, etwas zu verlieren, was er schon glaubte, besessen zu haben.

Wie auch immer, das Detail mit dem Strauß Blumen, so unwichtig es meiner Großmutter in ihrer Erzählung gewesen sein mag, war für mich der Beweis, dass ihre Geschichte wahr sein musste.

Eine Geschichte, die noch weiterging und immer interessanter wurde. Meine Großmutter erzählte, dass sie daraufhin, nach dem überraschenden Besuch mit den überraschenden Blumen, tatsächlich mit meiner Mutter gesprochen hatte. Der ist doch gar nicht so schlecht, hätte sie gesagt, denk noch mal drüber nach. Meine Mutter hatte noch einmal darüber nachgedacht, darüber, was ihre Mutter ihr sagte, ihre Mutter, von der sie wusste, dass sie meinen Vater eigentlich nicht leiden konnte.

Ein paar Wochen später, erzählte meine Großmutter, war deine Mutter schwanger. Im Herbst haben deine Mutter und dein Vater dann geheiratet, im Frühling kamst du auf die Welt. Du bist ein Fünf-Monats-Kind. Sie lächelte, als sie das sagte, aber in ihrer Stimme lag ein feines Bedauern. Meine Großmutter sah mich an. Sie seufzte. Sie sagte: Ich habe mich einwickeln lassen. Dann sagte sie nichts mehr.

Ich dachte: Ohne den Strauß Blumen, ohne meine eingewickelte Großmutter, ohne ihren Einfluss auf meine Mutter, gäbe es mich gar nicht.

Daran dachte Großmutter nicht. Es war kein sentimentaler Moment zwischen Enkel und Großmutter. Sie wollte mir nicht sagen, dass sie eigentlich dafür verantwortlich war, dass ich auf der Welt bin. Ihr war nur eine alte Geschichte eingefallen, also hatte sie mir die alte Geschichte erzählt. Sie sagte: Aber dass du mir das niemandem erzählst. Das bleibt unter uns.

Es blieb unter uns. Wem hätte ich es schon erzählen sollen.

Aber die Geschichte ließ mich nicht mehr los. Auch weil ich erst durch sie erfuhr, dass mein Vater und meine Mutter nicht immer bloß meine Eltern gewesen waren. Darüber hatte ich noch nie nachgedacht, dass mein Vater einmal ein junger, fescher Mann und meine Mutter eine noch jüngere, gut aussehende Frau gewesen waren, und an mich noch nicht einmal zu denken gewesen war. Dass sie ein Leben vor mir gehabt hatten. Dass es womöglich auch andere gegeben hatte, andere Frauen im Leben meines Vaters, andere Männer in dem meiner Mutter.

Ich war ein Fünf-Monats-Kind, hatte meine Großmutter gesagt. Ich wurde also vier Monate bevor mein Vater und meine Mutter geheiratet hatten, gezeugt. Und wenn die Geschichte stimmt, die Großmutter erzählt hatte, wurde ich gezeugt zu einer Zeit, in der es zwischen meiner Mutter und meinem Vater nicht besonders gut lief. Zu einer Zeit, in der meine Mutter meinen Vater eigentlich verlassen hatte. Zu einer Zeit, in der meine Mutter vielleicht einen anderen hatte? Vielleicht, dachte ich, war mein Vater gar nicht mein Vater?

Aber mit wem spricht man über solche Gedanken? Nicht mit meinem Vater oder meiner Mutter jedenfalls.

Ich sprach mit niemandem, ich trug die Idee damals mit mir herum ein paar Wochen, ich war ja erst 15 oder 16 Jahre alt. Dann sah ich eines Morgens in den Spiegel im Badezimmer. Mir fiel auf, dass ich lange nicht mehr in den Spiegel gesehen hatte. Ich wunderte mich, dass mir auffiel, dass ich lange nicht mehr in den Spiegel gesehen hatte. Ich dachte, der Spiegel ist immer noch derselbe, immer noch rahmenlos, praktisch, ein Loch in der Wand, und umgeben von den altrosa Fliesen, die mein Vater ein paar Jahre zuvor auf die Wände geklebt hatte, und die seitdem zwei

Mal die Woche von meiner Mutter geputzt wurden. Das Altrosa der Fliesen war wie neu, und die Fugen waren so hell und weiß wie an dem Tag, an dem sie verfugt worden waren. Aber das Gesicht im Spiegel war ein anderes. Die Backen waren nicht mehr weich, sondern schmal geworden. Das Gesicht nicht mehr rund, sondern eckig. Aus dem Hals drückte ein riesiger Kehlkopf, den ich verwundert betastete. Die Nase war länger geworden, der Nasenrücken machte jetzt einen Knick wie bei meiner Mutter. Der Unterkiefer war breit und eckig, und ich sah den Unterkiefer meines Vaters und sah seine Stirn und seinen Mund, und wenn ich die Mundwinkel leicht nach oben zog, dann lag ein feiner Zug Spott in diesem Gesicht, das das Gesicht des Kinds meiner Mutter und vor allem meines Vaters war, zweifellos.

Ich bin, das dachte ich damals an diesem Tag vor dem Spiegel vor drei Jahren noch nicht, aber das denke ich jetzt, mit 18 Jahren, nachdem ich Zeit hatte, darüber nachzudenken: Ich bin so, wie ich bin, weil ich so bin wie mein Vater.

Ich will aber nicht sein wie mein Vater. Ich bin am Arsch.

Mein Vater hat sein Eis aufgegessen. Der Kellner kommt. Mein Vater zahlt. Wir stehen auf. Ich bin als Erster an der Garderobe. Ich reiche meinem Vater und meinem Bruder ihre Jacken. Dann helfe ich meiner Mutter in ihren Mantel. Ich weiß, das mag sie gern.

Als ich durch die Tür in die kalte Abendluft trete, stehe ich plötzlich neben meinem Vater. Er blickt die Straße hinunter, als müsste er einen Moment darüber nachdenken, wo er sein Auto geparkt hat.

Danke, sage ich zu ihm. Er dreht sich um und sieht mich fragend an. Ich sage: Vielen Dank für den Führerschein.

Schon okay, sagt er und berührt mich zwei Mal kurz mit der flachen Hand am rechten Oberarm.

Dann gehen wir zum Auto.

Ich bin 21 Jahre alt, und bald bekomme ich mein erstes eigenes Telefon. Ich habe zwar schon meine dritte Wohnung, aber noch kein Telefon. In den ersten beiden Wohnungen hatte ich ein Telefon übernommen, die neue Wohnung hatte keinen Anschluss.

Aber die Post besitzt das Fernmeldemonopol, und die Post hat Zeit. Ich wohne jetzt seit vier Monaten in Kreuzberg. Ein Zimmer, Küche, Flur, Klo, Kachelofen, kein Bad, kein Telefon. Vor dreieinhalb Monaten habe ich bei der Post einen Telefonanschluss beantragt. Ich habe ein Formular ausgefüllt, meinen Namen eingetragen, meine neue Adresse und mein Geburtsdatum. Ich habe angekreuzt, dass ich gerne das neue, rote, eckige Telefonmodell mit schwarzen Tasten haben möchte. Dann habe ich das Formular abgegeben. Seitdem warte ich auf mein Telefon.

Seit einem Monat gehe ich jede Woche zur Telefonzelle an der nächsten Straßenecke. Die Telefonzelle ist gelb. Wenn die Telefonzelle besetzt ist, warte ich. Wenn die Telefonzelle frei ist, gehe ich hinein, schließe die Tür hinter mir, werfe zwei Zehnpfennigstücke in den Schlitz und wähle die Nummer der Post. Wenn ich Glück habe, nimmt jemand ab. Wenn ich noch mehr Glück habe, werde ich zu einem Sachbearbeiter verbunden, der sagt: Warten Sie bitte einen Moment, meine Akte heraussucht und nach einigen Minuten wieder in der Leitung ist und sagt: Ihr Anschluss ist noch in Bearbeitung.

Seit vier Monaten wohne ich jetzt in Kreuzberg, seit vier Monaten habe ich kein Telefon mehr, seit vier Monaten habe ich nicht mehr mit meinem Vater oder meiner Mutter gesprochen. Das fällt mir jede Woche auf, nachdem ich zur Telefonzelle an der Ecke gegangen bin und beschieden bekommen habe, dass mein Telefonanschluss weiterhin in

Bearbeitung ist. Dann denke ich, ich könnte mich mal wieder bei meinen Eltern melden. Ich sehe in meinen Geldbeutel. Wenn keine Zehnpfennigstücke mehr drin sind, muss ich nicht anrufen. Ich kann zurückgehen in meine Wohnung ohne Telefon und ohne schlechtes Gewissen.

Wenn doch noch zwei Zehnpfennigstücke im Geldbeutel sind, stelle ich mir vor, wie das Gespräch verlaufen würde. Meine Mutter würde mir erzählen, was sie mir schon Tausende Male erzählt hat. Und sie würde Fragen stellen. Warum ich schon wieder umgezogen bin. Wie es an der Uni so läuft. Ob ich genug esse. Warum ich kein Telefon habe. Wann ich mal wieder nach Hause komme.

Ich habe keine Lust, diese Fragen zu beantworten. Ich weiß nicht, was ich auf diese Fragen antworten sollte. Diese Fragen spielen in meinem neuen Leben keine Rolle. Ich bin halt umgezogen, weil ich es wollte. An der Uni läuft es halt so. Ich esse, wenn ich Hunger habe. Ich habe kein Telefon, weil die Post lange Bearbeitungszeiten hat. Und am liebsten würde ich niemals an diesen Ort fahren, den ich seltsamerweise immer noch Zuhause nenne.

Aber auch das sind nur Gedanken, die kurz aufleuchten und noch schneller wieder verblassen. Ich bin hier, und mein altes Leben war dort. Hier interessiert mich, ob meine Stammkneipe heute Abend offen hat. Wo meine Lieblingsband nächste Woche auftritt. Und ob ich nächsten Monat diesen Job kriege, der mir über die Runden helfen wird. Das Dort dagegen ist weit, sehr weit weg. Dort interessiert mich nicht mehr, Dort hat mich schon nicht mehr interessiert, als ich dort noch gelebt habe.

Ich rufe nicht an. In Wahrheit wohl vor allem deshalb, weil ich einfach nicht daran denke. Vielleicht will ich auch nicht daran denken. Es ist nicht schwer, nicht an sie zu denken, an meinen Vater und meine Mutter.

Und ich denke: Was soll ich antworten, wenn sie mich tatsächlich fragen sollten, wie es mir geht, wie mein neues

Leben ohne sie so läuft. Ja, danke, es geht mir sehr gut, vor allem, weil ich weit weg bin von euch.

Mein neues Leben begann endgültig an einem trüben Novembertag vor anderthalb Jahren. Ich schob den Schlüssel ins Schloss, drehte ihn um und drückte die Tür auf. Mein erster Wohnungsschlüssel, mein Schloss, meine Wohnungstür.

Ich war mit dem Zug nach Berlin gekommen, als Gepäck nur ein Rucksack mit dem Allernötigsten, Schlafsack und Isomatte. Ich hatte bei einem Freund übernachtet, am Morgen dann den Schlüssel bei der Wohnungsbaugesellschaft abgeholt, den Rucksack auf dem Rücken, und war mit dem Bus weitergefahren. Eine kleine Straße in Steglitz, sozialer Wohnungsbau, kleine, verwahrloste Gärten vor den Häusern, auf dem Gehweg altehrwürdige Linden, um zur U-Bahn zu kommen, musste man erst einmal den Bus nehmen. Es war keine Gegend, in der ich lange zu bleiben gedachte, es war einfach eine erste eigene Wohnung.

Für das Wochenende nach meinem Einzug hatte sich meine Mutter angekündigt. Sie hatte sich in den alten roten Benz-Diesel gesetzt und war den weiten Weg gefahren, als Beifahrerin ihrer Mutter. Das Auto war vollgeladen mit meinen Klamotten, meinen Büchern und meinen Platten, ein wenig ausgemustertem Geschirr und Besteck. Auf dem Dachgepäckträger hatte mein Vater den demontierten Kleiderschrank fest verzurrt, den ich im Sommer zuvor bei einem Trödler gefunden hatte.

Der Kleiderschrank war das einzige Möbelstück, das ich von meinem alten mit in mein neues Leben nahm. Der Kleiderschrank war alt, er war nicht besonders schön, und er war schon gar nicht wertvoll, aber er gehörte mir. Ich hatte ihn bezahlt mit Geld, das ich von meinem Bankkonto abgehoben und zuvor bei einem Ferienjob in der örtlichen Brauerei verdient hatte. Ich hatte den Schrank auseinandergenommen und mit Hilfe meines Freundes Thomas und im Kombi dessen Vaters nach Hause transportiert. Als mein Vater das heruntergekommene Möbelstück sah, sagte er nur: Was willst du mit dem Gerümpel?

Ich hatte die Einzelteile trotzdem vor der Garage an den Zaun gelehnt, hatte die abblätternde Farbe mit einem Spachtel abgekratzt, die Farbreste mit Schleifpapier abgeraspelt, bis die Maserung sichtbar wurde, und schließlich das alte, von den Jahrzehnten mitgenommene Holz so lange mit farblosem Lack getränkt, bis es gesättigt war.

Am Abend trug ich die Teile durch die Garage in den Keller, und am nächsten Morgen trug ich sie wieder ins Freie und lehnte sie an den Zaun. Ich war fast zwei Wochen lang beschäftigt. Wenn mein Vater von der Arbeit nach Hause kam, fuhr er an mir und den Schrankteilen vorbei in die Garage, stieg aus und stellte sich kurz neben mich. Er sagte: Guten Abend. Geht's voran? Ich sagte: Geht voran. Dann nickte er und ging ins Haus.

Als ich fertig war mit dem Schleifen und dem Streichen, stellte ich die Schrankteile in den Keller, neben die Werkbank meines Vaters. Ich legte eine alte Bettdecke über den Schrank, aber ich baute ihn nicht wieder zusammen, ich baute ihn nicht auf in dem Zimmer, in dem ich noch lebte, in meinem Kinderzimmer. Der demontierte Schrank im Keller war eine Erinnerung, dass ich bald ausziehen würde, dass ich bald von hier verschwinden würde. Jeden Tag, wenn ich durch den Keller in die Garage ging, wo mein Fahrrad stand, sah ich die Schrankteile unter der Bettdecke und wusste, dass bald ein neues Leben beginnen würde. Ein besseres Leben, denn alles würde besser sein als das hier.

Ich weiß nicht, was mein Vater dachte, wenn er an den Schrankteilen unter der Bettdecke vorbeiging. Meine Mutter ging fast nie in den Kellerraum, in dem die Werkbank meines Vaters und jetzt mein demontierter Kleiderschrank standen. Ich weiß nicht, was die beiden dachten, ob der Schrank ein Menetekel für sie war, ein Symbol dafür, dass sich auch ihr Leben nun verändern würde. Ich war mir aber ziemlich sicher, dass sie nicht einmal im Ansatz ahnten, was der alte, abgenutzte, wertlose Schrank für mich bedeutete. Und ganz genau wusste ich, dass sie es nicht verstanden hätten.

Ein paar Wochen bevor ich den Schrank kaufte, der für mich den Beginn meines neuen Lebens markierte, hatte ich meinem Vater und meiner Mutter gesagt, dass ich nach dem Abitur ausziehen würde. Erst einmal aber hatte ich ihnen gesagt, dass ich nach dem Abendessen etwas mit ihnen zu besprechen hätte. Meine Mutter hatte gefragt: Worum geht es denn? Ich hatte gesagt: Wir besprechen das nach dem Abendessen. Sie hatte trotzdem noch dreimal nachgefragt. Meine Mutter mochte keine Überraschungen. Sobald mein Bruder und ich das Alter verlassen hatten, in dem man den Eltern selbst gemalte Bilder oder gebastelte Kleinigkeiten aus dem Werkunterricht schenkt, ließ sich meine Mutter von uns geplant beschenken. Zufällig wusste mein Vater ein paar Wochen vor dem Geburtstag meiner Mutter oder vor Weihnachten immer genau, was meine Mutter sich von ihren Söhnen wünschen würde. Es war auch stets ein Geschenk, das nicht so teuer war, dass es nicht leicht durch das Taschengeld zweier Teenager finanzierbar gewesen wäre, ein Duftbad oder später, als mein Bruder und ich in den Ferien jobbten, vielleicht auch Eintrittskarten für die Oper. Wenn es doch etwas teurer war, beteiligte sich mein Vater an den Anschaffungskosten. Es war ein Arrangement, mit dem alle zufrieden waren: Meine Mutter erlebte keine unguten Überraschungen, mein Vater, mein Bruder und ich mussten uns nicht groß den Kopf zerbrechen.

Ein ähnliches Arrangement gab es beim Beschenken meines Vaters. Meine Mutter wusste immer ganz genau, was sich mein Vater wünschen würde, und beteiligte sich, wenn nötig, an den Kosten. Allerdings bin ich fest überzeugt, dass mein Vater nicht wusste, was er bekam. Erstens, weil er auf die Frage, was er denn haben möchte, immer nur antwortete: Ich brauche nichts. Und außerdem weil es vor allem meine Mutter war, die Überraschungen nicht mochte.

Wenn meine Mutter dann an ihrem Geburtstag oder an Weihnachten ihr Geschenk auspackte, freute sie sich stets sehr kurz, aber dafür umso übertriebener. Sie war nun mal eine schlechte Schauspielerin. Was habt ihr euch denn da ausgedacht, sagte sie. Woher wusstet ihr, dass ich mir das wünsche? Wir antworteten wahrheitsgetreu: Von Papa.

Wenn mein Vater seine Geschenke auspackte, freute er sich nie. Er guckte sich die Krawatte oder das Buch einen Moment zu ausführlich an, fast so wie einen exotischen Gegenstand, vielleicht wie ein Designerstück, das man bei einem Dorftrödler findet und sich fragt, welch verschlungene Wege es dorthin genommen haben mag. Dann nickte man Vater, stand auf, ging auf den Schenker zu, umarmte ihn kurz und sagte: Danke. Nur, wenn er etwas zu naschen bekam, sagte er noch etwas. Und weil mein Vater Pralinen liebte, aber sich niemals selbst welche gekauft hätte, bekam er eigentlich zu jedem Geburtstag und zu jedem Weihnachten zusätzlich zu den anderen Geschenken noch eine Packung Pralinen, und sagte dann: Ihr wollt wohl, dass ich dick werde. Wenn alle ihre Geschenke ausgepackt hatten, öffnete mein Vater die Pralinen, nestelte die raschelnde Zellophanverpackung ab und aß die ganze Packung auf einmal leer.

Bevor ich meinen Eltern eröffnete, dass ich nach dem Abitur ausziehen würde, hatte ich mir einen Plan zurechtgelegt. Zurechtlegen müssen. Einfach nur zu sagen: Ich will ausziehen, das hätte nicht funktioniert. Ich musste Argumente vorweisen können. Ich brauchte nicht nur einen guten Grund, sondern auch einen Plan, wie ich mein neues Leben in der fernen Stadt finanzieren wollte.

Denn ich wusste, ich wollte nach Berlin, ich musste nach Berlin. Ich war, seit ich 17 Jahre alt war, regelmäßig nach Berlin gefahren, zuerst mit Thomas, dann auch allein. Ich hatte in der von der Mauer umschlossenen Halbstadt neue Freunde gefunden, denen ich mich sehr viel verbundener fühlte als den alten, von denen ich mich immer mehr entfernte. Ich wollte nicht zur Bundeswehr, hatte aber auch keine große Lust auf den Zivildienst. Ich wollte aber vor allem nach Berlin, weil Berlin all das war, was die Gegend, in der ich lebte, nicht war: cool, aufregend, abgefuckt und lebendig.

Und noch besser: Würde ich in Berlin wohnen, würden nicht nur 400 Kilometer liegen zwischen mir und allem, was ich hinter mir lassen wollte, sondern auch noch zwei Grenzen. Ich konnte mich noch gut erinnern, wie Thomas und ich in dem Golf von Thomas' Mutter aufgebrochen waren nach Berlin. Wir wollten Holli besuchen, den aus Berlin stammenden Cousin einer Schulkameradin, den wir ein paar Monate zuvor kennengelernt hatten. Thomas' Mutter hatte lange nachdenken müssen, bevor sie ihrem Sohn, der gerade erst den Führerschein erworben hatte, ihr Auto für diese wagemutige Expedition in den unbekannten und verrufenen Osten zur Verfügung stellte, aber schließlich waren wir unterwegs. Kurz vor dem Grenzübergang passierten wir ein Schild, auf dem verschiedene Verhaltensregeln aufgeführt waren, die wir während der Transitfahrt durch die DDR beachten mussten. Wir durften die Autobahn nicht verlassen, wir durften auf Rastplätzen keinen Kontakt zu DDR-Bürgern aufnehmen, und bevor wir uns die Frage stellen konnten, woran man im Notfall einen DDR-Bürger erkennen würde, waren wir schon vorbei an dem Schild und hatten die Bundesrepublik und mit ihr vertrautes Gebiet verlassen. Vollkommen verunsichert näherten wir uns der Grenze, fest davon überzeugt, etwas falsch zu machen und in einem Kellerloch in Bautzen zu verschwinden. Ein Gefühl, das während der labyrinthisch aufgebauten, aber weitgehend wortlos durchgeführten Grenzkontrollen mit unerklärlichen Wartezeiten nicht verschwand und auch nicht auf der langen Fahrt durch die DDR. Thomas achtete peinlich genau darauf, die vorgeschriebene Höchstgeschwindigkeit von 100 Stundenkilometer nicht zu überschreiten, und alle zweieinhalb Sekunden wurde der Golf durchgerüttelt von der Teernaht, mit der der Zwischenraum zwischen zwei Autobahnbetonplatten aus ostdeutscher Produktion mehr schlecht als recht überwunden wurde.

Seitdem war ich viele Male nach Berlin gefahren, um Holli und seine Freunde zu besuchen, die längst meinen alten Freundeskreis ersetzt hatten. Einmal noch fuhr ich mit Thomas, dann allein mit dem Zug oder mit Fremden über die Mitfahrzentrale. Im Laufe der Zeit wurde mir die Fahrt immer vertrauter, ich genoss ihn förmlich, den sanften Grusel an den Grenzübergängen. Selbst der Langeweile der schier endlosen Fahrt durch die Tiefebene konnte ich etwas abgewinnen: Denn jedes Teernahtrütteln brachte mich meinem Ziel näher, meiner Stadt Berlin. Ich wusste lange vor dem Abitur, dass Berlin meine Stadt geworden war. Wenn ich mit dem Zug fuhr und am Bahnhof Zoo ankam, wenn ich umstieg in die U1 nach Kreuzberg, hörte ich den Berlin-Song von Ideal, hörte Annette Humpe nur für mich singen: Bahnhof Zoo, mein Zug fährt ein. Froh, wieder da zu sein. Richtung Kreuzberg, die Fahrt ist frei. Kottbusser Tor, ich spring vom Zug.

Das allerdings, da gab ich mich keinen falschen Illusionen hin, waren alles keine guten Gründe für meine Eltern, einen Umzug nach Berlin gutzuheißen. Aber ich brauchte einen guten Grund, warum ich ausgerechnet nach Berlin wollte. Ich brauchte ein Studium, das es nur in Berlin gab, das aber auch keine Zugangsbeschränkungen aufweisen durfte, denn mein Abitur, das war mir lange vor den

Abschlussprüfungen klar, würde nicht gut genug sein für einen Numerus clausus.

Beim stundenlangen Studium der Studienverzeichnisse der Freien und der Technischen Universität, die ich mir bei einem meiner Besuche in Berlin besorgt hatte, stieß ich auf: Medienwissenschaftliche Grundlagen von Sprache und Musik. Das klang ausreichend schwammig, ließ sich aber auch gut in Einklang bringen mit meinen halbwegs ansprechenden schulischen Leistungen in Deutsch, meinem allgemein bekannten Interesse an Literatur und Popmusik, und vor allem mit den vermeintlichen Zukunftsperspektiven, die das Wort Medien signalisierte. Dass ich zwei Semester lang Mathematik für Ingenieure würde belegen müssen und zusätzlich einige Kurse, in denen mir weitgehend unbekanntes physikalisches Grundwissen vorausgesetzt wurde, vergaß ich schnell wieder. Der Name des Studiengangs und vor allem seine Einzigartigkeit waren alles, was mich interessierte. Medienwissenschaftliche Grundlagen von Sprache und Musik, das wusste ich in dem Moment, in dem ich diese sechs Worte das erste Mal las, waren meine Eintrittskarte in die Mauerstadt.

Danach begab ich mich an die Ausarbeitung des Finanzplans. Auf ein kariertes Blatt zog ich mit Geodreieck und Bleistift Linien für eine Tabelle. Links schrieb ich: Einnahmen, rechts: Ausgaben. Ich rechnete mit 200 Mark für Miete, 200 für Essen und 200 für einen unbestimmten Rest. Dem stellte ich monatliche Einnahmen von 200 Mark entgegen, die ich mit Studentenjobs an dem einen Tag pro Woche erwirtschaften würde, den ich mir vorlesungsfrei halten wollte. Außerdem wollte ich in den Semesterferien im Sommer und Winter jeweils einen Monat arbeiten und so jährlich 2400 Mark verdienen, was weitere 200 pro Monat ergeben würde. Die monatlich fehlende Differenz von 200 Mark erschien mir so gering, dass ich sie von meinem Vater zu fordern wagte.

Als der Abend gekommen war, an dem ich meinen

Eltern diese Pläne eröffnen wollte, verlief das Abendessen noch schweigsamer als sonst. Selbst meine Mutter redete nicht, stattdessen konnte man in ihrem Gesicht sehen, wie es in ihr arbeitete. Ihre Stirn kräuselte sich, auf der Nase standen die vertikalen Falten, die von Unduldsamkeit kündeten. Am liebsten hätte sie uns allen die halb vollen Teller unter dem Besteck weggezogen, um endlich zu erfahren, was ihr älterer Sohn so Dringendes mit seinen Eltern zu besprechen hatte.

Mein Vater aß in aller Ruhe auf, mein Bruder verschwand in sein Zimmer, meine Mutter und ich räumten das Geschirr ab. Mein Vater las in der Lokalzeitung, und ich saß schweigend am Tisch, als meine Mutter aus der Küche kam, sich zu uns setzte und erst einmal nervös ihre Ärmel über die vom Spülwasser noch feuchten Unterarme nestelte. Dann lehnte sie sich zurück, verschränkte die Arme vor der Brust und sah mir durchdringend in die Augen. Es war derselbe Blick, den sie früher benutzt hatte, wenn ich etwas ausgefressen hatte, der Du-machst-deine-Mutter-traurig-Blick, der ihr in den letzten Jahren, seit er nicht mehr verfing, immer aggressiver geriet. Mein Vater legte die Zeitung zur Seite. Er sagte: Was gibt's?

Ich sagte: Ich will zum Studium nach Berlin. Meine Mutter fing augenblicklich an zu weinen. Sie schluchzte so laut, dass mein Vater und ich uns erschrocken ansahen. So hatte ich sie nicht mehr weinen gesehen, seit sie mir vor ein paar Jahren einmal erzählt hatte, wie der Hund, den sie in ihrer Kindheit gehabt hatte, eine unglaublich treue und brave Boxerhündin namens Trixie, an Altersschwäche gestorben war. Seitdem hatte sich meine Mutter einen Hund gewünscht. Ein Ansinnen, das sie, als mein Bruder und ich noch kleine Kinder gewesen waren, gelegentlich geäußert hatte, das aber von meinem Vater stets mit den gleichen Worten beschieden worden war: Und wer passt auf das Vieh auf, wenn wir im Urlaub sind?

Seit Jahren hatte meine Mutter nicht mehr ihren Wunsch

nach einem Hund erwähnt, seit Jahren hatte ich nicht mehr an Trixie gedacht. Jetzt weinte meine Mutter, und mir fiel auf, dass ein Boxer mit seinen hängenden Backen ein wenig so aussieht wie ein weinender Mensch.

Meine Mutter stand auf und rannte heulend in die Küche. Die Küchentür, eine schwere Holztür, fiel laut ins Schloss, sodass mein Vater und ich zusammenzuckten, gerade so laut, dass klar wurde, dass meine Mutter enttäuscht ist.

Mein Vater sah mich an. Weniger fragend als eher interessiert, ein wenig belustigt sogar. Ich zog den vorbereiteten Zettel aus der Arschtasche meiner Jeans und faltete ihn auseinander. Meine Mutter kam aus der Küche zurück, ein Papiertaschentuch mit der rechten Hand gegen die Nase gedrückt und den Rest der Packung in der linken. Sie setzte sich wieder hin. Sie hatte es keine zwei Minuten in der Küche ausgehalten, sie war zu neugierig.

Ich erzählte den beiden von dem Studiengang, den ich unbedingt studieren möchte und den es nur in Berlin gab. Ich redete von Perspektiven in den Medien und legte ihnen den Zettel mit den Ausgaben und Einnahmen hin. Ich sagte: Ihr spart ja auch, wenn ich weg bin. Das sind doch ungefähr die 200 Mark im Monat, die ich noch von euch brauche.

Meine Mutter hörte auf zu schluchzen und sagte: Ich dachte, du studierst erst einmal hier bei uns. In der Stadt gibt es doch auch eine Uni. Nach zwei Jahren hättest du immer noch weggehen können. Dann fing sie wieder an zu weinen.

Eine Weile war es fast vollkommen still. Nur das Wimmern meiner Mutter war zu hören. Niemand sagte etwas. Ich sah meine Mutter an, die durch ihre verheulten Augen demonstrativ an mir vorbeisah. Mein Vater sah auf den Zettel, der vor ihm lag. Er nahm ihn nicht in die Hand, er hatte sich nur auf seine vor der Brust verschränkten Arme gestützt und sich über den Zettel gebeugt, so wie man sich im Museum über eine Vitrine mit Artefakten aus der Steinzeit beugt. Er betrachtete den Zettel eine Weile, dann lehnte er sich wieder zurück, die Arme immer noch vor der Brust verschränkt.

Das ist eine Milchmädchenrechung, sagte mein Vater, während meine Mutter sich laut die Nase putzte. Ich erstarrte. Ich wusste selbst, dass mein schöner Finanzplan eine hanebüchene Kalkulation mit viel zu vielen Unbekannten war. Auch wenn ich es mir niemals eingestanden hätte, insgeheim wusste ich es so gut wie mein Vater: Niemals würde ich in Berlin mit nur 200 Mark Zuschuss aus seinem Geldbeutel auskommen.

Aber, und in diesem Moment, in dem mich mein Vater überraschte, wie er mich immer wieder überraschte, merkte ich wieder einmal, dass ich meinen Vater lange nicht so gut kannte, wie ich dachte. Er mich aber womöglich sehr viel besser kannte, als ich mir vorstellen konnte. Immer wieder, wenn ich glaubte, ihn durchschaut zu haben, zeigte er mir, dass er mich eigentlich durchschaute.

Ich gebe dir 600 Mark im Monat, sagte mein Vater, damit musst du auskommen.

Ich war so perplex, dass mir noch nicht einmal einfiel, Danke zu sagen.

Das Geld kriegst du, bis du selbst etwas verdienst, fuhr mein Vater fort. Oder bis du 25 Jahre alt bist. Dann musst du auf eigenen Füßen stehen.

Ich nickte und sah auf die Tischkante vor mir. Ich sah plötzlich meine Hände, die auf meinen Beinen lagen und sich in die Oberschenkel krampften. Ich hob die Hände leicht hoch, streckte die Finger aus und sah sie zittern. Ich legte die Hände zurück auf die Oberschenkel und sah nach oben. Meine Mutter hatte sich zurückgelehnt, drückte ein feuchtes, zusammengeknülltes Taschentuch auf ihre Nase und sah immer noch seitlich an mir vorbei, als würde sie die Zinnteller hinter mir an der Wand zum ersten Mal erblicken. Mein Vater hatte soeben meinen Auszug, meinen Abschied aus dieser Familie genehmigt. Ich war raus, einfach so.

Mein Vater fragte: Ist das in Ordnung?

Ich nickte und sagte: Vielen Dank. Sehr in Ordnung.

Gut, sagte mein Vater, stand auf, ging aus dem Esszimmer, und ein paar Sekunden später hörte man aus dem Wohnzimmer den sonoren Ton des Fernsehnachrichtensprechers.

Meine Mutter saß immer noch in ihrem Stuhl, die Arme verschränkt, das Taschentuch in der Hand. Sie hatte aufgehört zu weinen. Stattdessen sah sie streng an mir vorbei. Es war alles gesagt. Ich stand auf und wollte hoch in mein Zimmer gehen. Bevor ich die Tür hinter mir schloss, sagte ich: Gute Nacht. Meine Mutter behielt die Zinnteller fest im Blick und antwortete nicht.

Ein paar Wochen später war ihr Ärger verflogen. Zumindest zeigte sie ihn nicht mehr. Eigentlich schon am nächsten Tag war mein Umzug kein Thema mehr, sondern bloß noch beschlossene Sache. Ich baute im Frühling ohne großen Lernaufwand ein eher unterdurchschnittliches Abitur. Ich arbeitete sechs Wochen in der örtlichen Steinfabrik. Danach reiste ich im Hochsommer mit einem Inter-Rail-Ticket einen Monat lang auf einer absurden Zickzack-Linie durch Europa. Ich kam zurück und duschte erst einmal ausgiebig. Ich kaufte den alten Schrank, schliff ihn ab, strich ihn und stellte ihn in den Keller.

Der Sommer hatte sich in einen milden Herbst verwandelt, als mich meine Mutter zum Bahnhof fuhr. Im Kofferraum lag mein Rucksack. Aus dem hatte ich den Sand französischer und griechischer Strände schütteln müssen, bevor ich ihn mit ein paar Habseligkeiten füllte, die mich über die erste Woche in meiner neuen Wohnung bringen sollten. Ich hatte meinen Schlafsack in den Rucksack gestopft und die Isomatte festgezurrt. Dann hatte ich ihn zum Auto getragen und in den Kofferraum gelegt. Mein

Vater war in der Arbeit, mein Bruder in der Schule, meine Mutter stieg ins Auto, und ich setzte mich auf den Beifahrersitz. Ich kann mich nicht mehr erinnern, ob meine Mutter und ich miteinander sprachen, während sie mich zum Bahnhof fuhr, ob sie redete oder ob wir die ganze Fahrt schwiegen. Ich weiß noch, dass ich auf der Zugfahrt stundenlang aus dem Fenster starrte und darauf wartete, dass sich ein besonderes Gefühl einstellte. Ein großes Gefühl, das dieser Fahrt, diesem in meinem Leben so bedeutenden Augenblick angemessen wäre. Ein Gefühl des Triumphs vielleicht oder wenigstens Erleichterung, dass mir die Flucht gelungen war. Ich wartete die ganze, dank der Grenzformalitäten achtstündige Zugfahrt nach Berlin auf das Gefühl, aber eigentlich war die Fahrt nur langweilig. Kein großes Gefühl, das kommen wollte. Kein Aufbruch, keine Euphorie des Neuanfangs, keine überwältigende Neugierde auf das, was da kommen würde. Stattdessen fühlte ich mich seltsam leer. Ich war ängstlich, unsicher, ob ich nicht einen großen Fehler begangen hatte.

Erst als der Zug in den Bahnhof Zoo einrollte, verflog die Unentschiedenheit, das flaue Gefühl im Magen. Ich sah die große, blinde Fensterfront des alten Bahnhofs, sah die platt getretenen Kaugummis auf dem Bahnsteig und das Muster aus den schwarzen Spuren ausgetretener Kippen, spürte das verzögerte Ruckeln der altersschwachen Rolltreppe, die mich zur U-Bahn brachte, hinunter in den Bauch der Stadt, ich hörte das notorische, nervöse Schnorcheln der Junkies, die an einem Ende des Bahnsteigs so taten, als würden sie auf einen Zug warten, in Wirklichkeit aber die Ankunft ihres Dealers ersehnten, ich spürte in meinem Gesicht den Hauch kalter, verbrauchter Luft, den die einfahrende U-Bahn aus dem Tunnel in den Bahnhof schob, ich schloss die Augen und atmete das alles ein, plötzlich hörte ich Annette Humpe singen in meinem Kopf, und ich wusste wieder, wo ich zu Hause sein wollte, wusste wieder, wo ich zu Hause sein würde.

Auf dem Boden, mitten im Zimmer, lag die Isomatte, darauf der Schlafsack. In einer Ecke ein paar Klamotten, die ich aus dem Rucksack dort zu einem kleinen Haufen aufgeschüttet hatte. Ansonsten war die Wohnung leer. Sie sah aus wie eine Gefängniszelle, aber für mich war sie ein Ort der Freiheit.

Nun war also meine Mutter auf dem Weg zu mir, gemeinsam mit meiner Großmutter und meinen restlichen Sachen.

Bevor sie ankamen, hatte ich eine Einkaufsliste für Ikea gemacht. Die Einkaufsliste war kurz: eine Matratze und zwei Stühle. Kein Tisch, denn die Wohnung war zu klein. Die Wohnung war so klein, dass der Kühlschrank, den ich in einem Secondhand-Laden gekauft und mir hatte liefern lassen, nicht in die Küche passte, sondern im Flur stehen musste. Nun ging die Wohnungstür nur noch halb auf.

Ich war trotzdem ein bisschen stolz auf die Wohnung, auf meine erste eigene Wohnung. Ich wusste es allerdings noch nicht, ich bemerkte meinen Stolz erst, als der rote Benz in die Straße mit den alten Linden gerollt kam, als meine Mutter und meine Großmutter ausgestiegen waren, als sie die sechs Stufen ins Hochparterre genommen und einen ersten Blick in meine Zelle geworfen hatten. Ich hatte gedacht, es wäre mir egal, was die beiden denken würden. Ich hatte falsch gedacht. Als Großmutter die Stirn runzelte und meine Mutter versuchte, einen Blick zwischen Verzweiflung und Mitleid zu verstecken, aber gerade nur so, dass man ihn auf jeden Fall entdecken sollte, war meine gute Stimmung sofort verschwunden. Natürlich konnten sie nicht sehen, was ich in dieser Wohnung sah. Aber vor allem wohl war ich beleidigt, weil die beiden mit ihrer Abscheu und dem Mitleid indirekt nicht würdigten, dass ich jetzt erwachsen war. Ich glaubte zu spüren, dass sie dachten, dass ich mich nur erwachsen fühlte, aber noch lange nicht erwachsen war. Und vielleicht hatten sie sogar recht. Es ist bloß anderthalb Jahre her, aber der Martin, der damals in seine erste Wohnung zog, kommt auch dem Martin, der heute in seiner dritten Wohnung wohnt, wie ein kleines Kind vor.

Also ging ich nach draußen und ließ die beiden allein zurück in meiner Wohnung, meinem Beweis, dass ich nun nicht mehr zu ihnen gehörte. Ich löste die Spanngurte und zerrte die einzelnen Teile meines Kleiderschranks, eines anderen Beweises für meine Unabhängigkeit, wie ich fand, vom Dach des Autos. Ich trug die Schrankteile in die Wohnung und lehnte sie an die Zimmerwand. Um sie zusammenzubauen, fehlte mir ein Schraubenzieher.

Großmutter stand kurz hinter der Tür zum Zimmer, direkt neben dem Türrahmen, sie hatte nur einen Schritt ins Zimmer getan, weil sie sonst im Weg gestanden hätte, als ich die Schrankteile ins Zimmer trug. Sie stand da, die kleine Frau, und meine Wut war verflogen, wie ich sie da so sah, sie tat mir ein bisschen leid. Mir fiel ein, dass sie mir vor ein paar Wochen erzählt hatte, dass sie mittlerweile fünf Zentimeter kleiner ist, als es in ihrem Pass steht. Haben die sich damals dermaßen vermessen?, hatte ich sie gefragt.

Nein, hatte sie geantwortet, ich war damals wirklich fünf Zentimeter größer. Es sind die Knochen, sagte sie. Großmutter hat diese Krankheit, die Knochen lösen sich auf, sie wird immer kleiner, sie schrumpft, täglich nimmt sie Cortison, und doch hat sie Schmerzen.

Nun stand sie da neben der Tür und sah aus, als wäre sie zwanzig Zentimeter kleiner, als in ihrem Pass steht. Sie hielt sich fest an ihrer Handtasche aus dem rot-braunen Leder, das wie geschuppt aussieht, und mir fiel das erste Mal auf, dass es wahrscheinlich nur Kunstleder ist. Sie fragte: Brauchst du kein Bett?

Nein, brauch ich nicht, antwortete ich. Wir fahren dann noch eine Matratze kaufen.

Meine Mutter kam ins Zimmer, sie hatte im Bad einen Putzeimer, den sie natürlich mitgebracht hatte, mit heißem

Wasser gefüllt. Er will kein Bett, sagte sie. Man konnte in ihrer Stimme das Kopfschütteln hören.

Und wo soll die Matratze darauf liegen?, fragte Großmutter.

Auf dem Boden, wollte ich sagen, aber meine Mutter kam mir zuvor: Einfach auf dem Boden.

Großmutter ließ ihren Blick durchs Zimmer wandern. Sorgfältig studierte sie jeden einzelnen der mit einem bräunlichen Linoleum belegten Quadratmeter. Auf dem Linoleum, vor allem an den Rändern, hatten Generationen von Vormietern Farbkleckse hinterlassen.

Er will kein Bett, wiederholte meine Großmutter, und es klang resigniert, fast wie: Die Welt geht unter, und ich weiß auch wieso, aber mich fragt ja keiner.

Meine Mutter trug den Eimer durchs Zimmer und hinterließ eine feine Linie Tropfen, die ihre Spur nachzeichneten. Dann begann sie das eine große Fenster zu putzen.

Ich sah ihr zu. Ich wusste, es hätte keinen Sinn, ihr zu sagen, sie müsse die Fenster nicht putzen. Ich wusste, in drei Wochen wären sie wieder so schmutzig wie jetzt, aber meine Mutter wäre nicht mehr da, sie zu putzen.

Es klingelte an der Tür. Zum ersten Mal hörte ich die Klingel meiner neuen Wohnung. Meine Klingel. Meine Wohnung. Ich hatte eine eigene Wohnung. Ich geh mal an die Tür, sagte meine Großmutter.

Ich ging nicht hinterher. Ich war unschlüssig. Hätte ich nicht eigentlich an die Tür gehen sollen? Es war doch meine Klingel, meine Wohnung. Aber wer sollte das sein? Musste mich das interessieren? Meine Klingel, meine Wohnung, dachte ich, ich hätte wohl gehen sollen. Der Gedanke, dass ich nun allein lebte in einer eigenen Wohnung, fühlte sich plötzlich, jetzt, wo meine Mutter und meine Großmutter da waren, nicht mehr echt an.

Großmutter kam zurück. Es war die Nachbarin, sagte sie. Eine sehr nette Frau. Sie hat gesagt, wir können sie jederzeit fragen, wenn wir etwas brauchen.

Wir?, dachte ich. Ich sagte nichts.

Ich bräuchte eine Leiter, sagte meine Mutter. Ohne Leiter komme ich nicht an die Oberlichter von dem Fenster ran.

Die Nachbarin hat gefragt, ob noch Vorhänge an die Fenster kommen, sagte Großmutter. Ich habe gesagt: Natürlich.

Am nächsten Tag fuhr der rote Benz die Straße mit den alten Linden hinunter, ich winkte hinterher. Der Benz bog ab, ich ging zurück in die Wohnung, nahm die sechs Stufen, und nur noch die makellos geputzten, vollkommen durchsichtigen Fenster, die die freundlich scheinende Herbstsonne hereinließen, erinnerten an mein altes, aufgeräumtes Leben.

Diese erste Wohnung war ein Kompromiss. Ein erster Schritt aus der Gefangenschaft, so kam es mir vor. Eine Sozialwohnung, die ich über den Bekannten eines sehr entfernten Verwandten meines Vaters bekommen hatte. Die Verbindung sorgte dafür, dass meine Mutter sich weniger Sorgen machte, wo ihr Sohn landete, auch wenn die reinen Daten, Zimmer, Küche, Bad, Flur auf 25 Quadratmetern, mathematisch irreal klangen. Dafür gab es Zentralheizung. Das fand meine Mutter gut, mir war es egal. Es war ein Dach über dem Kopf, das aber entschieden zu weit weg lag von Kreuzberg, wo die Kneipen und Clubs waren, in denen ich meine Abende verbrachte, die sich meist so lange in die Nacht hinzogen, dass frühe Seminare an der Uni automatisch ausfielen.

Fünf Monate später wohnte ich in Moabit mit einem Freund zusammen. Die alte Wohnung hatte ich verlassen, wie ich sie vorgefunden hatte, ohne Vorhänge vor den Fenstern. Die neue Wohnung war das gerade Gegenteil der alten: sie war groß, aber dafür nicht heizbar. Kein warmes Wasser, nur ein Badeofen, den wir nur ein einziges Mal anheizten. Der Haufen Holzspäne von den Scheiten, die wir zersägt hatten, lag beim Auszug ein halbes Jahre später immer noch im Flur. Ich duschte ein Mal die Woche beim Sport. Die Wohnung lag nah an der Uni, aber auch von ihr aus war es schwierig, nach Kreuzberg zu kommen, wo all das stattfand, was mich wirklich interessierte. Tagsüber ratterte die U-Bahn unter Ostberlin hindurch, aber nach Mitternacht fuhr der Nachtbus einen stundenlangen Umweg an der Mauer entlang. Da konnte man auch gleich auf die erste U-Bahn warten, die morgens um halb fünf fuhr. Die Unibesuche wurden noch seltener, die Partys, die wir in der Wohnung feierten, waren dafür legendär.

Einen heißen Sommer später hatten wir uns zerstritten, und ich zog um nach Kreuzberg. Wieder nur ein Zimmer wie zum Anfang in der Straße mit den alten Linden, aber ein riesiges Zimmer. An der Wand die alte Raufasertapete, die an den Stößen harte Wellen schlug, vollgesogen von der Farbe, die unzählige Vormieter aufgepinselt hatten. Keine Dusche, nur ein Klo, ein Kachelofen, kein Telefon. Doppelholzfenster aus der Gründerzeit, die sich kaum öffnen ließen, so dick waren sie mit Lack beschmiert, auf den Scheiben der Staub einer viel befahrenen Kreuzberger Straße. Die Küche, die ich noch nie zum Kochen benutzt hatte, tapezierte ich mit Zeitungen. Als ich das alte, abgewetzte Linoleum vom Boden riss, stieß ich auf Dielen, auf denen Zeitungsschlagzeilen aus dem kalten Krieg zu lesen waren. Dreißig Jahre vor mir hatte jemand alte Ausgaben der B.Z. unter seinen Fußbodenbelag gelegt. Das Papier hatte sich aufgelöst, die Druckerschwärze war ins Holz eingesunken. Einen Nachmittag lang versuchte ich Artikel zu entziffern. Dann strich ich die Dielen grau. Nach zwei Wochen begann die Farbe wieder vom Holz abzublättern. Die Wohnung sah nach nur vier Monaten, die ich nun in ihr wohnte, aus, als hätte ich schon immer in ihr gelebt. Es war alles, was ich immer gewollt hatte. Ich wusste, ich war angekommen. Die Transformation war abgeschlossen. Würden meine Eltern diese Wohnung sehen, wüssten sie, dass ich nicht mehr ihr Sohn bin.

Aber sie würden sie nicht sehen. Mein Vater hatte meine erste Wohnung nie gesehen. Meine zweite Wohnung hatten weder mein Vater noch meine Mutter gesehen. Ohne dass ich darüber nachdachte, wusste ich sicher, dass sie auch diese dritte Wohnung niemals sehen würden.

Aber wenn das Telefon kommt, wenn es endlich kommen sollte, dann ruf ich sie vielleicht mal an.

Ich bin 22 Jahre alt. Seit gestern. Die Sonne hat mich geweckt. Der Frühling kämpft sich durch die milchigen Fensterscheiben meiner Wohnung. Mein Kopf ist schwer, der gestrige Tag war lang, die Nacht noch länger. Ich blinzle in die Sonne, dann drehe ich meinen Kopf nach rechts, und die Sonne verschwindet hinter dem Fensterkreuz.

Ich drehe den Kopf wieder zurück, die Sonne geht noch einmal auf. Ich schließe die Augen, und sie zeichnet durch meine Lider hindurch Lichtreflexe auf meine Netzhaut, gelb und rot und violett.

Das Telefon klingelt. Erschreckt öffne ich die Augen, die Sonne brennt, und ich schließe die Augen sofort wieder. Zu früh, denke ich. Draußen rattert ein Auto vorbei, dann ist das Kreuzberger Kopfsteinpflaster wieder still, dann rattert das nächste Auto. Das Leben hat begonnen, denke ich, aber ohne mich. Das Telefon klingelt noch einmal. Es ist viel zu früh.

Das Telefon klingelt ein drittes Mal. Das kann nur meine Mutter sein. Sie will mir zum Geburtstag gratulieren. Gestern hat sie mich nicht erreicht, weil ich den ganzen Tag unterwegs war.

Ich drehe mich zur Seite. Das Telefon geht plastikrot leuchtend links unten in meinem Gesichtsfeld auf, während die Sonne rechts oben untergeht, und klingelt zum vierten Mal. Mir gefällt mein rotes, viereckiges Telefon mit schwarzen Plastiktasten. Die Post hat nur sieben Monate gebraucht, es zu installieren, nachdem ich es beantragt hatte.

Das Telefon klingelt zum fünften Mal. Da ist jemand hartnäckig, aber ich weiß noch nicht, ob ich abnehmen soll. Ich will nicht abnehmen. Ich bin kaum wach, noch lange nicht bereit für meine Mutter, die, nachdem sie mir zum Geburtstag gratuliert und pro forma gefragt hat, warum sie mich gestern nicht erreicht hat und wo ich denn gewesen sei, dann zu reden beginnen wird, unweigerlich und unaufhörlich. Andererseits, denke ich, vielleicht ist so ein müder, leicht verkaterter Halbschlaf, so ein wohliges Dämmern im morgendlich wärmenden Sonnenlicht genau der richtige Zustand, um diesen unvermeidlichen Redeschwall sanft auslaufen zu lassen wie das Meeresrauschen, das einen zurück in den Schlaf wiegt, wenn einen an einem dänischen Strand nach einer Nacht im Schlafsack die feuchte Morgenkälte angefallen und geweckt hat.

Das Telefon klingelt zum sechsten Mal. Was soll's. Ich komme eh nicht drum rum, irgendwann werde ich mit ihr reden müssen. Warum also nicht jetzt. Ich nehme ab. Es ist mein Vater.

Martin, bist du das, sagt mein Vater. Seine Stimme ist ganz ruhig.

Ja, murmle ich, will ich murmeln, aber aus meinem Hals kommt bloß ein Röcheln. Ich huste, räuspere mich, um die vergangene Nacht aus meinem Hals herauszubekommen. Ja, krächze ich, ich bin's.

Bist du wach?, fragt er.

Eine Pause. Ich kann meinen eigenen, schweren Atem im Telefonhörer hören. Ich räuspere mich noch einmal, versuche den letzten Frosch zu vertreiben und mit ihm die Schwere, die das Bier auf meinen Kopf gelegt hat. Ja, sage ich, bin wach.

Gut, dann hör mir gut zu. Du musst deine Mutter anrufen, sagt mein Vater. Ich wundere mich. Müsste meine Mutter nicht mich anrufen, denke ich.

Mir wäre es ja egal, sagt mein Vater, wenn du meinen Geburtstag vergisst, dann geht die Welt nicht unter.

Geburtstag vergessen, wiederhole ich in Gedanken. Langsam werde ich wach, die Gedanken kommen in Gang. Ein

Geburtstag ist vergessen worden, denke ich, und es ist nicht mein Geburtstag.

Mir wäre das ja egal, sagt mein Vater noch einmal, aber deiner Mutter ist es nicht egal.

Ich bin augenblicklich wach. Meine Mutter hat genau zwei Wochen vor mir Geburtstag. Schon immer. Auch in diesem Jahr. Auch vor zwei Wochen. Ich habe den Geburtstag meiner Mutter vergessen. Ich habe kein Geschenk geschickt, keine Postkarte, nicht mal angerufen, ich habe den Geburtstag meiner Mutter einfach vergessen.

Bist du da, hörst du mich?, fragt mein Vater am anderen Ende der Leitung. Ich weiß nicht, wie viel Zeit vergangen ist, wie lange ich geschwiegen habe. Ja, ich bin da, sage ich, ich habe verstanden.

Du musst sie anrufen. Mir wär's ja egal, sagt mein Vater noch ein drittes Mal, als würde das irgendetwas retten. Aber deine Mutter verbreitet hier seit zwei Wochen eine beschissene Laune, das kannst du dir nicht vorstellen.

Doch, das kann ich, denke ich. Ich sage: Ich rufe an.

Gut, sagt mein Vater. Tschüss. Und legt auf.

Mein Kopf fällt stöhnend zurück ins Kissen, der Hörer fällt mir aus der Hand, er rutscht klappernd auf die Dielen, von denen die graue Farbe abblättert. In die beängstigende Stille hinein tutet das Freizeichen aus dem Hörer wie eine niedliche kleine Alarmsirene. Scheiße, murmle ich, stütze mich auf einen Arm und lasse mich, als der Schmerz in meinen Kopf sticht, augenblicklich wieder auf die Matratze fallen. Ohne hinzusehen, fingere ich nach dem Telefonhörer, finde ihn und lege ihn auf das tutende Telefon. Nun ist es vollkommen still. Panik erfasst mich. Eine Panik, deren Anlass ich kenne, deren Ursache ich aber nicht verstehe. Ja, ich habe den Geburtstag meiner Mutter vergessen. Und? Wir telefonieren vielleicht einmal im Monat, und diese Gespräche könnten belangloser nicht sein. Auf der Wichtigkeitsskala der Menschen, die ich kenne, nehmen mein Vater und meine Mutter aktuell den letzten und den vorletzten Platz ein. Die beiden sind mir vollkommen egal.

Dachte ich zumindest. Oder besser: Würde ich denken, wenn ich überhaupt an sie denken würde. Was ich offensichtlich nicht tue, sonst hätte ich wohl kaum den Geburtstag meiner Mutter vergessen.

Doch jetzt rast mein Herz, das Blut dröhnt pochend durch meinen Kopf und kämpft tapfer gegen den Kater, der sich dort oben eingenistet hat. Was soll schon sein, denke ich, ich habe vergessen, ein formelles Telefonat zu tätigen an einem Datum, an dem zufällig vor Jahrzehnten einmal die Frau, die mich zur Welt gebracht hat, geboren wurde. Das kann nicht wichtig sein. Aber das dröhnend rauschende Blut sagt etwas anderes. Ich habe Angst. Ich frage mich nur, wovor eigentlich. Und, schlimmer, ich fühle mich schuldig. Dass ich mich schuldig fühle, zeigt mir, dass mir meine Mutter nicht egal ist. Ein Gedanke, der mir gar nicht gefällt. Ich will, dass mir meine Eltern egal sind. Und eigentlich klappte das in letzter Zeit auch ganz gut. Je länger ich in Berlin lebe, desto seltener denke ich an meinen Vater, meine Mutter, meinen Bruder, an das, was einmal meine Familie war – oder was zumindest von der Gesellschaft so genannt wurde. Tatsächlich denke ich, wenn ich in Berlin bin, nicht mehr an sie oder die alte Zeit. Ich fühle mich allein, ungebunden, frei, ich fühle mich großartig. Ich fühle mich tatsächlich endlich wie das Waisenkind, das ich in meinen pubertären Fantasien gern gewesen wäre, und es fühlt sich richtig an, richtig und gut.

Nur, wenn ich zurück in die alte Heimat fahre, werde ich wieder in meine Rolle als Kind zurückgeworfen. Aber ich fahre nicht mehr, so gut wie nicht mehr, denn die Besuche enden eh in einem Fiasko.

Das letzte Mal fuhr ich im Spätsommer zu meinen Eltern. Es war noch warm, ein sehr warmer Spätsommer. Als ich ankam in der Stadt, die einmal die große Stadt für mich gewesen war, verwandelte sich der warme Nachmittag gerade in einen milden Abend, und die Menschen saßen in den Biergärten und tranken. Ich schulterte meinen Rucksack und zog durch die Straßen und die Kneipen, ich schlenderte die Fußgängerzone hinunter, es war fast wie früher, als ich hier noch lebte. Ich traf Menschen, die ich kannte, irgendwelche Typen aus meinem Abiturjahrgang, die ich damals eher nicht leiden konnte und denen ich im Gegenzug auch herzlich egal war. Nun musterten sie mich eindringlich von oben nach unten, studierten die Löcher in meinen Hosen und gaben mir dann ein Bier aus, bevor sie fragten: Und was macht Berlin? Ich antwortete: Was soll Berlin schon machen?

Jeder schien zu wissen, dass ich nach Berlin umgezogen war, und auch wenn ich genau spürte, dass mein Gegenüber meine Antwort und meine Erzählungen aus der Mauerstadt nicht wirklich interessierten, dass ich für die Eingeborenen ein Exot geworden war, ein Besucher aus einer fernen, fremden Welt, machte mich die Frage doch stolz. Ich war endlich jemand. Ich war der, der nach Berlin gegangen war. Immerhin. Ich weiß nicht, was die dachten, die hiergeblieben waren, aber ich dachte: Ich habe den Absprung geschafft. Ihr nicht.

Es war so warm an diesem Tag, dass ich noch eine kurze Hose trug, auch als die Sonne schon unterging und ich meinen Rucksack überwarf und mich aufmachte, die letzten Kilometer zu meinen Eltern zu trampen. Die kurze Hose war eigentlich eine alte Jeans, die ich so lange getragen hatte, bis sich der fadenscheinige Stoff unter den Knien zu Löchern geöffnet hatte. Als die Löcher so groß waren, dass die Hosenbeine abzufallen drohten, hatte ich sie im Frühjahr abgeschnitten, und nun, nach einem langen Sommer, war die Jeans endlich so ausgefranst, wie es sein sollte.

Ich war kaum durch die Haustür, da stand meine Mutter schon vor mir, einen halb gefüllten Wäschekorb in den Händen, und fragte: Hast du was zum Waschen? Ich wollte eh eine Maschine anwerfen.

Weil ich wusste, wie wichtig es meiner Mutter war, dass sie meine Wäsche waschen durfte, zog ich die zwei, drei Hemden, die dreckig waren, aus meinem Rucksack und legte sie auf die Wäsche in dem Wäschekorb, den sie mir hinhielt. Dann zog ich auch noch bereitwillig meine kurze Hose aus und legte sie oben auf die T-Shirts. Meine Mutter dreht sich auf dem Absatz um und verschwand im Keller.

Es war wie ein Willkommensritual. Ich musste die dreckige Wäsche abgeben, als sei sie mein Leben in Berlin. Ich musste mit Dreckwäsche bezahlen, um wieder in die alte Welt eintreten zu dürfen, wie einen Wegezoll an einem mittelalterlichen Stadttor. Indem ich meiner Mutter meine Hemden übergab, akzeptierte ich offiziell ihr Regime. Ohne es ausdrücklich zu sagen, bekannte ich mich zu ihr. Ich war wieder Sohn, sie wieder Mutter. Wir sortierten uns in unsere alten Rollen ein, der Auszug und die mit ihm verbundene Emanzipation wurde stillschweigend und in gegenseitigem Einvernehmen vorübergehend ausgesetzt.

Meine Mutter hatte nie darüber gesprochen, was sie von meinem Auszug hielt. Ich wollte nicht darüber reden, mir war es egal. Sie würde, das wusste ich, auch nie darüber sprechen. Sie hätte, das vermutete ich, ihren Kummer auch gar nicht in Worte fassen können. Sie hatte geweint, sie hatte klargestellt, dass sie getroffen war. Wahrscheinlich fühlte sie einen Groll, den sie sich selbst nicht eingestehen konnte.

Deshalb war das Wäschewaschen so wichtig. Indem meine Mutter meine Wäsche wusch, erinnerte sie mich daran, dass sie immer noch meine Mutter war. Und für sich selbst schuf sie noch einmal die Illusion, ich würde sie noch brauchen. Als ich nach meinem Auszug das erste Mal von Berlin nach Hause gereist war, hatte ich meinen Rucksack noch voller Dreckwäsche gestopft. Meine Mutter hatte den Rucksack begierig in Empfang genommen, in ihren Waschkeller getragen, ausgeleert, und am nächsten Tag lagen in meinem Zimmer zwei säuberlich gefaltete Stapel.

Es war das einzige Mal geblieben, dass ich meine Wäsche mit nach Hause gebracht hatte. Es war viel praktischer, sie in einen Waschsalon zu tragen, der in Berlin nie mehr als zwei Querstraßen entfernt war, als sie durch die halbe Republik zu transportieren. Meine Mutter hatte es nie ganz verwunden, dass sie nicht mehr meine Wäsche waschen durfte. Mutter sein, das war für sie ihre Kinder bekochen, das gemeinsame Haus zu putzen, ihre Wäsche zu waschen. Sie sah sich als Garantin eines vorzeigbaren, ordentlichen Zuhauses, als erste Dienstleisterin ihrer Familie. Seit diese Dienstleistungen nicht mehr im gleichen Maße nachgefragt waren, hatte sich ein Loch in ihrem Leben aufgetan.

Die Liebe meiner Mutter, so sah ich das jetzt, war zwar oft überbordend gewesen, aber sie hatte sich vor allem ausgedrückt in den Mengen an Weichspüler, die sie in die Waschmaschine lud, und in den Größen der Vanilleeispackungen, die in der Gefriertruhe darauf warteten, von ihrem Mann und ihren Söhnen verspeist zu werden. Die Packungen, die meine Mutter von einer Kühlwarenkette alle paar Monate direkt ins Haus liefern ließ, fassten sechs Liter Vanilleeiscreme. Aber meist fror meine Mutter selbst ein. In ihren Kühltruhen lagerten auch Fleisch und Gemüse, Tortenböden oder Erdbeeren, ganze Mahlzeiten und Reste. Wenn die Pflaumen geerntet wurden, backte sie gleich mehrere Bleche Pflaumenkuchen und fror ihn ein, jeweils vier Stücke auf einmal, umwickelt mit Alufolie, mal mit Zimt, mal mit Streusel. Auch Brot fror meine Mutter ein, in Scheiben geschnitten konnte man es direkt in den Toaster stecken.

Alles, was sich einfrieren ließ, wurde eingefroren. Meine Mutter kochte nicht ein, wie es ihre Mutter und ihre Schwiegermutter getan hatten, sie war eine moderne Frau, sie fror ein. Dafür umso mehr, und nicht mehr nur für schlechte Zeiten, wie man es meinen könnte bei einem Nachkriegskind wie sie es war, sondern vor allem aus Gründen der Kostenersparnis. Noch andächtiger als »Das goldene Blatt« studierte meine Mutter die Wurfsendungen der örtlichen Supermarktketten, um mit den Sonderangeboten ihre Kühltruhen zu füllen und ihre Familie vor Notständen zu bewahren. Wenn die Europäische Union mal wieder ihren Butterberg abzubauen versuchte, nahm meine Mutter meinen Bruder und mich mit in den Supermarkt, weil pro Person nur vier Stück Butter zum EU-Sonderpreis abgegeben wurden. Wir klapperten alle Supermärkte ab, und wenn sich das Jahr dem Ende zuneigte, triumphierte meine Mutter: Sie backte das Weihnachtsgebäck immer noch mit EU-Butter, die sie im Sommer billig gekauft hatte.

Meine Mutter hatte hart daran gearbeitet, eine perfekte Hausfrau zu sein. Oder, genauer: ihr Dasein als Hausfrau dermaßen zu perfektionieren, dass es einen Sinn ergab. Wahrscheinlich wollte und konnte sie deshalb nicht verstehen, dass jemand dieses perfekte Zuhause freiwillig verlassen wollte, ja, dass er so früh wie möglich daraus geflüchtet war. Wenn sie das zerschlissene Hemd ihres verlorenen Sohnes aus der Waschmaschine zog und noch feucht durch ihre Heißmangel im Keller kurbelte, dann war noch einmal alles wie früher.

Als ich am nächsten Morgen aufwachte, fiel trübes Licht durchs Fenster meines alten Kinderzimmers. Die Scheiben waren klar, peinlich sauber geputzt von meiner Mutter, draußen hatte der Herbst begonnen. Auf dem Sessel lag ein kleiner Stapel frisch gewaschener Wäsche. Meine Mutter musste ins Zimmer gekommen sein, als ich noch geschlafen hatte. Die Wäsche lag vier, fünf Meter entfernt, aber ich konnte sie trotzdem riechen. Sie duftete nach dem süßlichen Weichspüler, den meine Mutter in der preiswerten Anderthalbliterflasche kaufte. Ich fragte mich, ob meine Mutter vor Aufregung, dass ihr verlorener Sohn nach Hause gekommen war, die Dosis versehentlich erhöht hatte, oder ob meine Wäsche und damit ich selbst die ersten 19 Jahre meines Lebens immer so intensiv süßlich, so chemisch gerochen hatten.

Oben auf dem Stapel lag, zusammengefaltet, die kurze Jeans. Ich stand auf, nahm die Hose hoch und schlug sie auseinander, um sie anzuziehen. Dann sah ich, was geschehen war, ich sah die Hosenbeine. Die Ränder der blauen Hosenbeine waren nicht mehr weiß ausgefranst, sondern verliefen nun in einer völlig fransenlosen, obszön ordentlichen Zickzack-Linie. Meine Mutter hatte die coolste Hose, die ich je besessen hatte, verwandelt in die kurze Hose eines Grundschülers. Meine Mutter hatte einen heißen Sommer voller Erinnerungen vernichtet, sie hatte mich zurechtgestutzt, mein Leben begradigt. Sie hatte ihren Sohn mit einfachen, bescheidenen Mitteln, mit zwei schnellen Schnitten einer Zickzackschere wieder in einen süßen Siebenjährigen verwandelt, der in kurzen Hosen über einen jugoslawischen Campingplatz tobt.

Ich sank zurück aufs Bett. Ich starrte auf die Hose, die schlapp wie ein lebloses Tier in meiner Hand lag.

Ich war so fassungslos, ich schaffte es noch nicht einmal, richtig wütend zu sein. Tatsächlich, dachte ich, hatte ich auch bloß Grund, auf mich selbst wütend zu sein. Ich hätte es doch wissen müssen. Eine ausgefranste Hose war etwas, das im Weltbild meiner Mutter nicht vorkam. Sie hatte nichts gegen ausgefranste Hosen. Sie konnte auch nichts gegen ausgefranste Hosen haben, denn ausgefranste Hosen gab es gar nicht in ihrer Welt. Ausgefranste Hosen durfte es nicht geben, weil es sie nicht geben musste. Gegen ausgefranste Hosen musste etwas unternommen werden, weil etwas gegen sie unternommen werden konnte. Es gab doch Zickzackscheren, die das Ausfransen verhinderten und ausdrücklich für diesen Fall erfunden worden waren, wie jede gute Hausfrau wusste. Und wenn meine Mutter etwas war, dann war sie eine gute Hausfrau.

Ich stand auf und ging hinunter. Ich fand meine Mutter in dem Kellerraum, den sie ihre Waschküche nannte. Sie schaufelte Dreckwäsche von einem blauen Plastikwäschekorb in einen weißen Wäschekorb. Dabei folgte sie penibel einem System, das nur sie kannte und auch nie jemand anders verstehen hatte wollen. Als ich in der Tür stand, sagte sie, ohne sich umzudrehen: Guten Morgen, du Langschläfer.

Ich stand da, unschlüssig, was ich tun sollte. Ich sagte: Guten Morgen.

Hast du gut geschlafen, fragte sie, und bevor ich etwas antworten konnte: Ich hab gestern beim Metzger die Mutter von Claudia getroffen. Erinnerst du dich an Claudia?

Ich erinnerte mich nicht an Claudia, aber das wollte meine Mutter auch gar nicht wissen. Sie sprach einfach weiter: Die Claudia studiert jetzt auch in Berlin. Irgendwas mit Sozialarbeit. Ihre Mutter sagt, der Claudia gefällt es sehr gut in Berlin. Ihr könnt euch ja mal treffen. Was ist los? Stimmt was nicht mit der Hose? Hat sie einen Fleck?

Meine Mutter hatte sich umgedreht und sah mich an. Ihr Blick, der auf der geschändeten Hose in meiner Hand ruhte, war ruhig und selbstgewiss. Sie hatte kein schlechtes Gewissen, sie war vielmehr, das konnte ich sehen in diesem Blick, sich sicher, ein gutes Werk vollbracht zu haben. Sie hatte meine Hose davor bewahrt, weiter auszufransen, und mich davor geschützt, noch schlampiger auszusehen, als ich eh schon aussah. Sie hatte bloß die Welt wieder ein Stückchen in Ordnung gebracht, so sah sie das, sie hatte die Dinge wieder gerade gerückt, mehr nicht. Ohnehin war sie schon wieder ganz woanders, gerade beherrschte die Claudia ihre Gedanken, die auch in Berlin lebte wie ihr Sohn und deren Mutter sie kannte, und wenn die beiden doch schon in Berlin wären, dann könnten sie sich doch mal treffen, und vielleicht würden sie sich mögen, wenn die beiden dann ein Paar werden, dann bliebe das doch irgendwie in der Familie oder doch wenigstens im Dorf, und das wäre doch schön, dann könnten die Claudia und der Martin doch nach dem Studium wieder zurückziehen ins Dorf, was sollten die schon in Berlin, wer will denn da hin, so ungefähr, das konnte ich sehen, mäanderte es hinter der Stirn meiner Mutter, die Hose, die Zickzackschere, das alles war schon wieder ganz weit weg.

Seltsamerweise war meine Wut schon fast verraucht und einer Mischung aus Mitleid und Verzweiflung gewichen. Mitleid mit meiner Mutter und ihrer kleinen, aufgeräumten, öden Welt. Eine fatalistische Verzweiflung, fast schon eine Art von Demut darüber, dass ich viel zu gut wusste, ich würde meiner Mutter nicht klarmachen können, welches verabscheuungswürdiges Verbrechen sie begangen hatte. Sie stand vor mir, trug einen grauen Jogginganzug, auf dem in lachhaft großen Großbuchstaben »BOSS« stand, dem aber jeder außer meiner Mutter ansah, das er nicht von Boss war, sondern dass ihn meine Mutter von einem fliegenden Händler auf einem norditalienischen Markt gekauft hatte. Die Designer von Boss werden geplagt von Albträumen, in denen Menschen glauben, sie könnten solche Jogginganzüge, wie sie meine Mutter begeistert trug, entwerfen.

Mein Vater trug, wenn er vor dem Fernseher saß, genau denselben Jogginganzug, aber nicht in Grau, sondern in Dunkelblau. Der hat eine tolle Qualität, hatte meine Mutter gesagt, als sie mir vor ein paar Jahren ihren neuen Jogginganzug vorgestellt hatte. Dabei hatte sie den Stoff zwischen Zeigefinger und Daumen prüfend gerieben. Und der war so preiswert, sagte sie. Dass der Jogginganzug nicht von Boss war, sondern vermutlich von Minderjährigen in einem türkischen Sweatshop zusammengenäht worden war, das war meiner Mutter egal. Ob ihr Jogginganzug von Boss wäre oder von Konnopke, zählte nicht. Hauptsache, er war preiswert und bestand den Zeigefinger-Daumen-Test.

Meine Mutter wusste nicht, was Produktpiraterie ist,

und erst recht nicht, was ein Distinktionsgewinn war. Dass das, was man anzog, und – noch wichtiger – das, was man nicht anzog, zeigte, wer man sein wollte, dass die Musik, die man hörte, nicht nur Töne waren, und die Filme, die man ansah, nicht nur Bilder, sondern Teil der Identitätsfindung, und dass das alles ihrem Sohn sehr wichtig war, darüber hatte sie noch kein einziges Mal mit dem Kopf geschüttelt, das hatte sie einfach nicht zur Kenntnis genommen. Das, also eigentlich mich, hatte sie niemals verstanden, hatte sie, wenn man ehrlich war, auch niemals verstehen wollen.

Deshalb würde sie auch niemals verstehen, dass sie übergriffig geworden war, als sie die Zickzackschere in die Hand nahm und meine Hose amputierte, dass sie eine Grenze überschritten hatte, die mir zustand. Ich würde sagen: Ich habe eine Privatsphäre. Und sie würde nicht verstehen, was das mit ausgefransten Hosen zu tun hätte. Sie würde mich anblicken mit einem Blick, in dem vor allem das Unverständnis darüber stand, dass ihr Sohn nicht mehr der kleine süße Siebenjährige war, der sie abgöttisch, bedingungslos und widerspruchsfrei verehrte.

Meine Mutter sah mich fragend an, und mich überfiel eine schlimme Müdigkeit. Mühsam hob ich den Arm, die Hose kam mir plötzlich schwer vor. Warum hast du meine Hose abgeschnitten?, fragte ich.

Na, das sah doch nicht schön aus, das franste doch aus.

Ja, eben, sagte ich. Das sollte ausfransen. Ich wollte, dass es ausfranst.

Meine Mutter antwortete nicht sofort. Ihr Mund stand ein wenig offen, als wollte sie etwas sagen, aber hätte plötzlich vergessen, was sie hatte sagen wollen. Aber der Moment der Irritation war nur kurz, schnell hatte meine Mutter die Situation erfasst. Sie hatte verstanden, dass ich gekränkt war, aber im gleichen Augenblick auch beschlossen, dass sie das Wieso nicht interessierte. Sie wusste, sie hatte etwas falsch gemacht, aber sie spürte auch intuitiv, dass, sollte sie ihren Fehler als Fehler akzeptieren, ihre kleine, aufgeräumte Welt in Unordnung geraten würde.

Ich konnte geradezu sehen, wie der Satz: Was sollen denn die Nachbarn denken? über ihre Stirn huschte. Aber sie sprach ihn nicht aus, diesen Halbsatz dachte sie sich nur noch, und sie wusste, dass ich wusste, dass sie ihn dachte. Aber der Halbsatz war tabu, seit ich ihr vor zwei, drei Jahren ziemlich laut klargemacht hatte, dass es mir scheißegal ist, was die Nachbarn denken.

Der Halbsatz verschwand wieder von der Stirn, und weil diese, ihre Erklärung nicht opportun war, ignorierte meine Mutter ganz einfach, was ich gesagt hatte, und wiederholte einfach noch einmal, was sie schon gesagt hatte: Eine ausgefranste Hose ist nicht schön, sagte sie und drehte sich um. Nun stand sie mit dem Rücken zu mir, ihre Wäschekörbe, ihren Lebensinhalt, ihre kleine, saubere, übersichtliche Welt vor sich. Mich hatte sie ausgeschlossen, sie strafte mich, den Undankbaren, mit Verachtung, so wie sie es früher getan hatte, wenn der kleine Martin etwas falsch gemacht hatte.

Nur, diesmal war es mir egal. Ich wusste, ich konnte sie mit ihren eigenen Mitteln am einfachsten schlagen. Also strafte ich meine Mutter mit Verachtung. Ich drehte mich um, zog mich an und verließ das Haus. Ich hinterließ keine Nachricht, ich erschien nicht zum Frühstück und nicht zum Mittagessen, zu dem meine Mutter garantiert eines meiner Lieblingsgerichte gekocht hatte. Als ich abends wieder erschien, war ich angetrunken, und meine Mutter tat so, als wäre nichts gewesen. Sie machte eine Portion Essen warm, und während ich gierig die heißen Klöße verschlang, hielt sie mir ihren Monolog, erzählte mir von Menschen, die ich nicht kannte oder an die ich mich nicht erinnern konnte, berichtete von Krankheiten und Hochzeiten und Todesfällen, und die Worte in ihrer Belanglosigkeit wärmten mich wie das heiße Essen, weil beides Erinnerungen weckte an eine Zeit, als es nur eine

Welt gab und vor allem keine Gedanken, dass etwas nicht stimmte mit dieser Welt, dass ich unglücklich sein könnte und mich aufmachen müsste in eine andere, bessere Welt.

Nach dem Essen trug ich meinen Teller in die Küche. Meine Mutter räumte das Geschirr in die Spülmaschine, und ich setzte mich zu meinem Vater vor den Fernseher. Mein Vater goss mir ein Glas ein, und der Rotwein floss warm und schwer durch meinen Hals in meinen Magen, wo er mit den Klößen und dem Bier, das ich schon in der Stadt getrunken hatte, zu einem wohligen Klumpen verschmolz.

Im Fernsehen lief eine Politsendung, Berichte aus dem Ausland. Der Reporter hatte sich aufgemacht, die Lebensbedingungen in einem südafrikanischen Township zu dokumentieren. In Südafrika wurde der Kampf gegen die Apartheid gerade immer gewalttätiger, aber tatsächlich wusste ich nicht viel über das Land, das mein Vater früher öfter beruflich bereist hatte. Ich wusste, dass das Antilopenfell, das immer noch über dem Bett in meinem ehemaligen Kinderzimmer hing, aus Südafrika stammte, ich hatte von Nelson Mandela gehört, allerdings vor allem durch den Song »Free Nelson Mandela«, und ich wusste, dass man nicht bei Shell tanken sollte.

Der Reporter hatte einen schwarzen Taxifahrer zum Protagonisten seines Beitrags erhoben. Tagsüber fuhr der Taxifahrer weiße Klienten durch das glitzernde Johannesburg, abends kehrte er in sein Ghetto zurück. Mein Vater und ich verfolgten den Beitrag schweigend. Ich wusste, ich sollte besser aufstehen, freundlich Gute Nacht sagen und ins Bett verschwinden. Ich wusste, mein Vater würde sich eine solche Steilvorlage nicht entgehen lassen. Ich wusste, er würde etwas sagen, das ich nicht unwidersprochen lassen konnte. Aber wahrscheinlich weil ich betrunken war, weil sich der Rotwein so wohlig in meinem Magen ausgebreitet hatte, war ich nicht aufmerksam. Ich vernachlässigte meine Grundsätze, die ich mir mit 18 Jahren selbst auferlegt hatte. Ich vergaß, dass ich mir vorgenommen hatte, jedem Streit mit meinem Vater aus dem Weg zu gehen. Einfach zu gehen, wenn ich spürte, dass die Stimmung kippte, um gar nicht erst hören zu müssen, was er sagte.

Diesmal spürte ich die Stimmung kippen und ging trotzdem nicht. Vielleicht war ich noch selbst mies drauf wegen der Hose, vielleicht wollte ich die Wut auf meine Mutter an irgendwem auslassen. Vielleicht kam mir der erwartbare Rassismus meines Vaters gerade recht. Vielleicht überschätzte ich mich und hielt mich endlich für erwachsen genug, dagegenzuhalten, ihn argumentativ auseinanderzunehmen. Vielleicht genoss ich es auch bloß, wie durchschaubar mein Vater mir gerade vorkam. Der Mann, der immer recht hatte, der noch nie eine Entscheidung bereut hatte, dem nie etwas leidgetan hatte, keine Beschimpfung, kein Herumschreien, keine Verletzung, kein Arschloch.

Ich musste mich nicht einmal zu ihm umdrehen, aber ich konnte trotzdem sehen, wie sich seine linke Augenbraue unwillkürlich, aber missbilligend hob und senkte. Ich wusste, er fand den Beitrag tendenziös. Ich wusste nicht viel über Südafrika, aber ich wusste, mein Vater hatte ein anderes Bild von dem Land, er hatte weiße Freunde in kurzen beigen Hosen, auf deren Terrassen er gesessen hatte, die ihm Rotwein eingegossen und Bratwürste gegrillt hatten, während am Horizont, dort, wo die Ländereien seiner Gastgeber womöglich noch nicht zu Ende waren, die Sonne unterging. Das waren schöne Abende gewesen in einem schönen Land mit netten Menschen, die doch keine Rassisten sein konnten. Ich hatte nicht mitgezählt, wie oft mein Vater in Südafrika gewesen war, ich wusste aber, dass seine Firma dann doch vor einigen Jahren die Geschäftsbeziehungen mit dem Apartheid-Regime nach Protesten eingeschränkt hatte und mein Vater nicht mehr auf Geschäftsreise nach Südafrika geschickt wurde. Ich konnte mir denken, dass er Schwarze immer nur als Hausangestellte, Hotelpagen und Taxifahrer erlebt hatte. Schwarze hatten sein Hotelzimmer sauber gemacht, ihm sein Frühstücksomelette gebraten und in der Kneipe seine geleerten Bierflaschen eingesammelt. Südafrika war ein schönes Land, und mein Vater hatte es genossen, dort weiß zu sein. Dass er deswegen ein Rassist sein könnte, das kam ihm nicht in den Sinn.

Ich spürte, während wir so dasaßen in den schweren, schwarzen Fernsehledersesseln, wie es in meinem Vater arbeitete. Wie er nicht glauben konnte, nicht akzeptieren wollte, dass vor seinen Augen im deutschen Fernsehen, finanziert mit seinen Gebührengeldern, gerade sein Weltbild zerstört wurde, wie seine schönen Erinnerungen unschöne Risse bekamen. Doch als er sah, wie der schwarze Taxifahrer sein ärmliches Haus, das eher eine Hütte war, mit weißer Farbe strich, da wusste er, was nicht stimmte, was nicht stimmen konnte. Ich habe nie einen Schwarzen gesehen, sagte er plötzlich in unser angespanntes Schweigen hinein, der sein Haus gestrichen hätte.

Er geht gleich in die Vollen, dachte ich. Er versucht erst gar nicht, ein unverdächtiges Gespräch zu beginnen, oder gar ein Argument aufzubauen. Nein, unbewusst scheint mein Vater zu wissen, dass er mit Logik nicht weit kommt in diesem Fall. Oder vielleicht glaubt er ja tatsächlich, dass er die Wirklichkeit der Apartheid, das Wissen um die Unterdrückung, wie man es längst in jeder Zeitung nachlesen kann, dass er die Realität, die dieser Beitrag in sein Wohnzimmer trägt, negieren kann, indem er seine persönliche Erfahrung verallgemeinert, damit scheinbar einen einzelnen Aspekt widerlegt und in der Folge angeblich nachweist, dass der gesamte TV-Beitrag eine Lüge sein muss und – als gewagter Umkehrschluss – die Apartheid doch eigentlich eine ganz prima Sache sei.

Denn all das liegt – neben dem offensichtlichen Rassismus, dass mein Vater Schwarze offenbar für zu faul oder zu unordentlich hält, ihr Haus zu streichen – in diesem scheinbar so banalen Satz verborgen. Ich weiß das, weil ich ihn kenne. Weil ich unzählige solche Diskussionen schon mit ihm geführt hatte. Weil fast jede dieser Diskussionen in einen üblen Streit ausgeartet war.

Und weil ich ein bisschen zu betrunken war und mich auch wohl ein wenig überschätzte, ließ ich den Satz, was schlauer gewesen wäre, nicht einfach stehen. Ignorierte seine offensichtliche Dämlichkeit nicht einfach, sondern stieg darauf ein. Ein Wort ergab das andere, und am Ende sagte ich zu meinem Vater Dinge, die ich besser nicht gesagt hätte, und er sagte zu mir, dass ich ein Arschloch sei.

Jetzt, ein paar Monate später, liege ich auf meiner Matratze, durchs Fenster kämpft sich die Berliner Frühlingssonne. Dieser letzte Besuch bei meinen Eltern ist nur ein paar Monate her, aber doch so weit weg. Und nun plötzlich wieder ganz nah. Ich hatte den Geburtstag meiner Mutter vergessen, ich hatte etwas falsch gemacht. Und diesmal hatte ich nicht nur meine Hose dreckig und meiner Mutter Arbeit gemacht, oder war im Streit mit meinem Vater zu laut geworden. Diesmal hatte ich mich kräftig und zweifellos ins Unrecht gesetzt. Meine Mutter saß zu Hause und weinte. Mein Vater war genervt, weil meine Mutter weinte. Und zusammen hatten sie endlich einen Schuldigen an ihrer Misere gefunden.

Ich war schuld. Sie hatten recht. Wenn die Welt so simpel aufgebaut war, fühlten sich meine Eltern am wohlsten.

Ich brauchte dringend eine Zigarette. Ich wälzte mich zur Seite, suchte nach dem Tabak, drückte mit dem Daumen ein Blättchen aus der Packung und drehte mir mit noch zittrigen Fingern eine. Das Feuerzeug flammte auf, ich ließ mich wieder ins Bett sinken. Die erste Zigarette des Tages anzustecken beruhigte meine Nerven. Das

Nikotin beruhigte mich, und das Rauschen in meinem Kopf hörte auf. Ich ordnete meine Gedanken,

Ich hatte nun genau zwei Möglichkeiten. Ich konnte den Hörer in die Hand nehmen, die Nummer meiner Eltern wählen und mich bei meiner Mutter entschuldigen. Sie würde die Entschuldigung ohne große Umschweife annehmen, denn so leicht sich meine Mutter aufregte, so schnell vergaß sie auch wieder, worüber sie sich eigentlich aufgeregt hatte. Ein Telefonat, das wusste ich, und ich wäre wieder ihr Lieblingssohn.

Die zweite Möglichkeit: Ich rufe nicht an. Und gehe auch nicht mehr ans Telefon. Ich müsste keine öden Telefonate mehr führen. Ich müsste nicht mehr in die alte Heimat fahren, um mich dort zu langweilen. Ich müsste mich nicht mehr moralisch unter Druck setzen lassen. Ich müsste mich nicht mehr mit meinem Vater streiten. Ich könnte jetzt, in diesem Moment, mit meinen Eltern brechen. Ich könnte Schluss machen.

Die zweite Möglichkeit erscheint mir gerade sehr verlockend. Vor allem die Vorstellung, von meinem Vater befreit zu werden. Meine Mutter ist anstrengend und nervtötend, sie ist nicht gerade die Intelligenteste, und sie kann nicht zuhören, sie ist nicht sonderlich an mir interessiert und wird niemals darüber hinwegkommen, dass ich nicht mehr ihr sechsjähriges Schoßtier bin. Man kann sie aushalten. Aber mein Vater ist anders. Er hat die Fähigkeit, mich in einen Menschen zu verwandeln, der ich nicht sein will. Wenn ich ihm gegenübersitze, sehe ich in einen Spiegel, und es gefällt mir nicht, was ich sehe. Mein Vater und ich sind uns ähnlich. Aber einer von uns will ganz anders sein.

Vielleicht sind mein Vater und ich uns zu ähnlich. Vielleicht streiten wir uns deshalb. Denn seit ich die Pubertät einigermaßen überstanden hatte, haben mein Vater und ich uns gestritten. Seltsamerweise nie über schlechte Noten oder darüber, wie lange ich wegbleiben durfte, das überließ mein Vater meiner Mutter. Mein Vater und ich stritten über Kernkraft und die Grünen, über die Vergangenheit und die Zukunft, über die Nazis und die Ausländer, über Tagespolitik und das Leben an sich, über die Rolle der Frau im Allgemeinen und die meiner Mutter in unserer Familie, über Südafrika und Israel, über seine mittelalterlichen Ansichten und meine angeblichen Frechheiten. Ich glaube, wir haben uns über alles gestritten, worüber man sich streiten kann.

Anfangs hat mich das noch in Verzweiflung gestürzt. Anfangs spürte ich nur, dass mein Vater nicht recht hatte, aber am Ende hatte er trotzdem immer recht. Dann als ich ihm intellektuell und argumentativ langsam überlegen wurde, brachte er mich trotzdem noch aus der Fassung. Im Laufe der Zeit aber begriff ich seine Methode: Wenn ich logisch argumentierte, provozierte er mich mit absurden Aussagen. Wenn ich allgemein bekannte Tatsachen repetierte, ignorierte er sie einfach. Wenn ich mich auf Bücher berief, die ich gelesen hatte, fragte er: Wer sagt das? Wenn ich etwas in einem Zeitungsartikel gelesen hatte, sagte er: Die schreiben doch eh, was sie wollen. Wenn ich etwas gehört hatte, wollte er wissen: Wo steht das? Aber wenn er etwas gesehen hatte, dann galt das als gesicherte und zu verallgemeinernde Wahrheit.

Es ist schwierig, mit jemandem zu diskutieren, der nur seine eigenen Argumente, seien sie noch so bescheuert, gelten lässt. Einmal stritten wir über die verschiedenen Wirtschaftssysteme, und ich führte an, was ich in einem Uni-Seminar gelernt hatte: Dass die Sowjetunion in ihrer Besatzungszone ganze Fabriken demontieren und nach Osten hatte schaffen lassen, während die Westmächte weitgehend auf die im Friedensvertrag festgelegten Reparationszahlungen verzichteten und die USA über den Marshallplan sogar noch Milliarden Dollar in den Wiederaufbau Westdeutschlands investiert hatten. Die Vorstellung, dass er das Wirtschaftswunder nicht im Alleingang gestemmt hatte, gefiel meinem Vater gar nicht. Er konterte meine Ausführungen mit einem einzigen Satz: Ich habe selbst gesehen, wie die Amis in der Nähe meines Heimatdorfes Eisenbahnschienen demontiert haben. Nach so einem Satz lehnte er sich zurück, verschränkte die Arme vor der Brust, setzte ein selbstgewisses Lächeln auf, als hätte er gerade die Relativitätstheorie zweifelsfrei widerlegt, und genoss meine Fassungslosigkeit.

Meist aber kam es nicht einmal zum Austausch von Absichten oder gar Argumenten. Oft kam ich gar nicht zu Wort, mein Vater unterbrach mich, ließ mich erst gar nicht einen Gedanken entwickeln. Ich musste selbst laut werden, ihn unterbrechen, um mir Gehör zu verschaffen. Unterbrich mich nicht, fuhr er mich an. Du unterbrichst mich doch ständig, merkst du das nicht, schrie ich zurück. Ich übernahm seine Art der Gesprächsführung, weil er keine andere zuließ. Irgendwann schrie nur noch ich, und er wurde ruhig, er hatte sein Ziel erreicht. Türen flogen, und ohne es überhaupt zu merken, wurde ich er.

So war das immer. Ich versuchte zumindest, mich an die allgemein gültigen Spielregeln zu halten. Aber mein Vater schrieb seine eigenen und tat dann einfach so, als hätte er das Spiel gewonnen. Oder er rannte besinnungslos übers Spielfeld und trat hemmungslos in Gegnerbeine, wohl wissend, dass kein Schiedsrichter da war, der ihn vom Platz hätte stellen können, und betrachtete anschließend genüsslich das mit Blut getränkte Schlachtfeld, das er hinterlassen hatte, und meine Verzweiflung, mal wieder gedemütigt worden zu sein.

Irgendwann rannten mein Vater und ich, sobald wir uns begegneten, aufeinander zu wie zum Kampf abgerichtete Hähne und ließen nicht mehr voneinander ab, bis einer am Boden lag. Zwei Choleriker, die im anderen nur den Choleriker weckten. Ich hasste sie beide.

Das Schlimmste war, dass ich ihm im Laufe der Jahre, mit jedem Streit, mit jeder Eskalationsstufe immer ähnlicher wurde. Ich meinte mir Gehör verschaffen zu müssen. Und er tat nicht, was die Aufgabe des Älteren gewesen wäre, des vermeintlich Weiseren und Abgeklärteren, mein Vater beruhigte nicht, er war nicht einsichtig und verständig, auf Ausgleich bedacht. Mein Vater schien es sogar zu genießen, so deutete ich sein selbstzufriedenes Lächeln, mit dem unsere Auseinandersetzungen meist endeten.

Als ich dieses Schema begriffen hatte, fragte ich mich, ob mein Vater eine Strategie verfolgte. Oder sich zumindest freute, wenn ich, der seit Jahren versuchte, nicht so zu sein wie er, ihm immerhin im Streit, im Zorn wieder ähnlicher wurde. Dass er mich absichtlich provozierte, weil er sich in seinem Sohn, der sich immer weiter von ihm entfernt hatte, wenigstens dann wiedererkannte, wenn der wütend wurde.

So hasste ich den Choleriker in mir sogar noch mehr, als ich meinen Vater hasste. Denn jeder Ausbruch erinnerte mich daran, dass ich der Sohn dieses Vaters war. Aber mit 18 Jahren war ich so weit, etwas gegen den Choleriker in mir zu unternehmen. Ich beschloss, mich nicht provozieren zu lassen. Ich versuchte, meinen Vater und seine unterirdischen Ansichten ins Nichts laufen zu lassen. Wenn der erste Spruch kam, ignorierte ich ihn. Beim zweiten sagte ich, ich möchte darüber nicht reden. Wenn mein Vater trotzdem nicht aufhörte, ging ich.

Ich musste, das lernte ich damals, nicht unbedingt recht behalten, um recht zu haben.

Ich ziehe noch einmal an der Selbstgedrehten und beobachte den Zigarettenrauch, wie er seinen Weg zur Decke nimmt und dabei immer dünner wird, bis er nicht mehr zu sehen ist. Auch die Auseinandersetzungen mit meinem Vater, denke ich, wirken nun wie verschwommen. Ich kann mich noch an den Streit über Südafrika beim letzten Besuch erinnern, ich weiß, es muss viele Streits über Südafrika gegeben haben. Ich kann mich an die demontierten Eisenbahnschienen erinnern, an viele der viel zu vielen Themen, bei denen wir Dissens hatten. Ich kann mich an das fast schon verschmitzte Grinsen erinnern, das mein Vater aufsetzte, wenn er mich zur Weißglut getrieben hatte, und auch daran, dass auch er manchmal vor mir stand, die Wut in den Augen und die Hand schon erhoben, aber dann doch nicht, schlussendlich nie zugeschlagen hat. Ich kann mich erinnern an meine Mutter, die weinend aus dem Zimmer rannte, weil sie glaubte, die Streithähne dadurch zur Ruhe bringen zu können. Ich kann mich erinnern, wie ich manchmal plötzlich neben mir stand und mich wunderte, wer dieser hasserfüllte, bösartige Mensch ist, der ich sein sollte.

Aber ich habe Schwierigkeiten, stelle ich nun fest, mich wirklich an Argumentationslinien zu erinnern. Ich weiß noch, worum es mir ging. Ich weiß noch, dass ich das meinem Vater nie verständlich machen konnte. Aber ich weiß nicht mehr, was er tatsächlich gesagt hat. Ich könnte ihn nicht zitieren. Die ganzen Ungeheuerlichkeiten, Unmenschlichkeiten, der Zynismus und die Menschenverachtung, alles weg. Ich weiß, ich bin mir sicher, dass es sie gab, aber mir fehlen die genauen Worte. Vielleicht nur, weil meine Erinnerung verblasst ist mit der Zeit? Weil es zu viele Streits gewesen waren, weil sie mittlerweile ein einziger, großer Klumpen aus Streit und Hass und Wut geworden waren, der sich in meinem Magen ausgebreitet hatte? Oder weil ich meinem Vater gar nicht zugehört hatte? Weil ich genauso war wie er?

Der Gedanke, so zu sein wie mein Vater, kam mir zum ersten Mal während der Pubertät. Kurz darauf folgte der Gedanke, dass ich auf keinen Fall wie mein Vater sein wollte. Ich verabscheute meinen Vater in diesen Jahren mit dermaßen großer Leidenschaft, dass ich mir Hobbys suchte, die ihn nicht interessierten, und Freunde, die ihm viel zu schwul waren. Ich war gut in der Schule in den Fächern, in denen er schlecht gewesen war. Ich spielte einen völlig anderen Sport, las Bücher, deren Autoren ihm verdächtig waren, und hörte Musik, die ihm wie Lärm erscheinen musste. Ich machte meinen Führerschein nicht, weil der ihm zur Mannwerdung unerlässlich schien. Ich setzte mich beim Pinkeln prinzipiell hin, während er meinte uns die Lösung für die Massenarbeitslosigkeit in seiner Kleinfamilie vorzuführen: Die Frauen müssten doch nur zu Hause bleiben, schon hätten alle Männer Arbeit. Ich fragte mich bei jeder Entscheidung: Was würde mein Vater tun? Und tat dann genau das Gegenteil.

Ich versuchte mit aller Macht, nicht zu werden wie mein Vater. Und wurde ihm doch immer ähnlicher.

Es war eine absurde Situation. Während ich versuchte, ein Leben systematisch als Antithese zu meinem Vater zu entwerfen, wurde mir jedes Mal, wenn ich meinem Vater begegnete, vorgeführt, dass dieser Versuch zum Scheitern verurteilt war. Ich sah meinen Vater, ich sah meine Züge in seinem Gesicht. Und wenn wir stritten, dann sah ich in diesem Gesicht dieselbe Wut, die ich in mir spürte und nicht loswurde.

Irgendwann trat ich die Flucht an. Vor ihm, und damit wohl auch vor mir. Zuerst, in der Pubertät und danach, zog ich mich in mein Zimmer zurück, vergrub mich in die Bücher. Dann ging ich raus, am besten jeden Tag, zum Sport und in Kneipen, um meinem Vater nicht mehr zu begegnen. Schließlich zog ich aus. Ich hatte meinen Vater hinter mir gelassen, aber mich mitgenommen.

Seitdem ist mein Vater immer weiter weggerückt. Und irgendwann war er weit genug weg. Seitdem ist er keine tägliche Bedrohung mehr, nur noch ein böser Geist, der nicht mehr durch mein Leben, nur noch hin und wieder durch meine Gedanken spukt. Aber er hat seinen Schrecken weitgehend verloren, weil er seine Macht über mich verloren hat. Als er vorhin anrief, klang er gar nicht mehr bedrohlich, eher jämmerlich. Wie jemand, der eine Niederlage in Grenzen zu halten versuchte, der Schadensbegrenzung betrieb. Aber er hatte verloren.

Es ist noch gar nicht so lange her, da wäre mir unwohl gewesen, dass ich an einem faulen Morgen noch im Bett schon meine erste Zigarette rauche. Ich hätte nicht notgedrungen an meinen Vater gedacht, aber er und seine Missbilligung hätten doch neben mir auf der Matratze gelegen. Jetzt blicke ich den Rauchkringeln nach, die sich langsam auflösen im Sonnenlicht, und stelle fest, dass ich diesen Augenblick der verantwortungslosen Freiheit und des sinnentleerten Nichtstuns ganz ohne schlechtes Gewissen genießen kann.

Und während ich da so liege, den Kopf noch schwer, die Sonne im Gesicht, die kürzer werdende Kippe zwischen Zeige- und Mittelfinger, fällt mir auf, dass all der Hass auf meinen Vater, den ich die ganzen Jahre mit mir herumgetragen habe, verschwunden ist. Ich bin nicht er, ich bin ein anderer geworden. Und mein Vater ist mir egal.

Ein wenig, stelle ich fest, tut er mir sogar leid. Er sitzt in diesem Dorf, in diesem Leben, das er sich selbst eingerichtet hat, das ich aber nicht geschenkt haben möchte, und er wird bis zum Ende seines Lebens dort sitzen bleiben. Er wird jeden Morgen zu einer Arbeit gehen, die er nicht leiden kann, und einmal die Woche zum Stammtisch mit Menschen, die er eigentlich für Versager hält. Er wird, solange die Knochen noch mitmachen, im Winter zwei Wochen lang in den Skiurlaub fahren, und im Sommer in den Süden, um auf einem Campingplatz vor seinem Wohnwagen zu sitzen und sich jeden Morgen den Knoblauch für sein Butterbrot zu hacken. Es wird ihm gut gehen finanziell, er wird in Rente gehen, und er wird sterben, und niemand wird ihn vermissen, denn niemand hat ihn geliebt, weil er selbst nicht lieben konnte. Ich jedenfalls, das weiß ich, werde meinen Vater nicht vermissen.

Ich drücke die Zigarette aus in dem völlig überfüllten Aschenbecher, der neben der Matratze auf dem Boden steht. Ich sollte aufstehen. Ich sollte duschen. Ich sollte mir was zum Frühstück machen. Und dann sollte ich meine Mutter anrufen und ihr sagen, dass es mir leidtut, dass ich ihren Geburtstag vergessen habe. Ich muss ihr ja nicht sagen, dass es mir egal ist.

Ich bin 25 Jahre alt, und Großmutter wird beerdigt. Auf einem Friedhof in einer fernen Stadt wird heute ein Sarg versenkt. In der fernen Stadt habe ich auch einmal gelebt, aber, so kommt es mir vor, das war vor langer, sehr langer, längst vergangener Zeit. In dem Sarg liegt ein Mensch, der mir einmal nah gewesen ist, aber auch das kommt mir vor wie in der Vergangenheit versunken. Großmutter wird begraben, aber ich bin nicht dabei. Ich bin nicht in die Stadt gefahren, die so fern ist, weil ich einen möglichst großen Abstand einrichten wollte zwischen mir und meiner Vergangenheit. Und in diesen Abstand ist irgendwie auch die Nähe zu meiner Großmutter, die es einmal gab, versunken, das fällt mir jetzt auf.

Eine gute Woche ist es her, da hat mein Vater angerufen. Hallo, Martin, bist du es? hat er gefragt, und ich habe mich zuerst ein wenig geärgert, weil ich dachte, was für eine blöde Frage das doch ist, wer sollte schon dran sein an einem Telefonanschluss in einer Einzimmerwohnung, in der ich allein wohne. Aber bevor ich mich richtig ärgern konnte, habe ich mich gewundert, warum mein Vater das überhaupt fragte, weil er das nie fragte, weil er eigentlich auch nie anrief, weil immer nur meine Mutter bei mir anrief und später, wenn sie mir erzählt hatte, was sie mir hatte erzählen wollen, vielleicht noch fragte: Willst du deinen Vater sprechen? Und wenn ich Ja sagte, was ich immer sagte, denn was hätte ich sonst sagen können, holte sie meinen Vater ans Telefon, und mein Vater und ich tauschten noch ein paar Sätze aus.

Dabei redeten wir meist über das Lieblingsthema meines Vaters, das liebe Geld. Wir redeten nicht ausdrücklich übers Geld, aber wenn wir einmal einen Gesprächsgegenstand fanden, dann fand das Gespräch scheinbar unweigerlich zum Thema Geld. Wenn wir über den lokalen Fußballverein und sein tristes Dasein als Fahrstuhlmannschaft sprachen, sagte mein Vater sicherlich irgendwann: Diese Fußballer verdienen eh viel zu viel. Genauso wie Tennisprofis oder die Banker, die sein Geld verwalteten. Wenn ich ihn fragte, was er und meine Mutter in ihrem letzten Urlaub erlebt hatten, erinnerte sich mein Vater an preiswerte All-you-can-eat-Büfetts, an kostenlose Drinks in amerikanischen Casinos oder an italienische Kfz-Mechaniker, denen es nicht gelungen war, ihn übers Ohr zu hauen.

Mit dem Abstand, den so ein Telefon erlaubte, wurde mir immer mehr bewusst, dass mein Vater alles in Markbeträgen maß. Seine Welt war eingeteilt in teuer, billig und umsonst. Mein Vater fuhr ab vom schnellsten Weg in den Urlaub und kurvte eine halbe Stunde über unbekannte Dörfer auf der Suche nach einer Tankstelle, um nicht fünf Pfennig pro Liter mehr an der überteuerten Autobahnraststätte zahlen zu müssen. Mein sonst eher stiller Vater wurde richtig lebendig, wenn er jemandem erzählen konnte, wie und wo er Geld sparen konnte. In Restaurants studierte mein Vater den Kassenbeleg mit der Andacht eines Klosterschülers, der sich in die Offenbarung des Johannes vertieft. Dass ihn dabei eine Tischrunde und ein Kellner minutenlang beobachteten, störte meinen Vater nie. Er schob seine Brille in die Stirn, um die kleinen Zahlen besser lesen zu können, er nahm sich seine Zeit, und wenn die Abrechnung korrekt war, nestelte er seine Brieftasche aus der Jacke und gab sogar etwas Trinkgeld.

Mein Vater hatte kein Problem damit, Geld auszugeben. Er hatte nur große Probleme damit, wenn er zu viel Geld ausgeben musste. Er hasste es, wenn er eine Gelegenheit verpasst hatte, etwas zu sparen. Und nichts verschaffte ihm eine derartige Befriedigung wie das Gefühl, ein Schnäppchen gemacht zu haben. Mir schwante, dass mein Vater auch sein gestörtes Gefühlsleben in Münzen maß. Dass er Gefühle in Geld ausdrückte. Dass er mir damals, als ich nach Berlin gezogen war, mehr Geld monatlich überwies, als ich hatte haben wollen, das war wohl, so versuchte ich es zu sehen, eine Art Liebesbeweis gewesen.

Da passte es ins Bild, dass mein Vater nur selten mit mir telefonierte. Dass es ihm zuwider war, sich von mir dasselbe noch einmal erzählen zu lassen, was ich bereits meiner Mutter erzählt hatte, während ihm die Post immer neue Telefoneinheiten in Rechnung stellte. Deswegen holte meine Mutter meinen Vater oft nicht einmal mehr ans Telefon, sondern berichtete ihm später, so sagte sie es jedenfalls, was ich ihr erzählt hatte. Aber tatsächlich konnte das nicht viel sein, was meine Mutter meinem Vater berichtete, weil es bei unseren Telefongesprächen vor allem sie war, die sprach, und ich hörte zu. Sie erzählte von den Nachbarn und was im Dorf los war, welcher Laden gerade neu eröffnet wurde, dass die Brötchen nichts mehr taugten, seit der Sohn die alteingesessene Bäckerei vom alten Bäcker übernommen hatte, und wer auf dem besten Weg war zu heiraten. Ob ich die Menschen kannte oder nicht, die gestorben waren oder geerbt oder sich verlobt hatten, war egal. Aus irgendeinem Grund ging meine Mutter davon aus, ich würde all diese Menschen kennen, dabei sagten mir mit jedem Jahr, das ich weit entfernt in Berlin lebte, immer weniger der Namen etwas. Manchmal fragte ich nach: Wer ist denn die Andrea? Dann sagte meine Mutter: Na, die vom Baier, und sie sagte es mit einer so selbstsicheren Überzeugung, damit alle Fragen beseitigt zu haben, dass ich mich garantiert nicht traute, noch einmal nachzufragen: Und wer oder was ist Baier? Außerdem war sie längst wieder in ihren Monolog verfallen, der um dieselben immer wiederkehrenden Themen kreiselte und sich beständig wiederholte wie ein zuverlässiges Uhrwerk. Irgendwann, als fiele ihr plötzlich ein, dass am anderen Ende der Telefonleitung noch jemand zuhörte, fragte sie: Und, was macht die Arbeit? Ich sagte dann meist: Alles gut. Vielleicht fragte sie dann noch: Macht es noch Spaß? Und ich sagte: Klar, macht mir Spaß. Das ist gut, sagte sie dann, und dein Vater lässt dich auch schön grüßen.

Diesmal aber hatte mein Vater angerufen. Also hatte ich mich nur gewundert über die Frage, ob ich dran sei, und mich nicht geärgert, denn wenn mein Vater anrief, dann rief er nicht nur an, um zu plaudern. Ich sagte: Ja, ich bin es, natürlich bin ich es. Gut, sagte mein Vater, aber er klang seltsam, abwesend, ganz anders als sonst, nicht so selbstgewiss, wie ich ihn kannte. Sitzt du gerade?, fragte er, und einen kurzen Moment war ich wieder irritiert, und einen noch kürzeren Moment wollte ich mich doch noch ärgern, was das denn schon wieder für eine bescheuerte Frage sein sollte, und dann wusste ich es.

Ich wusste es nicht genau. Oder vielleicht doch. Ich wusste, dass jemand gestorben war. Ich sollte mich setzen, ich sollte sitzen, bevor ich es erfahren sollte, aber ich wusste es. Jemand war gestorben. Großmutter war gestorben, wer sollte sonst gestorben sein. Aber bevor sich der Gedanke in meinem Kopf manifestieren konnte, hatte mein Vater, ohne die Antwort auf seine Frage, ob ich saß, abzuwarten, als hätte er Angst, er könnte vergessen, was er mir hatte sagen wollen, schon gesagt: Deine Großmutter ist gestorben.

Ich sagte nichts. Ich wusste nichts zu sagen. Ich musste auch nichts sagen. Mein Vater redete. Er erzählte, tonlos, als wiederholte er etwas, was ihm aufgetragen worden war. Weil ich ihn kannte, wusste ich, hoffte ich, es war seine Art, dem Gesprächspartner mitzuteilen, dass er bewegt ist. Wenn mein Vater würdevoll klingen wollte, mitfühlend, dann klang er immer wie ein Sachbearbeiter, der einem Bürger bedauernd erklärt, dass seinem Antrag leider nicht stattgegeben werden konnte.

Mein Bruder hatte Großmutter gefunden. Sie hatte auf ihrem Bett gelegen in ihrer Wohnung in dem Haus in der großen Stadt, in dem mein Vater, meine Mutter, mein Bruder und ich auch einmal gelebt hatten. Sie hatte auf der Tagesdecke gelegen, darunter das frisch bezogene Bett. Sie hatte ihr bestes Kostüm getragen und eine durchsichtige Plastiktüte über dem Kopf. Auf dem Schreibtisch neben ihrem Bett hatten alle ihre Unterlagen gelegen, von der Geburtsurkunde über die Sparbücher und Kontoauszüge bis zu dem Vertrag über das Grab auf dem Friedhof, auf dem sie heute beerdigt werden würde. Ein Abschiedsbrief hatte nicht auf dem Schreibtisch gelegen. Sie war gegangen, einfach so, dachte ich, während mein Vater tonlos, sachlich weiter berichtete.

Mein Bruder hatte sie gefunden, weil er der Einzige war, der sie hatte finden können. Großmutter hatte ihr Ableben minutiös vorbereitet. Meine Eltern waren im Urlaub, die täglichen Telefonate mit meiner Mutter waren deswegen ausgesetzt. Die Nachbarin, mit der sich meine Großmutter das Tageszeitungsabo teilte, war zu ihren Kindern verreist. Sonst, da konnte sie sich sicher sein, würde sie niemand vermissen, wenn es drei Tage kein Lebenszeichen mehr von ihr gab.

Als mein Bruder das erste Mal anrief, weil ihm meine Mutter aufgetragen hatte, sich regelmäßig bei seiner Großmutter zu melden, und Großmutter nicht abhob, dachte er sich nichts dabei. Beim zweiten Mal, am nächsten Tag, machte er sich ein paar Gedanken. Als am dritten Tag immer noch niemand ans Telefon ging, fuhr er zu ihrer Wohnung, und als sie die Tür nicht öffnete, schloss er mit dem Ersatzschlüssel auf. Es war ein Freitag.

Nicht in den fein säuberlich zusammengestellten Unterlagen, aber später, beim Aufräumen der Wohnung, fanden mein Vater und meine Mutter Informationsmaterial einer in der Schweiz beheimateten Gesellschaft für Sterbehilfe. In den Broschüren wurden nicht nur die rechtlichen Grundlagen eines freiwilligen Scheidens aus dem Leben erklärt, sondern auch, welche Vorsichtsmaßnahmen der

Lebensmüde ergreifen soll, um nicht vor der Zeit gefunden zu werden. Außerdem wurden die für einen Selbstmord geeigneten Arzneimittel aufgelistet, ihre Dosierungen und wo man sie am einfachsten bekommt. Der Großteil der Schlaf- und Schmerzmittel, mit deren Hilfe sich Großmutter aus dieser Welt verabschiedet hatte, war in Deutschland verschreibungspflichtig, aber stammte aus Italien. Sie hatte sie sich von meiner Mutter mitbringen lassen, die jedes Jahr mit meinem Vater und dem Wohnwagen nicht mehr wie noch zu meiner Kindheit nach Jugoslawien, das es auch gar nicht mehr gab, sondern an den Gardasee fuhr. Das Zeug, das mir mein Arzt verschreibt gegen meine Rückenschmerzen, das hilft nicht mehr, hatte Großmutter meiner Mutter gesagt, aber der Arzt habe ihr erzählt, in Italien gebe es stärkere Mittel einfach in der Apotheke. Dann hatte sie meiner Mutter den Namen des Medikamentes aufgeschrieben. Meine Mutter hatte sich nicht gewundert, niemand hatte Verdacht geschöpft. Seit ich mich erinnern kann, hat Großmutter über Schmerzen geklagt. Nicht nur einmal hatte sie mich in die Küche geschickt, um ein Glas Wasser zu holen, dann hatte sie ihre Tabletten geschluckt, mit dem Wasser nachgespült und gesagt: Gleich geht's besser. Aber die Gicht war immer schlimmer geworden, das Gehen war ihr immer schwerer gefallen, das Treppensteigen war schon lange eine Qual gewesen. In ihrem Pass war sie mittlerweile zehn Zentimeter größer als in Wirklichkeit, sie war immer kleiner geworden. Das Cortison, das ihr die Ärzte spritzten, und die Schmerztabletten hatten kaum noch geholfen, aber dafür üble Nebenwirkungen gehabt. Ich hatte nie mit ihr oder meiner Mutter darüber gesprochen, aber jetzt, da sie tot war, wusste ich: Großmutter hatte gewusst, dass sie früher oder später in einem Rollstuhl landen würde, sie hatte gewusst, dass die Schmerzen immer schlimmer werden würden, sie hatte wahrscheinlich schon länger gespürt, dass auch die stärksten Tabletten ihre Schmerzen kaum noch lindern konnten. Sie hatte es nicht mehr ausgehalten, die Schmerzen und alles andere auch.

Der wöchentliche Kontrollanruf meiner Mutter bei meinem Bruder kam zufällig am Samstag nach dem Freitag, an dem mein Bruder seine Großmutter gefunden hatte. Meine Eltern hatten ihren Urlaub abgebrochen.

Ich versuchte mir vorzustellen, wie Großmutter auf dem Bett gelegen hatte in ihrem besten Kostüm, auf dem frisch gemachten Bett. Ich versuchte mir vorzustellen, wie aus dem Menschen aus meiner Familie, dem ich mich noch am ehesten verwandt gefühlt hatte, das Leben gewichen war. Ich versuchte mir vorzustellen, wie der Mensch, der mit mir kleine Familiengeheimnisse, über die sonst niemand sprach, geteilt hatte, dagelegen hatte. Blass und fahl stellte ich sie mir vor. Ein Körper ohne Leben. Ein Körper, dem man ansah, dass kein Leben mehr in ihm war. Ein Körper, dem etwas fehlte, das sich nicht benennen ließ. Ich wusste, wie so ein Körper aussah. Ich hatte die Leiche meiner anderen Großmutter gesehen.

Ich war 15 Jahre alt gewesen, als meine andere Großmutter, die wir Oma nannten, gestorben war. Oma brachte sich nicht um, sie hing wohl mehr an ihrem Leben, auch wenn das kaum weniger einsam war als das meiner Großmutter. Vielleicht war sie auch bloß weniger sensibel, wahrscheinlich hatte sie weniger Schmerzen, weniger Krankheiten, aber doch zumindest die Diabetes, die ihr schließlich auch zum Verhängnis wurde.

Aber eigentlich weiß ich nicht viel über meine Oma, die Mutter meines Vaters. Sie war immer irgendwie da, aber sie sprach nicht viel. Eigentlich gar nichts. Ich kann mich nicht an eine Geschichte erinnern, die sie erzählt, nicht an ein einziges Gespräch, das wir geführt hätten.

Ich weiß nicht viel über Oma, aber ich weiß, dass sie die Kotelettfettränder liebte, die mein Bruder und ich zu eklig fanden und die wir von den Koteletts abschnitten und an den Rand des Tellers schoben. Oma fand die Fettränder gar nicht eklig, sie klaute sie uns stattdessen von den Tellern, wenn meine Mutter gerade nicht hinsah. Mein Bruder und ich wussten, dass Oma kein Fett essen sollte, wir hielten trotzdem still. Es war ein kurzer Moment stillen Einverständnisses, auch weil ich natürlich noch nicht wusste, dass Essen etwas Schlechtes sein kann. Nein, Essen war etwas Gutes. Immer. Viel essen war sogar noch besser. Das zeigte der Köchin, also meiner Mutter, dass es uns schmeckte. Satt, so hatte ich es gelernt, ist bloß ein anderes Wort für: Da passt nichts mehr rein.

Aber Oma war zu dick. Jeder wusste es, und alle redeten auch darüber. Aber keiner sagte: Oma ist fett. Alle sagten: Oma hat Zucker. Weil sie Zucker hatte, durfte sie keinen Zucker essen und kein Fett. Ich fand das lustig damals, dass jemand keinen Zucker essen durfte, weil er schon Zucker hatte. Ich wusste aber, dass das nicht lustig war, sondern gefährlich, weil in den Stimmen der Erwachsenen, wenn sie von dieser Sorte Zucker sprachen, immer ein leiser, bedrohlicher Unterton mitschwang. Weil Oma Zucker hatte, schenkten wir ihr zu jedem Geburtstag und zu jedem Weihnachten Diabetikerprodukte. Kekse und Säfte ohne Zucker, Zuckerersatzstoff zum Backen, fettfreie Pralinen.

An Weihnachten saß Oma dann auf unserer Couch, eine alte, für mich uralte Frau mit weißen Haaren, die nichts sagte und seltsam steif lächelte. Sie saß neben meiner anderen Oma, die wir Großmutter nannten, und die beiden würdigten sich keines Blickes. Beide waren an diesem Tag beim Friseur gewesen, Großmutter, weil sie sowieso jede Woche hinging, Oma zum zweiten Mal in diesem Jahr. Das erste Mal ging sie an ihrem Geburtstag, das zweite Mal am Tag vor Weihnachten, so war das immer. Großmutters Haar schimmerte nun dunkel und leicht violett, Omas Haar war weiter grau, aber diesmal ordentlich gekämmt und stand nicht wie sonst in Flusen wild von ihrem Kopf ab.

Die beiden konnten sich nicht leiden, das spürten sogar wir Kinder, vielleicht wussten wir es auch nur, weil jeder es wusste. Wenn dann am Heiligen Abend die Geschenke verteilt wurden, bekamen wir von Großmutter ein Geschenk, in dem ein Geldschein steckte, und von Oma bloß einen Geldschein ohne Geschenk. Nach Weihnachten wurden die beiden Geldscheine, meist einheitlich braune Fünfzigmarkscheine, zur Bank getragen und auf das Sparkonto eingezahlt. Mein Bruder hatte ein Sparkonto, und ich hatte ein Sparkonto.

Sonst habe ich kaum Erinnerungen an Oma. Die eher seltenen, gemeinsamen Mittagessen mit meiner Mutter, meinem Bruder und mir, als wir noch in der großen Stadt alle zusammen im gleichen großen Mietshaus wohnten. Die Heiligen Abende, an denen sie still auf der Couch saß. Ihre Geburtstage, an denen wir unsere bunt verpackten Diabetikerprodukte ablieferten, ihr gratulierten und dann noch ein Stückchen des trockenen Streuselkuchens essen mussten, den sie gebacken hatte, bevor wir Kinder uns so langweilten, dass meine Mutter uns erlaubte, die zwei Stockwerke nach unten, zurück in unsere Wohnung, zu gehen. In ihrer Wohnung roch es anders als in unserer Wohnung, aber ich wusste nicht wonach. Ich wusste nur, ich mochte den Geruch in der Wohnung von Oma nicht.

Ich wusste nicht viel über sie, eigentlich nichts. Nur, dass sie meine Mutter nicht leiden konnte. Und deshalb konnte meine Mutter ihre Schwiegermutter nicht leiden, und deshalb waren die beiden Omas, obwohl sie im gleichen Mietshaus wohnten, miteinander verfeindet. Darüber wurde nicht gesprochen, das war einfach so, weil es schon immer so war. Und weil das schon immer so war und weil wir Kinder auf der Seite unserer Mutter standen, konnten wir Oma auch nicht wirklich gut leiden, trotz der braunen Fünfzigmarkscheine, die es zu Weihnachten gab.

Wenn ich drüber nachdenke, glaube ich, Oma konnte generell nicht so mit Kindern. Weder mit ihrem Sohn, meinem Vater, der ja auch mal ein Kind gewesen sein musste, noch mit meinem Bruder und mir, ihren Enkeln. Ich kann mich nicht erinnern, dass Oma mir jemals vorgelesen hätte, dass sie mit uns gespielt hätte. Eigentlich habe ich gar keine Erinnerungen an Oma. Keine schönen, aber auch, mal abgesehen von dem Geruch in ihrer Wohnung, keine unschönen. Oma war da, aber vor allem alt, immer schon.

Auch schon, als wir weggezogen waren, fuhr mein Vater ein, vielleicht zwei Mal im Jahr seine Mutter in das Dorf, aus dem sie kam, ein Wochenende die entfernte Verwandtschaft besuchen, die dort die Dorfkneipe betrieb. Er brachte sie am Freitag nach der Arbeit und holte sie am Sonntagnachmittag wieder ab, um sie zurück in die große Stadt zu fahren, wo meine Oma und meine Großmutter immer noch in verschiedenen Wohnungen in dem Haus lebten, in dem auch mein Vater, meine Mutter, mein Bruder und ich früher gewohnt hatten.

Wenn meine Oma in dem Dorf war, aus dem sie kam, vergaß sie schnell, dass sie Diabetes hatte. Sie aß in der dunklen Dorfkneipe, was alle aßen und was sie am liebsten aß: Schweinebraten und Soße und natürlich auch die Fettränder und dann noch ein schönes großes Stück Kuchen. Danach legte sie sich, wenn ihr von dem schweren Essen etwas schwummrig geworden war, in einem der Gästezimmer ins Bett und hielt ein Nachmittagsschläfchen.

Bei dem Besuch im Dorf, der ihr allerletzter werden sollte, hielt meine Oma kein Nachmittagsschläfchen. Es war Hochsommer, die Kirschen waren reif, und Oma ging mit den anderen nach draußen und setzte sich auf eine Bank unter den Bäumen in den Schatten. Sie war 78 Jahre alt, aber der Tag war so schön, und die reifen Kirschen dufteten, und sie erinnerte sich an ihre Kindheit, als sie tagelang Kirschen pflückte und Kirschen aß, bis ihr Bauch zu platzen schien. Und weil es so schön war und weil sie so sentimental wurde, kletterte meine 78-jährige Oma auf einer windschiefen Leiter in den Kirschbaum. Sie aß die ersten Kirschen, die prall und blutrot und voller Fruchtzucker waren, und sie aß noch ein paar Kirschen mehr, während sie auf der Leiter stand, und dann merkte sie, dass ihr ein bisschen schwindlig wurde, und sie beschloss, die wacklige Leiter lieber wieder runterzuklettern.

So stellte ich mir jedenfalls vor, dass es passiert war, als wir erfuhren, dass meine Oma in dem Dorf, aus dem sie kam, von einer Leiter gestürzt war, die an einen Kirschbaum gelehnt war. Sie hatte sich das Bein gebrochen und lag im Krankenhaus, und es war schnell klar, dass sie nicht wieder in ihre Wohnung in der großen Stadt würde zurückkehren können. Es war ein komplizierter Bruch, Oma würde fortan zumindest Krücken brauchen. Sie würde bei uns einziehen müssen, in das Zimmer neben mir, das immer noch nicht ganz fertig ausgebaut war, weil wir es nicht wirklich brauchten.

Bevor mein Vater meine Oma aus dem Krankenhaus abholte, räumte meine Mutter Omas Wohnung leer. Sie fuhr mit ihrem Auto in die große Stadt, und weil wir keine Schule hatten, nahm sie meinen Bruder und mich mit in die Wohnung, die immer noch seltsam roch. Wir räumten die Kleiderschränke aus, und meine Mutter sortierte die Klamotten aus, die meine Oma noch gebrauchen konnte, solange sie bei uns wohnte. Den Rest stopfte sie in Tüten für die Altkleidersammlung. In den Hängeschränken in der Küche fanden wir akribisch verstaut all die fettfreien Pralinen und zuckerfreien Kekse, alle Diabetikerprodukte, die meine Oma jemals von uns geschenkt bekommen hatte. Keine einzige Packung fehlte, bei den allermeisten war das Mindesthaltbarkeitsdatum abgelaufen. Oma hatte sie nicht angerührt, sondern verwahrt wie einen Schatz, einen Vorrat für schlechte Zeiten.

Als meine Oma in das Zimmer neben mir zog, konnte sie noch selbst aus ihrem Bett aufstehen und dann mit

Krücken von ihrem Zimmer aus zum Bad gehen. Nur die Treppe hinuntergehen, das ging nicht mehr.

Ich ekelte mich vor der alten Frau und ihrer vergilbten Haut. Wenn ich Oma sah, wie sie ins Bad schlurfte und hinter sich die Tür schloss, versuchte ich mir auszurechnen, welche Fliesen sie auf ihrem Weg zum Klo betreten musste. Und wenn ich später selbst aufs Klo ging, versuchte ich, nicht auf diese Fliesen zu treten. Ich bildete mir sogar ein, ich konnte mit meinen nackten Fußsohlen spüren, wenn ich auf eine Fliese trat, die Oma vorher berührt hatte. Ich hatte das Gefühl, meine Fußsohlen würden sich weniger leicht wieder vom Boden lösen, als klebte der gebrannte Lack der Fliesen noch von ihrem Schweiß.

Obwohl Oma sich nur ein Bein gebrochen hatte, war sie kaum mehr wiederzuerkennen. Es schien, als hätten sie aller Antrieb, aller Lebensmut verlassen, als hätte sie aufgegeben, als wollte sie nicht mehr. Weil sie nicht nach unten gehen konnte, aß sie allein in ihrem Zimmer, meine Mutter brachte ihr das Essen nach oben, bevor mein Vater von der Arbeit nach Hause kam und wir uns zum Abendbrot zusammensetzten.

Meine Oma aß schlecht, die Schonkost schmeckte ihr nicht. Die große, breite Frau wurde immer schmaler. Es dauerte nur ein paar Monate, da verließ meine Oma kaum mehr ihr Bett. Sie sah den ganzen Tag fern, weil ihre Augen zu schwach zum Lesen geworden waren. Irgendwann stand sie gar nicht mehr auf und klagte über Magenschmerzen. Meine Mutter rief den Arzt, und der diagnostizierte eine profane Verstopfung, Oma hatte vor allem zu wenig getrunken.

Am nächsten Tag kam, während ich in der Schule war, eine Krankenschwester und führte meine Oma mithilfe ihrer Krücken ins Badezimmer. Ich wusste bis dahin nicht, was ein Einlauf war, aber, so erzählte es meine Mutter abends, als ich aus der Schule zurück war, der Einlauf hatte nicht ganz problemlos funktioniert. Die Oma war wie ein kleines Kind, sagte meine Mutter, die hat nicht stillgehalten. Oma hat geschrien und dann ist die ganze Scheiße durchs Badezimmer geflogen.

Meine Mutter hatte zusammen mit der Krankenschwester zuerst meine Oma von Kopf bis Fuß waschen müssen, dann hatte sie Omas Nachthemd und ihre eigenen Klamotten in die Waschmaschine gesteckt und gewaschen. Als die Wäsche fertig war, hatte sie die Wäsche gleich noch einmal gewaschen. Und schließlich hatte sie das Badezimmer geputzt, den Boden und die Wände, das Waschbecken und das Klo, die Duschkabine. Alles war vollgespritzt, sagte meine Mutter.

Ich ging die Treppe hoch und öffnete die Badezimmertür. Das Badezimmer sah aus wie immer. Trotzdem ekelte ich mich dermaßen, dass ich in den kommenden Wochen fast nur noch das untere Klo benutzte und zum Duschen ins Badezimmer meiner Eltern ging. Niemand fragte, warum ich das tat, keiner sprach den Vorfall je wieder an.

Kurz darauf aß meine Oma auch nicht mehr selbst. Ob sie nicht mehr konnte oder ob sie bloß nicht mehr wollte, das war nicht klar. Aber meine Mutter musste sie füttern. Die beiden, die sich niemals hatten leiden können, waren sich plötzlich viel näher, als sie es jemals hätten sein wollen, zusammengeschmiedet von einem Schicksal, das sie vermutlich beide verfluchten.

Und dann, Oma war nur mehr ein Schatten ihrer selbst, konnte sie nicht mehr sprechen. Sie versuchte es, aber man konnte sie nicht mehr verstehen. Aus ihrem Mund kam nur noch ein hilfloses Krächzen, das jeden Tag verzweifelter klang, bis die mittlerweile eingefallene Frau schließlich vollkommen verstummte. Nachts, wenn alle im Bett lagen und das Haus ganz still war, konnte ich sie manchmal hören. Durch die Wand, die zwischen unseren beiden Zimmern lag, die Wand mit dem Antilopenfell, drang ihr Stöhnen und ein leises Wimmern.

Wenn mein Vater von der Arbeit nach Haus kam, legte er

sein Sakko ab, ging die Treppe nach oben und zu Oma ins Zimmer. Dort blieb er zehn Minuten, vielleicht eine Viertelstunde. Ich weiß nicht, was er seiner Mutter erzählte, oder ob die beiden, Mutter und Sohn, nur stumm nebeneinandersaßen. Ich weiß nicht, ob Oma womöglich ihre Stimme wiederfand, wenn mein Vater an ihrem Bett saß. Wenn mein Vater danach wieder nach unten kam und wir uns zum Abendbrot zusammensetzten, sprach er nicht darüber. Überhaupt sprachen wir so gut wie nie über meine Oma, die genau über unserem Speisezimmer lag und starb. Denn auch wenn wir nicht darüber sprachen, wussten wir es doch alle: Oma liegt in ihrem Bett, im Zimmer neben meinem Zimmer, sie liegt da den ganzen Tag und die ganze Nacht, sie liegt da und sagt nichts mehr, sie ist abgemagert und fahl, und sie wird bald sterben.

Es waren nahezu zwei Jahre seit dem Unfall, seit dem Sturz aus dem Kirschbaum vergangen, da kam ich von der Schule nach Hause, und meine Oma war tot. Ich wusste es nicht, als ich die Eingangstür aufschloss, aber ich spürte es. Spürte, dass etwas anders war, schon weil das Sakko meines Vaters an der Garderobe hing, obwohl er doch eigentlich bei der Arbeit hätte sein müssen. Ich ging ins Esszimmer, und da saß mein Vater. In der Küche nebenan konnte ich meine Mutter werkeln hören. Mein Vater sagte: Setz dich mal hin. Da wusste ich, dass Oma gestorben war.

Ich setzte mich trotzdem, und mein Vater sagte: Deine Großmutter ist tot. Der Arzt war schon da. Gleich kommen die Bestatter. Seine Stimme war tonlos, ausdrucksloser als sonst. Es klang, als verlese er eine öffentliche Verlautbarung, hätte aber keine Erfahrung damit. Dann sah er mich an. Ich sah ihn an.

Meine Mutter kam aus der Küche. Hast du Hunger?, fragte sie.

Nein, sagte ich.

Du kannst ja deine Hausaufgaben machen, sagte meine Mutter. Jetzt kommen eh erst mal die Bestatter.

Gut, sagte ich. Dann ging ich nach oben in mein Zimmer und verteilte den Inhalt meiner Schultasche auf dem Boden. Ich setzte mich zwischen die Papiere und starrte auf die Wand mit dem Antilopenfell. Dahinter, dachte ich, liegt meine Oma. Da liegt eine Leiche. Es war ein seltsamer Gedanke, und das Seltsamste an dem Gedanken war, dass er mich nicht erschreckte. Eher fühlte ich Erleichterung, aber vor allem ein Erstaunen darüber, wie wenig ich fühlte.

Dann konnte ich unten die Haustür hören und leises Gemurmel, dann knarzte die Treppe von drei Männern. Die Tür zum Zimmer neben meinem Zimmer wurde geöffnet, noch einmal leises Gemurmel, ich erkannte die Stimme meines Vaters, dann nur noch Stille und ab und zu kleine Geräusche, die nicht zuzuordnen waren.

Ich weiß nicht, wie lange ich auf die Wand mit dem Antilopenfell starrte, aber irgendwann hörte ich wieder eine Tür, zwei Männer gingen nach unten, ich konnte sie murmeln hören mit meiner Mutter. Kurz darauf stand plötzlich mein Vater in meiner Zimmertür und sagte: Komm, wir verabschieden uns von deiner Großmutter. Danach öffnete er die Tür zum Zimmer meines Bruders. Ich stand auf und ging in den Flur, da konnte ich meine Mutter die Treppe hochkommen sehen.

Als meine Mutter, mein Bruder und ich alle zusammen im Flur standen, legte mein Vater die Hand auf die Türklinke, drehte sich noch einmal um, sah uns alle an, holte Luft, hielt den Atem an und öffnete dann leise die Tür zum Zimmer meiner Oma, als hätte er Angst er könnte sie wieder aufwecken. Mein Vater ging voran, stellte sich dann neben die Tür, ließ meine Mutter, meinen Bruder und mich an sich vorbeigehen, und schloss dann die Tür. Wie ein Pförtner, dachte ich, oder wie ein Butler, wie Mr. Hudson aus »Das Haus am Eaton Place«. Dann dachte ich, ich sollte nicht so etwas denken. Und als ich das dachte, sah ich meine Oma daliegen auf ihrem Rücken im Bett, in ihrem besten schwarzen Kleid, die grauen Haare ordentlich nach hinten gekämmt, viel ordentlicher, als ich sie seit Jahren gesehen hatte, und als ich sie da so liegen sah, viel kleiner, als ich sie in Erinnerung hatte, und ein wenig gelb, trotzdem viel blasser, als sie es jemals gewesen war, wie aus Plastik oder aus Wachs, wie ihre eigene, viel dünnere Wachsfigur, da hatte ich plötzlich das sehr starke, überwältigende Gefühl, dass dieser Körper in dem Bett nicht meine Oma war. Nicht, dass ich Oma vermisst hätte, nicht an dem Tag und auch an keinem Tag seitdem. Aber an diesem Tag, an dem ich sie tot liegen sah in dem Bett, in dem sie gestorben war, wusste ich plötzlich, dass es etwas gibt, das einen Menschen zu einem Menschen macht, das nicht zu fassen oder zu berühren oder in einen Körper einzusperren oder nur zu benennen ist, und ich wusste es nicht nur, wie ich etwas wusste, das ich in der Schule lernte, oder wie ich etwas wusste, das ich im Konfirmandenunterricht gelernt hatte, sondern ich spürte eine überwältigende Gewissheit. Dieser Körper da auf dem Bett, das war nicht Oma, das war gar kein Mensch mehr, bloß eine Hülle, vor der ich mich nicht einmal ekelte.

Keine Ahnung, wie lange wir da standen vor dem Bett meiner Oma, als ich mich umsah und merkte, dass mein Vater, meine Mutter, mein Bruder und ich alle wie abgesprochen dieselbe Position eingenommen hatten. Wir standen in einem Viertelkreis um das Bett herum, die Hände vor dem Schoß zusammengelegt und den Kopf leicht gesenkt. Gut, sagte mein Vater plötzlich, drehte sich um, ging zur Tür und öffnete sie. Meine Mutter, mein Bruder und ich gingen nach draußen, mein Vater schloss die Tür.

Mein Bruder ging in sein Zimmer, ich ging in mein Zimmer, mein Vater und meine Mutter gingen nach unten. Ein paar Minuten später hörte ich wieder die Treppe knarzen. Durch den Türspalt konnte ich sehen, dass zwei Männer, die ich nicht kannte, einen Sarg die Treppe hinauf- und kurz darauf wieder hinuntertrugen. Eine Woche später, an einem Freitagnachmittag, wurde meine Oma beerdigt. Es waren vielleicht siebzig Menschen gekommen, die meisten hatte ich noch nie gesehen. Jeder Einzelne schüttelte mir die Hand und sagte: Mein Beileid.

Als wir alle in die kleine Halle auf dem Friedhof gingen, setzten sich mein Vater, meine Mutter, mein Bruder und ich in die erste Reihe. Vor uns stand der Sarg auf einem Podest. Dann hielt ein Pfarrer, den ich noch nie gesehen hatte, eine Rede. Ich kann mich nicht mehr erinnern, was der Pfarrer erzählte, aber ich weiß noch, dass ich ständig dachte: Der kann meine Oma nicht gekannt haben.

Ich konnte auch nicht immer alles von der Rede verstehen, weil mein Vater einen Heuschnupfenanfall hatte und sich ständig laut die Nase putzen musste. Eine Frau, die ich nicht kannte und die zwei Reihen hinter mir saß, hörte ich leise sagen: Dass seine Mutter nicht mehr ist, nimmt ihn ja ganz schön mit.

Als der Pfarrer mit der Rede fertig war, standen wir auf und sagten im Chor das Vaterunser. Dann war plötzlich Musik zu hören, und das Podest und mit ihm der Sarg, der darauf stand, versanken langsam ruckelnd in den Boden. Als der Sarg verschwunden war, konnte man kurz ein rotes Licht leuchten sehen, bevor sich das Loch, das sich im Boden vor uns aufgetan hatte, wieder schloss.

Die Beerdigung meiner anderen Großmutter, sagt mein Vater am Telefon, soll schon in drei Tagen stattfinden. Ich höre meinem Vater zu, aber es fühlt sich an, als spräche er zu jemand anderem. Es fühlt sich an, als gäbe es noch einen anderen Martin, der einmal eine Großmutter gehabt hatte, die er nicht leiden konnte, und eine Großmutter, die er mochte, und nun sind beide tot, und Martin ist traurig.

Dieser Martin ist ein anderer Martin. Ich fühle keine Trauer. Ich habe das Gefühl, ich müsste einen Verlust spüren, traurig sein, wütend auf diese beschissene Welt, die mir meine Großmutter genommen hat, wenigstens wütend auf Großmutter, die einfach so gegangen war, ohne sich zu verabschieden, die genug gehabt hatte von den Schmerzen und den direkten Ausgang gewählt hatte aus diesem erbärmlichen Leben. Aber ich spüre nichts. Ich gehe gerade im Kopf meinen Kalender durch. In drei Tagen habe ich keine Zeit. Vor allem habe ich morgen und übermorgen keine Zeit. Ich will mit Anne und Clara an die Ostsee fahren.

Ich überlege, ob ich sagen könnte: Das tut mir jetzt leid, aber ich kann da nicht kommen zu dieser Beerdigung, ich muss mit Anne an die Ostsee fahren, ihre kleine Tochter Clara freut sich schon aufs Buddeln am Strand. Aber das kann ich nicht sagen. Beerdigung, das ist wichtiger als Ostsee und Buddeln. Das ist das eine. Das andere ist: Meinem Vater würden die Namen Anne und Clara gar nichts sagen. Meiner Mutter auch nicht.

Meine Mutter und mein Vater wissen nicht, dass ich verliebt bin. Sie wissen nichts von Anne. Sie hatten ja auch nichts gewusst von Frida und von Gertrud, von Gunda oder Christin. Mit Frida und Gertrud und Gunda und Christin war es vorbei gewesen, bevor ich meiner Mutter hätte erzählen können, dass ich eine Freundin habe, und sie es meinem Vater hätte weitererzählen können. Mit Frida und Gertrud und Gunda und Christin war es vorbei, lange bevor meine Mutter hätte fragen können, ob sie Frida oder Gertrud oder Gunda oder Christin vielleicht mal kennenlernen könnte.

Mit Anne ist es anders, als es mit Frida oder Gertrud oder Gunda oder Christin jemals war. Bei Anne habe ich nie das Gefühl, ich könnte ihr nicht alles erzählen. Ich kann Anne im Arm halten, und das wird nie langweilig. Schöner ist nur, in ihren Armen zu liegen. Mit Anne habe ich nie das Gefühl, sie könnte morgen nicht mehr da sein. Ich will Anne morgen sehen und übermorgen und den Tag danach auch, bis es keine Tage mehr gibt.

Aber meine Mutter und damit auch mein Vater wissen nichts von Anne und wissen nicht, dass ich seit drei Monaten in Anne verliebt bin. Ich habe nicht daran gedacht, meiner Mutter von Anne zu erzählen. Tatsächlich habe ich, das fällt mir jetzt gerade auf, während mein Vater schwer durch den Telefonhörer in mein Ohr schnauft, in den letzten beiden Monaten gar nicht mit meiner Mutter telefoniert. Ich habe nicht daran gedacht sie anzurufen. Sie hatte mich sicher angerufen, sie muss mich angerufen haben, aber sie hatte mich nicht erreicht, weil ich ja kaum in meiner Wohnung, sondern immer bei Anne gewesen war.

Bist du noch dran?, fragt mein Vater.

Jaja, sage ich, einen Augenblick zu schnell, ich fühle mich ertappt. Was hatte mein Vater zuletzt gesagt? Wie lange hatte er schon geschwiegen?

Die Leitung rauscht so komisch, sagt mein Vater. Er hat gar nicht gemerkt, dass ich abwesend gewesen war.

Neinnein, alles gut, sage ich.

In drei Tagen ist also die Beerdigung, sagt mein Vater.

Genau, in drei Tagen ist die Beerdigung. Ich kann jetzt meinem Vater nicht von Anne erzählen, denke ich, in drei Tagen ist die Beerdigung. Ich kann nicht erzählen, dass ich verliebt bin, und dass die Frau, in die ich verliebt bin, ein Kind hat, das anderthalb Jahre alt ist und Clara heißt, und in das ich mich auch verliebt habe. Ich kann jetzt nicht erzählen, dass ich nicht viel wusste von Frauen und Beziehungen und der Liebe, bevor ich Anne und Clara kennengelernt habe, aber dass ich immerhin eines sehr genau wusste. Dass ich keine Kinder haben wollte, dass man in diese Welt, die bald den Bach runtergehen würde, lieber keine Kinder setzt, das wusste ich. Ich hatte nichts gegen Kinder, ich kannte aber auch keine Kinder. Ich kannte auch niemanden, der Kinder hatte. Die Kinder, die ich sah, quengelten an Supermarktkassen, oder sie heulten auf Spielplätzen, an denen ich vorbeiradelte. Die Kinder, die ich sah, waren seltsame Wesen, die ich nicht verstand und auch nicht verstehen wollte. Kinder interessierten mich nicht. Kinder brauchte man nicht in einer Welt, die demnächst sowieso am Atomkrieg oder doch wenigstens am sauren Regen eingehen würde.

Clara heulte auch, wenn sie auf dem Spielplatz vom Klettergerüst rutschte und sich das Knie anstieß, aber dann nahm ich sie in den Arm, und sie hörte auf zu weinen und schmiegte sich Schutz suchend an mich und sah zu mir hoch aus ihren Augen, die noch blauer waren als die Ostsee, und in ihrem Blick konnte ich deutlich sehen, dass sie fest daran glaubte, dass ich die Welt jederzeit wieder geradebiegen konnte, und wäre sie noch so sehr aus den Fugen geraten, und dann lachte sie wieder, und ich dachte plötzlich selbst, die Sache mit dem Atomkrieg wäre vielleicht doch noch vermeidbar, und in mir stieg ein Stolz auf, den ich nicht gekannt hatte. Es gab jemanden, der mich brauchte und mir vertraute, der mich vorbehaltlos liebte. Das war ein Gefühl, von dem ich bis dahin nicht einmal gewusst hatte, dass ich es vermissen könnte. Es war ein sehr gutes Gefühl.

Bis ich Anne kennengelernt hatte, hatte ich mich in Frauen verliebt, und wenn die sich auch in mich verliebt hatten, dann hatten wir einige Wochen versucht, unsere Leben miteinander zu verzahnen. Manchmal hatte das besser geklappt, meistens schlechter, wirklich gut eigentlich nie. Ich hatte die Frau mitgenommen zu den Konzerten, zu denen ich sowieso ging, jedenfalls zu einem oder zwei, bis sie festgestellt hatte, dass sie einen ganz anderen Musikgeschmack hatte. Ich war aufgetaucht bei der Ausstellungseröffnung, von der sie erzählt hatte, dass sie sie besuchen würde, und hatte festgestellt, dass mir Weißwein nicht schmeckte und es kein Bier gab. Wenn die Frau und ich ein paar Wochen ineinander verliebt waren, besuchten wir womöglich sogar ihre beste Freundin und deren Freund in einer Altbauwohnung in Kreuzberg, die ganz anders aussah als meine Wohnung. In der Wohnung der besten Freundin und ihres Freundes war das Parkett abgezogen, in meiner Wohnung lag ein abgewetzter, schmutziger Filzteppichboden auf den stierblutbraunen Dielen. Neben dem Klo der besten Freundin und ihres Freundes lagen zwei bunte Seifenstücke in einer großen Muschelschale, die die beste Freundin und ihr Freund im letzten Urlaub an der französischen Atlantikküste gefunden hatten. Neben meinem Klo hing ein Aschenbecher, den ich vor zwei, drei Jahren, als ich am zweiten Weihnachtsfeiertag wieder zurück nach Berlin gefahren war, in der Zugtoilette abgeschraubt hatte. Mit keiner der Frauen, mit denen ich bislang zusammen war, hatte ich darüber nachgedacht, zusammen in Urlaub zu fahren. Erst recht nicht über Seifenstücke oder Zusammenziehen. Ich hatte bei keiner Frau bislang auch nur einmal darüber nachgedacht, ob wir eine gemeinsame Zukunft haben könnten. Es reichte mir, für übermorgen verabredet zu sein. Es reichte mir, wenn wir uns am Samstag sowieso bei der Party von Harry sahen. Es war schön, wenn es schön war, so wie es war. Wenn der erste Streit kam, war es nicht mehr schön. Nach dem ersten Streit war jede meiner bisherigen Beziehungen zu Ende gewesen.

Ich hatte zu keiner Frau jemals gesagt: Ich liebe dich. Bevor ich daran hätte denken können, dass dieser Satz zu einer Liebe gehört, war das Verliebtsein schon wieder vorbei gewesen.

Liebe, das war ein sehr großes Wort. Ein Wort, das man nicht einfach dahinsagte. Ich würde es wissen, dachte ich, wenn die Liebe eine Liebe wäre. Und dann würde ich sagen: Ich liebe dich.

Zu Anne hatte ich nach sechs Wochen gesagt: Ich liebe dich auch. Anne hatte gesagt: Ich liebe dich, und ich hatte automatisch geantwortet. Ich hatte mir zugehört und es selbst nicht glauben können. Anne wusste nicht, was dieser Satz für mich bedeutete, wie schwer er wog. Sie hatte mir einen kleinen Kuss gegeben, und dann hatte sie den

Kopf weggedreht, zufrieden gegluckst und den Blick schweifen lassen über den Spielplatz, bis sie Clara gefunden und gesehen hatte, dass Clara nicht vom Klettergerüst zu rutschen drohte.

Mit Anne gab es keine Ausstellungseröffnungen mit Weißwein, aber Sekt, den ich trank, weil es egal war, ob er mir schmeckte, wenn ich ihn nur mit ihr trinken konnte. Es gab Besuche im Theater, das ich bis dahin für eine von der Zeit überholte und vom Film überflüssig gemachte Kunstform gehalten hatte, aber nun wollte ich wissen, was da dran war am Theater, das Anne so viel bedeutete. Es gab ein paar Konzerte, aber als mir Anne gestand, dass sie der Lärm auf der von mir liebevoll aufgenommenen Mix-Kassette mit Lieblingssongs meiner Lieblingsbands erschreckt hatte, konnte ich gerade mal so lange beleidigt bleiben, bis sie mir ihre langen Arme um den Nacken legte, mir einen Kuss auf die Nase drückte und sagte: Wie kann jemand, der so süß ist, bloß so schlimme Musik hören? Mit Anne gab es lange Nächte ohne Schlaf, große Momente ohne Worte und jeden Morgen gemeinsames Frühstück. Und es gab Streit. Aber es gab eben auch das unausgesprochene, trotz alledem unverbrüchliche Übereinkommen, dass wir uns am morgigen Tag wiedersehen würden und den Tag darauf und jeden Tag. Es gab tiefe Blicke in Augen, von denen ich wusste, dass sie mich immer verstehen würden.

Und es gab Clara, die morgens neben der Matratze stand, auf der wir nur ein paar Stunden geschlafen hatten. Die mit großen blauen Augen lachte und mir im Gesicht herumpatschte, während mir der süßsäuerliche Geruch aus ihrer Windel in die Nase stieg. Die, während Anne und ich verschlafen den ersten Kaffee schlürften, auf einen Küchenstuhl kletterte, sich wackelnd aufrichtete und dann sinnlos deklamierend alle Wörter aneinanderreihte, die sie kannte. Ich wusste nicht, warum mir Claras nicht enden wollende Dada-Gedichte so gut gefielen. Ich wusste nicht, woher, jedes Mal, wenn ich Anne sah, dieses wohlig warme Gefühl in meinem Bauch kam. Ich wusste nicht, was die Zukunft bringen würde, aber ich wusste, dass ich so viel davon wie möglich mit Anne und Clara würde verbringen wollen.

Ich wusste plötzlich, warum Menschen Kinder kriegen wollen. Und ich fragte mich, warum ich das nicht gewusst hatte, obwohl die allermeisten anderen Menschen es doch zu wissen schienen. Warum mir die Familie immer bloß Zwangsgemeinschaft gewesen war, niemals sicherer Hafen? Ich fragte mich, ob mein Vater jemals gefühlt hatte, was ich gerade fühlte. Ob er diesen unbändigen, wundervollen, im Magen sitzenden Stolz noch kennt. Ob er ihn jemals gekannt hatte. Ob er sich noch erinnern kann, wie ich sinnlos vor mich hin brabbelte. Wie er mich in den Arm nahm, wenn ich mir das Knie aufgeschlagen hatte? Ob ihm Tränen in die Augen stiegen, wenn er mir in die Augen sah. Was ist passiert? Wann ist es passiert? Ich kann mich nicht mehr erinnern. Kann er sich noch erinnern? Warum sind wir uns so fern? Warum sind wir uns so fremd?

Ich frage ihn nicht. Natürlich nicht.

In drei Tagen ist die Beerdigung, sage ich.

Ja, in drei Tagen, antwortet mein Vater. Wenn ich an den Leichenschmaus denke, fährt er fort, wird mir jetzt schon schlecht. Alle fressen und saufen, und keiner sagt die Wahrheit.

Ich weiß, ich werde fahren. Morgen oder übermorgen. Meine Mutter wird meine schwarze Jeans waschen, mein Vater wird mir ein schwarzes Hemd und ein schwarzes Jackett leihen können. Ich weiß, es werden nicht viele Menschen kommen, aber von den wenigen werde ich auch nur die Hälfte kennen. Alle werden mir die Hand schütteln, sie werden Herzliches Beileid sagen. Ein Pfarrer wird eine Rede halten, und ich werde denken, da wird jemand anders beerdigt, nicht Großmutter. Meine Mutter wird weinen. Und ich frage mich, ob ich dann, in drei Tagen, doch noch etwas spüren werde.

In drei Tagen, sagt mein Vater. Aber du musst da nicht kommen.

Ich bin still, ich habe nicht begriffen, was mein Vater gerade gesagt hat.

Das wird keine große Sache, sagt mein Vater, und Großmutter hat ja nun auch nichts mehr davon, dass du achthundert Kilometer hin und zurück fährst.

Ja, sage ich, und, um Zeit zu gewinnen, noch einmal: Ja.

Ich frage mich, ob ich jetzt fragen sollte: Ist das wirklich in Ordnung? Ich weiß, dass ich eigentlich fragen müsste, was meine Mutter von der Idee hält. Aber ich frage nicht. Vielleicht weil ich befürchte, dass mein Vater es sich noch einmal anders überlegt. Vor allem aber, weil ich weiß, dass mein Vater solche Entscheidungen fällt und keine Fehler macht und Entscheidungen nicht mehr revidiert.

Wenn du meinst, dass das in Ordnung ist, sage ich, dann würde ich nicht kommen.

Klar, ist in Ordnung, sagt mein Vater. Da hat ja keiner was von, von so einer Beerdigung. Allein, wenn ich an den Leichenschmaus denke.

Dann, denke ich, kann ich ja morgen an die Ostsee fahren.

Ich bin 45 Jahre alt, und bald werde ich 46 Jahre alt werden, aber heute ist erst einmal meine Mutter dran. Meine Mutter wird 70 Jahre alt. Sie feiert ihren Geburtstag in einem Landgasthof, der berühmt ist für seine gute Küche. Nicht ganz so berühmt ist der Landgasthof für seine abgelegene Lage ziemlich genau in der Mitte des mehr als vierhundert Kilometer breiten Niemandslandes, das ich vor langer Zeit, damals, als ich nach Berlin zog, zwischen mich und meine Eltern gelegt hatte.

Ich habe Geburtstag, hatte meine Mutter gesagt, als sie mich anrief. Der Herbst hatte gerade begonnen. Es war noch ein gutes halbes Jahr bis zu ihrem runden Geburtstag.

Ich weiß, hatte ich gesagt, in einem halben Jahr.

Eine kleine Pause war entstanden. Eine Pause, wie sie eigentlich nie entsteht, wenn ich mit meiner Mutter telefoniere, denn meine Mutter lässt keine Pausen zu, mit Pausen fühlt sie sich nicht wohl. Pausen dürfen nicht sein, vielleicht weil dann die Gefahr besteht, darüber nachzudenken, was man gesagt hat oder gleich sagen wird. Nein, Pausen machen meine Mutter nervös. Also half ich ihr ein wenig. Ich sagte: Du wirst siebzig.

Ja, ich werde siebzig, hatte meine Mutter gesagt, da muss man ja feiern.

Muss man nicht, hatte ich gedacht, aber nichts gesagt. Ich musste auch gar nichts sagen, weil meine Mutter sowieso weiterredete. Die Pause, der kurze Moment der Unsicherheit war wieder Geschichte, längst vergessen, meine Mutter spulte jetzt ab, was sie sich vorgenommen hatte. Sie sagte, sie hätte sich überlegt, dass sie diesmal nicht zu Hause feiern wolle, weil sie schon 70 Jahre alt werde und ihr das Zuhause-Feiern eh zu anstrengend sei, aber wenn man

70 Jahre alt wird, dann müsse man alle einladen, und dann würde das Haus doch wieder voll, aber sie wolle auch gar nicht im Mittelpunkt stehen, und dann erzählen alle wieder nur von ihren Krankheiten, und die meisten hörten mittlerweile ja auch schlecht, und sowieso sei ihr das zu viel Arbeit, weil sie ja bald 70 Jahre alt werde, und mein Vater habe gesagt, man könne doch auch einen Cateringservice bestellen oder den Saal in einem Wirtshaus mieten und sich da was hinstellen lassen, aber das wolle sie nicht, denn da weiß man ja nicht wirklich, was man da bekomme, ob das was tauge, und teuer sei das auch, und wenn man 70 Jahre alt wird, dann solle doch wenigstens das Essen was taugen, aber sie sei halt doch zu alt, so viele Leute zu bekochen, und wenn man das Geld schon ausgebe, habe sie sich überlegt, zusammen mit meinem Vater, dass sie zwar in einem Wirtshaus feiern wolle, aber nicht in einem bei ihr zu Hause in der Nähe, sondern lieber in einem richtig edlen Hotel, dorthin könnten sie dann fahren und wären von zu Hause weg, und wir könnten da auch hinfahren, und wenn es in der Mitte wäre, dann hätten wir alle nur den halben Weg, und weil der Tag, an dem sie Geburtstag habe, sei ja auch ein Sonntag, und da könnten wir alle uns doch ungefähr in der Mitte treffen, und ob das in Ordnung wäre, ob wir Zeit hätten an ihrem 70. Geburtstag, und ob wir kommen würden, dann würden sie gucken, ob sie etwas kriegen würden, ungefähr in der Mitte zwischen ihrem Dorf und Berlin, mein Vater und sie hätten da auch schon was gefunden, die sollten da wohl ganz gut kochen, die hätten sogar einen Stern oder eine Kochmütze oder so was, da kann man ein Degustationsmenü essen, das sind zehn kleine Gänge, das dauert dann lange, und das soll sehr gut schmecken, das könnten wir am Samstag essen, und um Mitternacht könnten wir dann anstoßen, würde uns das vielleicht gefallen, denn dorthin würden mein Vater und meine Mutter uns gerne einladen, aber nur die engste Familie, also meine

Mutter, mein Vater, mein Bruder, ich und Anne und die Kinder.

Wie immer, wenn meine Mutter zu einem ihrer Monologe ansetzte, hatte ich zu Beginn das Gefühl, ich wüsste sowieso schon, worauf sie hinauswollte, verlor dann zwischendurch den Faden und hatte am Ende Mühe, die Botschaft herauszufiltern. Und wie bei jedem Monolog meiner Mutter war ich fasziniert von der perfekt austarierten Balance zwischen ziellosem Mäandern und gnadenloser Zielsicherheit. Man spürte ihre Verunsicherung mir gegenüber, die Verzweiflung, die sie ergriffen hatte, als sie gespürt hatte, dass sie endgültig auch noch die emotionale Kontrolle über mich verloren hatte. Aber andererseits war natürlich, wie immer, wenn sich meine Mutter etwas überlegt hatte und einen Plan gefasst hatte, längst alles arrangiert, durchgeplant und wahrscheinlich auch schon gebucht, weil es zehn Prozent Frühbucherrabatt gab in dem Landgasthof mit der Kochmütze im Nirgendwo. Aber sie versuchte wenigstens mir das Gefühl zu geben, ich könnte Nein sagen oder eine andere Idee haben oder eigene Vorstellungen entwickeln. Es war, so versuchte ich das mittlerweile zu sehen, ihre Art, mir zu zeigen, dass sie sehr wohl begriffen hatte, dass ich mit 45 Jahren zu den Erwachsenen zählte. Sie hatte endlich die Zickzackschere aus der Hand gelegt, auch wenn sie immer noch nicht verstand oder überhaupt nur verstehen wollte, was an einem ausgefransten Hosenbein schön sein könne.

Wir haben uns das Wochenende, an dem du siebzig wirst, natürlich im Kalender dick angestrichen, hatte ich gesagt, wir kommen dorthin, wo immer du willst, dass wir hinkommen.

Der Landgasthof hat tatsächlich eine Kochmütze, und er liegt tatsächlich mitten im Nirgendwo. Man sieht Bäume, wenn man aus dem Hotelzimmer schaut, das eingerichtet ist mit schweren roten Plüschsesseln, die wenig erfolgreich so tun, als stammten sie aus der Barockzeit. Man sieht Bäume, wenn man aus dem Badezimmer mit seinen goldglänzenden, aber doch irgendwie billig aussehenden Armaturen schaut. Und man sieht, wenn man durch die Fenster des Speisesaals schaut, hinter den Bäumen die Sonne untergehen.

Die letzten, milden Sonnenstrahlen fallen auf sehr viele leere Stühle. Der Kellner hat uns, die kleine Geburtstagsgesellschaft, in der Mitte des Saals platziert. Da sitzen wir nun, sieben Menschen, eine Kernfamilie, alle, die ich liebe, und alle, die ich lieben sollte, an einem runden Tisch, dem größten im Raum. Um uns herum ein gutes Dutzend Vieretische, von denen nur ein einziger besetzt ist. Vor dem Fenster, hinter dem die Sonne untergeht, sitzt ein Ehepaar im mittleren Alter. Er die Schläfen grau meliert, sie die Perlenkette um den Hals, beide essen schweigend. Ich habe das Gefühl, die beiden warten, während wir auf den ersten Gang unseres zehngängigen Degustationsmenüs warten, darauf, dass die kleine Geburtstagsgesellschaft in der Mitte des Saals mit der Aufführung beginnt. Lautlos heben die beiden ihre Weingläser, setzen sie vorsichtig an die Lippen, als hätten sie Angst, mit einem Schlürfen die Stille zu stören, bevor sich der Vorhang hebt.

Ein Kellner kommt. Er fragt, ob er uns einen Aperitif bringen kann. Meine Mutter wünscht sich Kir Royal. Was ist Kir Royal?, fragt Pauline. Anne beginnt zu erklären, Sekt und Crème de Cassis. Was ist Crème de Cassis?, fragt Pauline. Ein Likör aus Brombeeren, sage ich. Schwarze Johannisbeeren, sagt mein Vater. Das Schweigen fällt von uns allen wie ein schwerer Wintermantel, den wir vergessen hatten abzulegen. Nur noch fünf Stunden bis Mitternacht.

Das wird fürchterlich, hatte ich gesagt, als ich nach dem Telefonat mit meiner Mutter aufgelegt hatte.

Aber wir müssen da hin, hatte Anne gesagt.

Ja, wir müssen hin, aber es wird furchtbar.

Das wird schön. Das Essen wird toll sein.

Ich wusste, dass das Essen gut sein würde. Wir konnten auf der Website des Landgasthofs die Speisekarte studieren. Ich wusste aber auch, dass wir stundenlang mit meiner Mutter, meinem Vater und meinem Bruder an einem Tisch sitzen würden. Dass mein Vater kaum etwas und mein Bruder nichts zur Konversation beitragen würde. Dass das Geplapper meiner Mutter keinen ganzen Abend tragen würde. Dass Anne und ich und unsere Töchter Clara und Pauline das Gefühl bekommen würden, für die Unterhaltung zuständig zu sein. Dass es für ein paar Stunden keine Fluchtmöglichkeit geben würde.

Wäre besser, meine Mutter hätte bei sich zu Hause gefeiert, hatte ich gesagt, da hätte man sich auch mal verpissen können. Da wären noch andere Gäste gewesen.

Das wird schon nicht so schlimm, hatte Anne gesagt.

Das wird schlimm, hatte ich gesagt. Im besten Fall wird es todsterbenslangweilig. Die langweiligsten sechs Stunden deines Lebens. Im schlimmsten Fall besäuft sich mein Vater und fängt an zu streiten. Dann werden es die schlimmsten sechs Stunden deines Lebens. Und wir können nicht einfach aufstehen und ins Bett gehen, weil wir in den Geburtstag meiner Mutter reinfeiern.

Das wird schon nicht so schlimm, hatte Anne noch einmal gesagt, und es nützt ja nichts, wir müssen da hin.

Ja, wir müssen da hin, hatte ich gesagt.

Tatsächlich waren die Streits mit meinem Vater weniger geworden in den vergangenen Jahren. Tatsächlich konnte ich mich kaum erinnern, wann mein Vater und ich das letzte Mal aneinandergeraten waren, es musste ewig her sein. Das lag einerseits daran, dass ich meine Strategie, alle komplexen und erst recht politischen Themen auszuklammern, wenn wir uns mit meinen Eltern trafen, konsequent umsetzte, und es mir fast immer gelang, die Provokationen zu ignorieren. Ich kam sogar halbwegs damit klar, dass mein Vater noch nie einen Fehler eingestanden oder wenigstens zugegeben hatte, dass er mal unrecht gehabt hätte. Wenn mein Vater recht haben wollte, dann konnte er ruhig recht behalten. Ich widersprach ihm nicht mehr, solange ich es aushielt, und wenn ich es nicht mehr aushielt, ging ich.

Zum anderen gab es die Kinder, die einen Puffer bildeten und zugleich eine Gemeinsamkeit schufen, die mich und meine Eltern zumindest formal, wenn auch nicht unbedingt emotional wieder näher zusammengebracht hatte. Clara und ihre vier Jahre jüngere Schwester Pauline liebten ihre Großeltern, die mit ihnen im Winter in die Alpen zum Skifahren und im Sommer an den Gardasee aufbrachen. Clara hatte, angeleitet von meinem Vater, das Schwimmen in einem norditalienischen Campingplatz-Pool erlernt. Pauline war ihr wenige Jahre später nachgefolgt. In stundenlangen, von meinem Vater mit der Videokamera, die irgendwann die altersschwache Schmalfilmkamera abgelöst hatte, aufgenommenen Filmen wedelten meine Töchter schneebedeckte Berge hinab, so wie ich einst in Super-8 hinabgewedelt war. Wie in einem Spiegel konnte ich noch einmal Teile meiner eigenen Kindheit ablaufen sehen, mich an Momente erinnern, die ich längst vergessen hatte. Manchmal wurde ich sogar sentimental und fragte mich, was ich verloren hatte und ob es wieder zurückzugewinnen wäre.

Ich konnte aber auch sehen, wie sich das Verhältnis verkomplizierte, wie es Risse bekam und wie es schließlich zum Bruch kam. Wie hilflos meine Mutter und wie herzlos mein Vater darauf reagierten, dass aus den süßen Anziehpüppchen echte Menschen wurden. Meine Töchter taten mir leid, sie waren verdammt, dieselben Erfahrungen wie ich zu machen. Denn mit den Jahren, spätestens als sie in die Pubertät kamen, war es plötzlich nicht mehr so einfach zwischen meinen Töchtern und meinen Eltern. Wenn sie eine andere Meinung hatten als mein Vater, argumentierte er sie nieder. Wenn sie ein paar Pfunde zu viel hatten, ließ sie das meine Mutter wissen. Sie wurden unterbrochen, gemaßregelt, sie wurden nicht mehr verstanden. Mein Vater hatte recht, sie hatten unrecht. Meine Mutter kochte ihre Lieblingsgerichte, nötigte sie zu doppelten Portionen und kritisierte anschließend, dass sie zunahmen.

Je älter meine Töchter wurden, desto kürzer wurden ihre Besuche bei meinen Eltern. Als sie noch älter wurden, wurden die Besuche immer seltener. Wenn sich meine Mutter darüber bei mir am Telefon beschwerte, sagte ich: Ich misch mich da nicht ein, das ist eine Sache zwischen den Kindern und euch. Klärt das unter euch. Du bist doch die Erwachsene.

Wenn ich das sagte, sagte meine Mutter nichts mehr. Irgendwann beschwerte sie sich nicht mehr, wenn wir telefonierten. Aber auch wenn sie ihre Enkel nun nicht mehr so ausführlich und oft sah, hatten wir nun immer ein Thema. Meine Mutter musste nicht fragen: Wie geht es dir? Sie konnte nun fragen: Was machen die Kinder? Ich gab Auskunft, sie trug die Informationen weiter an meinen Vater.

Wir trafen uns einmal im Jahr, eher seltener. Meist gab es einen Anlass bei ihnen, einen runden Geburtstag meines Vaters oder meiner Mutter, ein Zwischenstopp auf dem Weg in den Urlaub. Kaum einmal kamen mein Vater und meine Mutter nach Berlin. Doch dann fühlte sich das großzügige Haus am Rande Berlins, in dem wir mittlerweile lebten, schon nach zwei Tagen sehr eng an. Es passierte, dass ich eines winterlichen Morgens noch verschlafen aus dem Bad kam, da hatte mein Vater vor der Badezimmertür gewartet und stand nun vor mir wie ein Türsteher, der den Einlass zu einem Berliner Club kontrolliert, sagte nicht Guten Morgen, sagte nicht Hallo, fragte nicht Gut geschlafen?, sondern sah mir prüfend in die Augen, als fände er dort die Lösung all seiner Probleme, und brummte dann: Wer hat im Keller die Warmwasserleitungen isoliert?

Ich wusste nicht, wer im Keller die Warmwasserleitungen isoliert hatte. Ich wusste nicht einmal, ob die Warmwasserleitungen überhaupt isoliert waren. Ich wusste aber in diesem Moment, dass mein Vater vor lauter Langeweile in den Keller hinabgestiegen war, um dort die Warmwasserleitungen zu überprüfen. Dass er dabei festgestellt hatte, dass die Warmwasserleitungen nicht fachgerecht isoliert oder womöglich überhaupt nicht isoliert waren. Dass nicht fachgerecht isolierte oder gar nicht isolierte Warmwasserleitungen Kosten verursachen, die man verhindern könnte. Dass es also jemand versäumt hatte, Geld zu sparen. Dass jemand einen Fehler gemacht hatte. Dass sein Sohn mal wieder einen Fehler gemacht hatte. Und wenn jemand einen Fehler gemacht hatte, dann musste man ihm das auch mitteilen. Das konnte auch nicht warten bis nach dem Frühstück, das war jetzt wichtig. Als mein Vater, vor mir stehend wie ein Türsteher, mir auf leeren Magen die fehlenden Warmwasserleitungsisolierungen vorhielt, wusste ich nichts zu sagen, wusste nur, ich musste raus, weit weg. Also drängelte ich mich an ihm vorbei, zog meinen dicksten Mantel an und schippte den Schnee, der sich auf den Gehwegen rund ums Haus angesammelt hatte, zu hohen Haufen, bis ich mich wieder halbwegs beruhigt hatte.

Wenn alle zusammen frühstückten, plapperte meine Mutter ohne Pause, während mein Vater in die Zeitung starrte. Ab und zu hob er, ohne von der Zeitung aufzusehen, mit ausgestrecktem Arm seine Tasse in die Höhe, sagte kein Wort, und meine Mutter nahm, ohne ihren Redefluss zu unterbrechen, die Kaffeekanne, goss meinem Vater nach und redete weiter.

Es konnte passieren, da unterbrach meine Mutter ihren Monolog und fragte plötzlich: Und was macht der neue Job? Oder: Wie war denn euer Urlaub? Und wenn man dann zu erzählen begann und zwei, vielleicht auch drei Sätze weit gekommen war, schnappte meine Mutter ein Wort auf, das sie kannte, ein Wort wie Katze zum Beispiel oder Durchfall, und dann begann sie plötzlich, während man noch sprach, mit meinem Vater zu reden, sagte zu ihm in ihrer scheinbar fragenden Art: Die Kathrin hatte auch Durchfall letztes Jahr am Gardasee, war das die Kathrin? Oder: Erinnerst du dich noch an die Katze, die wir damals in Italien gefunden hatten? Mein Vater brummte, meine Mutter sagte: Wann war das, vor fünf Jahren in Bardolino? Mein Vater brummte noch einmal, meine Mutter sagte: Nein, es war nicht in Bardolino. War es in Sirmione? Und während mein Vater ein drittes Mal brummte, verstummte ich, und meine Mutter hatte nicht einmal bemerkt, dass sie mich unterbrochen hatte, merkte nicht, dass ich nichts mehr sagte, und redete stattdessen über die Katzen, die sie als Kind besessen hatte, und alle Katzen, die ihre Freundinnen hatten, die Katzen aus der Nachbarschaft, die immer bei ihr auf der Terrasse betteln, und alle anderen verfügbaren Katzen.

Ich lehnte mich zurück in meinem Stuhl und hörte und sah zu, ich versuchte die Abläufe wie ein Außenstehender zu beobachten. Ich versuchte, nicht verletzt zu sein, sondern mich zu erinnern. Ob das schon immer so gewesen war, ob ich es früher nur normal gefunden hatte. Nein, das war nicht richtig. Eigentlich hatte ich es nicht normal gefunden, ich hatte gar keine Meinung gehabt. Ich hatte es ja nicht anders gekannt, ich hatte gar nicht gesehen, was für ein liebloser Umgang in meiner ehemaligen Familie gepflegt wurde.

Familie, das war Langeweile und Unfrieden, Stillstand und Grabesruhe. Familie war eine Zelle in einem Gefängnis, aus dem man am besten so schnell wie möglich flüchtete. Familie war alles, was ich nicht mehr wollte, alles, was ich nie wieder wollte.

Vor nahezu zwei Jahrzehnten hatte Anne gesagt: Komm, wir fahren am Sonntag zu meinen Eltern.

Wir?, hatte ich gefragt.

Ja, wir drei zusammen, du und Clara und ich, hatte Anne geantwortet.

Und warum?, hatte ich gefragt.

Es gibt Kaffee und Kuchen. Und meine Eltern wollen dich kennenlernen.

Ich will deine Eltern aber nicht kennenlernen, hatte ich gesagt.

Du musst keine Angst haben, hatte Anne gesagt. Meine Eltern sind nett.

Das mag sein, hatte ich gesagt. Aber ich habe schon eine Familie, und wenn deine nur halb so schlimm ist wie meine, will ich erst recht keine zweite.

Anne hatte das nicht verstanden. Ich hatte versucht, es ihr zu erklären. Irgendwann hatte sie geweint, dann hatte ich geweint. Zwei, drei Wochen später war ich dann doch mitgekommen zu ihren Eltern. Es war gar nicht schlimm. Es war sogar sehr nett.

Nahezu zwei Jahrzehnte später hatte ich längst gelernt, dass Familie kein Knast sein muss, sondern ein Rückzugsort sein kann. Der Platz, an dem man sich wohl fühlt. An dem man zusammenlebt mit den Menschen, die man liebt und von denen man geliebt wird. Ein Ort, an dem man seine Gefühle zeigen kann, ohne damit rechnen zu müssen, dass die einem als Schwäche ausgelegt werden.

Ich hatte nie ein Vater werden wollen. Aber als ich Vater geworden war, versuchte ich ein guter Vater zu sein. Ein Vater, der an der Ostsee so lange mit seiner Tochter buddelte, bis er allein dasaß mit Schaufel und Förmchen. Ein Vater, der da war, wenn seine Kinder von der Schule nach Hause kamen, und ihnen Pudding kochte, wenn sie krank waren. Ein Vater, der seinen Kindern zuhörte und sie lobte, und ein Vater, der zugeben konnte, wenn er ungerecht gewesen war. Vor allem hatte ich versucht, ein Vater zu sein, der nicht war wie mein Vater.

Was ich auch gelernt hatte in diesen zwei Jahrzehnten: Es war nicht so einfach, Vater zu sein. Es war aber auch nicht besonders schwer. Dann nämlich, wenn man verstand, dass man viel mehr zurückbekam, als man investierte. Dass es Spaß machte, Vater zu sein oder Mutter. Dass es keine Aufgabe war, Kinder großzuziehen, sondern ein Geschenk. Das vor allem, glaube ich, haben mein Vater und auch meine Mutter nie verstanden, dass Kinder einem mehr geben, als sie nehmen.

Mein Vater, das spürte ich, und meine Mutter, das sagte sie immer wieder, nur leidlich versteckt in Nebensätzen, hatten meinen Bruder und mich immer als Aufgabe empfunden, die es zu erledigen galt. Keine schlimme Plage, aber etwas, was man tat, weil es schon immer getan worden war und alle anderen es eben auch taten. Etwas Lästiges, das einem auferlegt worden war von der Gesellschaft oder von der Biologie. Eine Pflicht, nach deren Erledigung sie aber auch eine gewisse Dankbarkeit erwarteten. Oder zumindest hatten sie das so sehen wollen. Vielleicht wollten sie ihrem Leben so einen Sinn geben. Ich glaube, sie haben nie verstanden, dass Kinder zu haben ein großer Spaß ist. Dass die Kinder das Leben der Eltern bereichern. Dass man sich bei seinen Kindern bedanken sollte, dass es sie gibt.

Mein Vater fand stattdessen, dass man Kinder nicht loben sollte.

Einmal waren Anne, Clara und ich, Pauline war noch nicht geboren, für ein paar Tage in meine alte Heimat gefahren. Wir hatten in meinem alten Kinderzimmer geschlafen, meine Mutter hatte uns bekocht, mein Vater hatte Zeitung gelesen, und die kleine Clara war ihm auf den Schoß gekrochen, und er hatte begonnen sie zu kraulen wie man eine Katze kraulen würde, ohne die Zeitungslektüre zu beenden. Ich hatte die beiden angesehen und mich gefragt, ob es wohl so gewesen war, als ich noch so klein gewesen war. Wahrscheinlich war es so gewesen. Wahrscheinlich war mein Vater, wenn er da gewesen war, doch irgendwie nicht da gewesen. Wahrscheinlich konnte ich mich deshalb nicht an solche Situationen erinnern. Wahrscheinlich konnte mein Vater einfach nicht mehr geben, dachte ich und war ein wenig milder gestimmt.

Am nächsten Vormittag saß Clara nicht mehr auf dem Schoß meines Vaters, sondern auf dem Esszimmerstuhl neben ihm. Mein Vater las in der Zeitung, Clara malte. Meine Mutter hatte mehrere Schreibunterlagen strategisch so unter dem Malblock arrangiert, dass Clara auf gar keinen Fall die Tischdecke bemalen konnte. Ab und an stellte sich Clara auf den Stuhl, riss das Blatt ab, legte es auf die Zeitung vor meinen Vater und rief: Guck mal.

Mein Vater hob nicht den Blick. Er sagte: Sehr schön. Dann nahm er das Blatt und legte es wieder auf den Malblock. Clara hob das Blatt auf, legte es neben den Malblock auf den Stapel mit den bemalten Blättern und malte weiter.

Als wir ins Zimmer kamen, setzte sich Anne neben ihre Tochter, und ich setzte mich meinem Vater, der nicht von seiner Zeitung aufsah, gegenüber. Anne bestaunte die Bilder, die sich neben Clara stapelten. Sie lobte ihr Kind, sie fragte: Was hast du denn da gemalt? Und wenn Clara sagte: Eine Katze, dann zeigte mir Anne das Bild und sagte: Ja, klar, sieht ja auch aus wie eine Katze. Wie konnte ich das bloß nicht sehen. Ich bin ganz schön blöd.

Du bist gar nicht blöd, schrie Clara dann, und Anne zwinkerte mir zu, und ich lachte, und Anne lachte, und ich fragte Clara: Und was malst du jetzt?

Jetzt male ich eine Kuh, sagte Clara und begann eine Kuh zu malen, die kein bisschen wie eine Kuh aussah, aber natürlich trotzdem die schönste Kuh der Welt war. Anne und ich sahen ihr zu und waren sehr stolz.

Plötzlich sagte mein Vater: Ihr sollt das Kind nicht so loben.

Anne sah meinen Vater an. Weil der nicht sie ansah, sondern immer noch seelenruhig in seiner Zeitung las, sah sie mich fragend an.

Ich sah Anne an, sah die Verwunderung in ihrem Blick, die Frage, die ihre Augen stellte, aber wusste nicht genau, was sie meinte. Hatte mein Vater etwas Seltsames gesagt?

Mir kam es nicht so seltsam vor, dachte ich. Als ich langsam begann zu verstehen, sah mein Vater von seiner Zeitung auf und sah Anne direkt an.

Die hat doch noch nichts geleistet, sagte mein Vater. Die denkt noch, wunder wer sie ist.

Im Landgasthof im Nirgendwo wird der zweite Gang des zehngängigen Degustationsmenüs serviert. Oder vielleicht ist das sorgsam arrangierte Kleinod aus sautierten Wildpilzen, Rotweinplinzen und Pfirsich auf dem kleinen weißen Teller auch nur ein Gruß aus der Küche.

Clara ist mittlerweile erwachsen, Pauline auf dem besten Wege dorthin. Die Zeit ist vergangen, und mein Vater studiert missbilligend das liebevolle Arrangement auf seinem Teller. Er schweigt, aber ich kann sehen, wie sich seine linke Augenbraue hebt. Hinter der Augenbraue, ich weiß es, werden gerade Zahlen addiert, werden Preis und Leistung verglichen, und die Leistung, vermute ich, schneidet gerade schlecht ab.

Noch einmal hebt sich die Augenbraue, und ich weiß, dass mein Vater nicht weiß, dass sich seine linke Augenbraue gerade hebt, nicht weiß, dass man in seinem Gesicht alles lesen kann, dass man seine rothäutige Wut erkennen kann und seine Verachtung an den herabgezogenen Mundwinkeln, dass man sieht, wenn er einem nicht zuhört, und erkennen kann, wie sehr er einen verachtet.

Mein Vater weiß, dass sich seine linke Augenbraue ohne sein Zutun hebt, aber er glaubt es nicht. Als mein Bruder und ich noch klein waren, haben wir es ihm gesagt, wir haben gelacht und gesagt: Deine Augenbraue zuckt. Mein Vater hat uns irritiert angesehen und sich dann wieder in die Zeitung vergraben. Mein Bruder hat gerufen: Da, schon wieder, deine Augenbraue. Mein Vater hat gebrummt: Quatsch, das würde ich doch merken. Und das war das.

Als meine Kinder noch klein waren, haben sie festgestellt, dass ich, wenn ich mich ärgere oder wenn ich etwas seltsam finde, die linke Augenbraue nach oben ziehe. Sie haben gelacht. Ich habe gesagt: So ein Quatsch, das würde ich doch merken. Sie haben noch mehr gelacht. Ich habe zu Anne gesagt: Das ist doch Quatsch. Anne hat ganz leicht den Kopf geschüttelt und dann mitgelacht.

Seitdem versuche ich manchmal, die linke Augenbraue bewusst nach oben zu ziehen. Ich frage Clara oder Pauline oder Anne: Geht meine linke Augenbraue nach oben? Clara oder Pauline oder Anne sagt dann: Nein, immer beide. Du kannst das nicht absichtlich. Und dann lachen sie.

Ich kann zwar meine linke Augenbraue nicht nach oben ziehen, wann ich will. Aber dafür weiß ich, dass ich die linke Augenbraue nach oben ziehe. Ich weiß, dass in meinem Gesicht zu lesen ist, wie es mir geht. Ich weiß, dass aus mir kein guter Schauspieler mehr wird.

Ich weiß aber nicht, wie das sein kann. Ich frage mich, ob Augenbrauen mit Eigenleben mit dem Erbgut weitergegeben werden. Oder habe ich mir den Tick über die Jahre unbewusst bei meinem Vater abgeschaut? Habe ich die Augenbraue schon immer hochgezogen, schon als Kind? Oder erst später, und werde ich meinem Vater womöglich immer ähnlicher, ohne das verhindern zu können? Wie viel von meinem Vater ist noch in mir, von dem ich nichts weiß? Eigentlich frage ich mich, während ich so dasitze und die Pilze sehe und meinen Vater, wie sich seine Augenbraue über ihnen hebt und senkt: War alles umsonst?

Ich zweifle. Ich zweifle immer noch. Ich fürchte, ich werde ewig zweifeln, mich ewig fragen, ob ich den Geist meines Vaters endlich verjagt habe. Ob es mir gelungen ist, seine guten Eigenschaften anzuerkennen und die anderen, die vielen unangenehmen, das Aufbrausende, das Rechthaberische, das Böse, die fehlende Empathie, die selbstgewisse Verachtung für alles, was er nicht verstand oder verstehen wollte, ob ich all das aus mir vertreiben konnte.

Ich weiß, ich konnte nicht. Eindämmen, das schon. Aber immer wieder entdecke ich meinen Vater in mir.

Andererseits ist ja schon der Zweifel ein Beweis, dass ich nicht so bin wie mein Vater. Hoffe ich. Noch vier Stunden bis Mitternacht.

Der dritte Gang wird serviert. Langsam wird es fleischig. Mein Bruder hat die Kalbsbriespastete an irgendetwas Karamellisiertem bereits verspeist und stürzt den Rest seines zweiten Bieres hinunter. Anne, Clara und Pauline essen schweigend, und meine Mutter redet. Unbeeindruckt vom Anlass, oder vielleicht ja auch befeuert von ihrem runden Geburtstag, ihrem Ehrentag, der pünktlich um Mitternacht beginnen soll, erzählt sie dieselben Geschichten wie immer, berichtet von den Verwicklungen und Verlobungen aus dem Dorf, rekapituliert Supermarktneueröffnungen und veränderte Ladenöffnungszeiten, erinnert sich plötzlich an einen verspeisten, aber unverschämt günstigen Hummer aus längst vergangenen Urlaubstagen an irgendeiner kanadischen Küste und seziert vor allem sehr genüsslich die Krankheitsgeschichten und den aktuellen Genesungsstand guter und weniger guter Freundinnen, Bekannter und deren Lebenspartner.

Es klingt, als würde meine Mutter von den letzten Irrungen und Wirrungen ihrer bevorzugten Seifenoper berichten. Sie erzählt von Menschen, mit denen sie seit Jahrzehnten befreundet ist, als wären es Chefarzt und Kinderkrankenschwester, Ölmagnat und nymphomane Ex-Ehefrau. Sie scheint das Leid zu genießen, das Unglück anderer, so lustvoll breitet sie es aus. Vielleicht fehlt ihr das Mitgefühl, weil sie im Leid der anderen immer nur sich selbst erkennen kann, weil sie sich zwar leidtut, aber sich das Jammern verbietet. Vielleicht hilft es ihr auch, ihr eigenes Leben mit einem Mann, der sie verachtet und zur Putzfrau und Köchin degradiert hat, einem Sohn, der nicht mit ihr spricht, und einem anderen Sohn, der schon vor langer Zeit nicht weit genug weg von ihr fliehen konnte, nicht ganz so erbärmlich zu finden.

Und ich frage mich, während ich versuche, dem ziellos mäandernden Erzählstrom zu folgen, wie meine Mutter wohl von mir spricht, von ihren Enkeltöchtern, von ihrer Schwiegertochter. Sind wir auch nur Zipperlein und möglichst exotische Krankheitsbilder, von denen sie ihren Freundinnen erzählt, ein Gegengeschäft in einem ewig währenden Austausch von möglichst schlechten Nachrichten? Sind Clara und Pauline nur Staffage, wenn sie sich an den exakten Preis des gewaltigen Fruchteisbechers in dieser Eisdiele, wie hieß die noch gleich, die in dem kleinen Ort am anderen Ufer des Gardasees, erinnert?

Mein Bruder und ich sind für meine Mutter, glaube ich, immer noch die kleinen Jungen, die an Wochenenden morgens ins Bett ihrer Eltern gekrochen kamen. Zwei süße Puppen, mit denen man kuscheln und die man hübsch anziehen konnte. Dass die Puppen irgendwann zu reden begannen, war noch lustig. Aber was sie zu sagen hatten, das war nicht so interessant. Als die Puppen dann schließlich sogar etwas wie einen eigenen Willen entwickelten, begannen sie mit ihrem Ehemann zu streiten. Das gefiel meiner Mutter gar nicht. Sie vermisste die schöne Harmonie, die es gegeben hatte, bevor die Puppen zu sprechen begannen. Also redete sie einfach so viel, dass die anderen nicht mehr streiten konnten. Vielleicht redete sie auch erst so viel, seit mein Vater noch weniger sprach als sowieso schon, seit mein Bruder verstummt und ich geflohen war, sie redete, um die Leere zu füllen, die sich in dem Haus, in dem ich aufgewachsen war, ausgebreitet hatte.

Und während sie spricht, während ihr die anderen zuhören, manche mehr, manche weniger, während Einzelne kurze Zwischenfragen stellen oder Zustimmung brummen, wenn sie direkt angesprochen werden, während das bekannte Schauspiel sich entfaltet, meine alte Familie zu großer Form aufläuft, während ich das alles betrachte aus einer möglichst fatalistischen Beobachterposition, glaube ich zu bemerken, dass meine Mutter in all ihrer erzählerischen Hast doch unmerklich langsamer wird. Als würde sie sich plötzlich gewahr, dass sie die Einzige ist, die in dem großen Raum spricht, und womöglich kommen ihr Zweifel, vielleicht fragt sie sich, ob ihr bald der Stoff ausgehen könnte, und wie sie dann umgehen solle mit dem riesengroßen Schweigen, das dann unweigerlich folgen wird, vor dem sie aber nicht wie zu Hause in die eigene Küche flüchten kann. Meine Mutter merkt plötzlich, stelle ich mir vor, dass sie sich nicht vorher überlegt hat, dass sie hier im fremden Nirgendwo nicht einfach aufstehen und die Stille hinter sich lassen kann, sich nicht einfach einen Lappen greifen, ihr Waschbecken bearbeiten und die Leere wegputzen kann.

Ein neuer Gang wird aufgetischt, ein neuer Teller mit einer kleinen Portion Fleisch und einer kleineren Portion Gemüse, darum verteilt dunkelbraune und gelbe Spritzer. Mein Vater zieht die linke Augenbraue nach oben, mein Bruder bestellt noch ein Bier, meine Mutter macht einen Moment Pause.

Wir essen. Unser Schweigen legt sich über den nahezu leeren Speisesaal wie eine schwere Brokatdecke. Das einzelne Ehepaar an seinem Fenstertisch hat eben zwei kleine Tässchen Espresso serviert bekommen. Auch sie reden nicht, sondern scheinen andächtig in die Stille zu lauschen. Bald werden sie gehen und uns ganz alleinlassen in unserem Elend.

Ein Gläserklingeln beendet das Schweigen. Mein Vater hat das Fleisch und das Gemüse gegessen und mit seinem Messer an sein Weinglas geschlagen. Er hält einen kleinen Zettel in der Hand. Mein Vater will eine Rede halten. Noch nie habe ich meinen Vater eine Rede halten hören.

Nicht, dass mein Vater sich nicht gerne reden hört. Nicht, dass er nicht gern monologisiert. Mein Vater kann einen ganzen Abend bestreiten mit der Schilderung eines Kleinkriegs, den er mit einem Versicherungsunternehmen oder einem Telekommunikationsanbieter geführt hat. Seit er pensioniert ist, hat er viel Zeit für solche Kleinkriege. Deren Anlass muss nicht einmal ein zweistelliger Eurobetrag sein, die Briefe, die mein Vater im Laufe der Auseinandersetzung verschickt, mögen allein mit dem Porto die spätere Erstattung aufwiegen, aber das ist egal. Denn es geht zwar ums Geld, es geht bei meinem Vater immer ums Geld, aber vor allem geht es ums Gewinnen. Immer und überall. Ob es gegen die Behörden geht und um den letzten Steuerbescheid oder gegen die eigene Enkeltochter beim Mensch-ärgere-dich-nicht, sei es ein Reklamationsfall bei der Online-Bestellung oder ein Tennismatch gegen den Sohn.

Seit er alt geworden ist, zu alt für Tennis und zu alt zum Arbeiten, seit er mehr Zeit hat, als ihm guttut, sind die Kleinkriege immer wichtiger geworden. Und wenn er einen Abend lang, lustvoll ins Detail gehend, seinen heroischen Kampf gegen den Fahrzeughersteller schildert, der ihm einen Wagen verkauft hat, der im absoluten Endbeschleunigungsbereich kaum messbare fünf Pferdestärken weniger Leistung erbringt, als die Produktbeschreibung verspricht, wenn er das ewige Hin und Her zwischen Sachbearbeitern und ihm, dem standhaften Wahrer der Verbraucherrechte zu erzählerischen Schlangenlinien windet, denen nur schwer zu folgen ist, wenn dann noch das eine oder andere Glas Wein den alten Ärger wiederaufleben und die Demütigung durch den übermächtigen Konzern noch schmerzhafter und die Schlangenlinien noch verwickelter erscheinen lässt, wenn im Laufe des Abends der David gegen Goliath zusehends, aber doch sehr schleppend die Oberhand gewinnt, dann merkt mein Vater immer noch nicht, dass er seine Zuhörer schon lange verloren hat. Zu stoppen ist er trotzdem nicht.

Denn mein Vater hört sich gern reden. Die anderen, die Idioten, also alle anderen eigentlich, die sollen sich mal anhören, was er zu sagen hat, er, der Mann mit dem Durchblick. Aber eine Rede bei einem offiziellen Anlass, eine Rede vor der Familie, die habe ich ihn noch nie halten hören.

Mein Vater bleibt sitzen, die Stille ist drückend, man könnte meinen, das Glas schwinge immer noch leise nach. Das Ehepaar am Fenstertisch traut sich nicht, seine geleerten Espressotassen wieder abzusetzen. Mein Vater nimmt seine Brille ab und beugt sich hinunter zu seinem Zettel, den er in der Hand hält. Einen Moment, so zusammengesunken, sieht er fast aus wie erstarrte Demut. Dann richtet er sich auf und spricht, ohne aber den Blick zu heben, hinein in das Schweigen um ihn herum.

Meine Liebe, sagte mein Vater, und ich frage mich, ob mein Vater meine Mutter jemals zuvor so genannt hat. Ich kann mich auch nicht erinnern, ihn jemals Ich liebe dich sagen gehört zu haben.

Alle, die dich lieben, sind jetzt versammelt und wollen dich ehren, sagt mein Vater, und es klingt schal und leer, als würde er eine Verpflichtungserklärung vortragen, die ihm ein Führungsoffizier abverlangt hat. Meine Mutter schaut meinen Vater nicht an, sie blickt auch nicht in die Runde, sondern starrt auf den leeren Teller vor sich. Am Nasenansatz erscheint ihre missmutige Falte. Sie steht nicht gern im Mittelpunkt, hat sie immer wieder behauptet. Vielleicht stört sie auch etwas anderes.

Ich blicke durch die Leere zwischen meiner Mutter und meinem Vater und sehe am Ende des großen Speisesaals den Kellner erscheinen, er will die Teller abräumen. Als er begreift, was gerade an dem Tisch inmitten seines Speisesaals passiert, stockt sein forscher Schritt, er verharrt einen Moment, dreht sich vorsichtig um und schleicht aus dem Saal.

Du und ich, wir haben es, fährt mein Vater fort, jetzt schon eine lange Zeit miteinander ausgehalten.

Er stockt ein wenig, man merkt, dass er es nicht gewohnt ist, zu offiziellen Anlässen zu sprechen. Er versucht, dem Augenblick eine Würde zu verleihen, ihn aber auch nicht zu ernst zu nehmen.

Wir haben es schon lange zusammen ausgehalten, wiederholt er noch einmal, da werden wir auch die Jahre zusammen rumbringen, die uns noch bleiben.

Anne schaut mich an. Ich versuche ihr nur mit den Augen zu verstehen zu geben, dass ich mit den Schultern zucke, ohne mit den Schultern zu zucken. Ich habe keine Ahnung, ob mein Vater einen Witz machen wollte, der ihm gründlich misslungen ist. Ich fürchte aber, er meint es ernst.

Mein Vater spricht weiter. Oft kommt er ins Stocken. Schaut dann auf seinen Zettel, auf dem aber nur vier oder fünf Wörter stehen. Er spricht von den Söhnen, die meine Mutter geboren hat, er sagt, aus denen ist ja auch einigermaßen was geworden. Er spricht über die Enkelkinder, er sagt, aus denen wird hoffentlich auch mal was.

Er erzählt nicht von früher, er erinnert sich nicht an die schönen Zeiten mit seiner Frau, der Jubilarin, die es doch gegeben haben muss, nicht an die schönen Zeiten mit den gemeinsamen Söhnen, die doch sogar ich noch in Erinnerung habe, oder an die schönen Zeiten mit den Enkeltöchtern, von denen ich sicher weiß, dass es sie gegeben haben muss und dass sie so lange noch nicht vergangen sind. Er erzählt nicht einmal von den nicht ganz so schönen Zeiten. Vielleicht, denke ich, erinnert er sich nicht mehr, wahrscheinlich war es nicht schön für ihn. Mein Vater spricht weiter, er heftet Wort an Wort, eher unwillig kommen sie aus seinem Mund, aber er hört nicht auf, er redet von Pflicht und gemeinsam getragener Verantwortung, er redet von den Sorgen, die man sich als Vater und Mutter so macht, von Hoffnungen, die sich nicht erfüllen, und er redet weiter, und es schmerzt und es hört nicht auf, und als er endlich sagt: Dann lasst uns mal anstoßen, sehe ich auf die Uhr, die direkt über der Eingangstür zum Speisesaal hängt und auf die mein Blick unweigerlich fällt, wenn ich es nicht aushalte und meinem Vater nicht mehr ins Gesicht sehen kann, sondern über seinen Kopf blicke, und stelle fest, es sind nur sechs Minuten vergangen. Es schien mir eine Ewigkeit, und ich frage mich, was er eigentlich sagen wollte, und fürchte, er weiß es selbst nicht, weil er nicht weiß, was Liebe ist, weil er es noch nie wusste und niemals wissen wird, und in diesem Moment tut er mir sogar leid.

Alle nehmen ihre Gläser, wir recken sie in die Mitte des runden Tisches, der plötzlich noch größer wirkt, ich muss aufstehen und mich strecken, um anzustoßen mit meiner Mutter, und dabei sehe ich ihr in die Augen, und sie sieht mir in die Augen, nur einen kurzen Moment lang, und ich kann nichts lesen in diesen Augen, ich kann keine Enttäuschung erkennen, keine Verzweiflung, sicherlich keine Freude, nicht einmal ein geheimes Einverständnis mit mir, nichts. Die beiden Gläser stoßen klirrend aneinander, dann wendet sich meine Mutter dem nächsten Glas zu, mit dem sie anstoßen soll. Sie hat es überstanden, die erste Rede, die jemals auf sie gehalten wurde. Sie wird auch die nächsten Jahre noch überstehen.

Der Kellner steht plötzlich neben unserem Tisch. Er füllt die leeren Gläser. Er fragt: Können wir jetzt mit dem Dessert beginnen? Ja, unbedingt, sagt Clara. Noch eine gute Stunde bis Mitternacht.

Die Stille ist zurückgekehrt mit neuer Macht. Manche bekämpfen sie mit Schweigen, andere mit einem weiteren Bier. Das Ehepaar, das so lange selbst schweigend unserem mal beredten, mal stillen Schweigen beigewohnt hatte, hat die Segel gestrichen und den Weg aus dem nun vollkommen leeren Speisesaal gefunden. Die beiden hatten ihre Servietten vom Schoß genommen, gefaltet und auf ihre Teller gelegt, sie waren aufgestanden, hatten ihre

Stühle an den Tisch geschoben, und man hatte jedes Geräusch, jedes Rascheln des schweren Serviettenstoffs, jedes Holzbeinschaben auf dickem Teppichboden, gehört. Als die beiden an unserem Tisch vorbeigingen, vorsichtig, fast tastend Schritt vor Schritt setzend, als wollten sie uns nicht stören, fing ich den Blick des Mannes auf, der mir in diesem Moment einmal, kaum merklich zunickte. Vielleicht wollte er Verständnis signalisieren, vielleicht gar Mitleid, vielleicht war es auch nur ein Reflex, ein unwillkürliches Zucken des Kopfes.

Aber bevor ich länger darüber nachdenken kann, ob fremden Menschen unsere emotionale Verwahrlosung ins Auge springt, höre ich Anne das Schweigen brechen. Sie legt meiner Mutter, die neben ihr sitzt, die rechte Hand auf den Unterarm und sagt: Jetzt, wo du bald 70 Jahre alt wirst …

Ich hab's mir nicht ausgesucht, unterbricht meine Mutter sie. Es soll ein Witz sein, glaube ich, aber niemand lacht.

Aber das ist doch ein Alter, fährt Anne fort, in dem man mal zurückblickt. Und mir ist aufgefallen, dass ich gar nichts weiß über deine Kindheit. Wie bist du aufgewachsen? Wie war das im Krieg damals? Ich weiß von meiner Mutter, wie sie die Bombennächte erlebt hat. Ich denke, du hast auch so was erlebt. Wenn du darüber reden willst, würde mich das brennend interessieren. Ich weiß nichts über deine Kindheit.

Ich, fällt mir auf, weiß auch nichts über die Kindheit meiner Mutter. Ich weiß, dass es sie gegeben haben muss, die Bombennächte im Keller, ihre Mutter, meine Großmutter hatte mir davon erzählt, zwei, vielleicht drei Mal. Aber meine Mutter selbst? Ich kann mich nicht erinnern, dass sie jemals erzählt hätte von damals, vom Krieg.

Meine Mutter sitzt ganz still da. Sie sieht Anne an. Sie ist überrascht, glaube ich, vielleicht auch argwöhnisch. Das, glaube ich aus ihrem Blick zu lesen, hat sie noch niemals jemand gefragt. Noch niemals wollte jemand von ihr wissen, wie das war damals, als sie klein war.

Ich war klein, sagt sie plötzlich. Ich war ja erst vier Jahre alt, als der Krieg zu Ende war.

Anne hört meiner Mutter zu. Alle hören meiner Mutter zu. Wir sind alle ganz ruhig, aber trotzdem ist das Schweigen verschwunden.

Ich war klein, wiederholt meine Mutter noch einmal. Ich kann mich kaum erinnern. Ich kann mich eigentlich gar nicht erinnern. Meine Mutter hat mir erzählt, wie wir bei Bombenalarm immer in den Keller gerannt sind. Jeder hatte seinen Platz im Keller. Ich hab immer meine Puppe mit in den Keller genommen.

Das hatte Großmutter mir auch erzählt. Und dass sie, wenn sie über den Hof liefen, sehen konnten, wie die Leuchtkegel der Flak-Scheinwerfer den Himmel über der Stadt durchschnitten. Dass meine Mutter, ihre kleine Tochter, so fasziniert war von den Lichtern im dunklen Himmel, dass sie nicht auf ihre Füße achtete und immer wieder stolperte, während Großmutter sie hinter sich herzog. Und dass meine Mutter einmal ihre Puppe vergessen hatte, aber es zu spät war, sie noch aus der Wohnung zu holen, und dass meine Mutter weinte und immer mehr weinte aus Angst um ihre Puppe, bis sie endlich in den Armen ihrer Mutter eingeschlafen war.

Doch das, was mir Großmutter erzählt hatte, erzählt meine Mutter nicht. Vielleicht erinnert sie sich nicht, vielleicht erscheinen ihr die Details irrelevant, vielleicht hat sie auch vieles verdrängt, wahrscheinlich war sie tatsächlich noch zu klein.

Meine Mutter ist in derselben Stadt aufgewachsen wie mein Vater. In derselben Stadt, in der mein Bruder aufgewachsen ist und in der ich aufgewachsen bin, bis mein Vater, meine Mutter, mein Bruder und ich in das Dorf gezogen sind, in dem mein Vater, meine Mutter und mein Bruder heute immer noch leben. Die Stadt war eine der deutschen Städte, die im Zweiten Weltkrieg durch Bombenangriffe nahezu dem Erdboden gleichgemacht worden war. Dieser Teil der Geschichte der Stadt, in der mein Vater, meine Mutter und ich aufgewachsen sind, spielte nie eine große Rolle. Nur manchmal schlüpfte die Geschichte in die Gegenwart, schummelte sich ins Jetzt, so wie an dem einzigen Wintertag, an den ich mich erinnern kann, an dem mein Vater mit uns zum Rodeln ging.

Ich weiß nicht mehr, wie alt ich war, wahrscheinlich acht oder neun Jahre alt. Ich weiß aber noch, dass es ein kalter, klammer Sonntag war, an dem mein Vater zuerst unser Auto aus der Garage hinter unserem Haus fuhr und dann den Schlitten holte. Der Schlitten lehnte an einem Berg aus Schnee, der durch das dauernde Räumen entstanden war. Die Eisen unter den Kufen des Schlittens waren rostig nach einem feuchten Sommer, den sie in der Garage verbracht hatten, und hinterließen zwei parallele, bräunlich rote Streifen im Schneeberg.

Als wir mit dem Auto zu dem Berg gefahren waren, den mein Vater den Müllberg nannte und der sich am Rande der Stadt wie aus dem Nichts erhob, lud mein Vater den Schlitten wieder aus und zog ihn den Berg hinauf. Mein Bruder und ich schlurften hinter ihm her. Dann fuhren wir zu dritt den Berg hinunter, und dabei saß mein Bruder zwischen mir und meinem Vater. Mein Bruder meckerte, dass er nichts sehen konnte, aber mein Vater sagte, das sei besser so, sonst könne er herunterfallen. Bei der zweiten Fahrt durfte mein Bruder trotzdem vorne sitzen und ich hinter ihm und mein Vater hinter mir, und so konnten wir alle sehen.

Auf der Rückfahrt beschlugen im Auto die Scheiben, und mein Vater sagte: Hört mal auf zu atmen, ich kann ja gar nichts mehr sehen. Ich wusste, dass mein Vater nur einen Witz machte, aber mein Bruder hielt tatsächlich den Atem ein paar Sekunden an, bis er es nicht mehr aushielt und schnaufend Luft holen musste. Warum heißt der Müllberg Müllberg?, fragte ich meinen Vater.

Weil er aus Müll besteht, antwortete mein Vater.

Aus Müll, sagte ich fragend, aus dem Müll aus unserer Mülltonne?

Nein, sagte mein Vater, aus den Resten von Häusern, die im Krieg kaputtgegangen waren. Irgendwo mussten die Steine und die anderen Reste ja hin, also hat man sie zu einem Haufen zusammengeschoben, damit ihr Schlitten fahren könnt.

Im Krieg, das wusste ich damals schon, waren viele Bomben auf die Stadt gefallen. Ich wusste auch, dass viele Häuser in der Stadt kaputtgegangen waren. Auch das Haus, in dem mein Vater, meine Mutter, mein Bruder und ich lebten, war kaputt gebombt worden, und mein Vater hatte es nach dem Krieg fast im Alleingang wieder aufgebaut. Nun wusste ich auch, dass aus den Resten von Häusern ein Müllberg gebaut worden war, auf dem wir im Winter rodeln konnten.

Sind in dem Müllberg auch Reste von unserem Haus?, fragte ich meinen Vater.

So ein Quatsch, der Müllberg ist doch am anderen Ende der Stadt, antwortete mein Vater sofort. Dann war es ruhig im Auto, die Scheiben waren mittlerweile wieder frei, mein Bruder atmete ruhig neben mir. Nach einer Weile sagte mein Vater in die Stille: Nein, das ist Quatsch. Das kann nicht sein.

Mein Vater sagte nichts mehr, bis wir zu Hause wieder in die Garage fuhren. Der Krieg war nie ein Thema.

Meine Mutter redet immer noch über Erinnerungen, an die sie sich nicht selbst erinnern kann. Es schmerzt, ihr zuzuhören. Der Kellner hat ein erstes Dessert serviert, aber meine Mutter schiebt die Panna Cotta unter einem Himbeer-Balsamico-Sud der neben ihr sitzenden Pauline zu. Ich mag doch nichts Süßes, sagt sie, und dann fällt ihr ein, dass im Keller, in dem Haus, in dem sie während des Krieges mit ihrer Mutter gelebt hat, jeder seinen festen

Platz hatte. Damit man weiß, wer fehlt, sagt meine Mutter, das hat mir alles meine Mutter erzählt.

Tatsächlich hatte ich auch diesen Teil der Geschichte in fast denselben Worten schon einmal gehört von meiner Großmutter, ihrer Mutter. Meine Mutter dagegen, die Frau, die sonst ohne Unterlass reden konnte über den letzten Auftritt des Dorf-Kabaretts, die aktuellen Sonderangebote oder die neuesten Krankheiten ihr leidlich bekannter Menschen, diese Frau wusste nicht mehr, was sie als Kind erlebt hatte. Sie konnte sich nur erinnern an das, was ihr über ihr Leben erzählt worden war, und das war weniger, als ich von anderen Menschen über ihr Leben erfahren hatte. Es war, als hätte meine Mutter gar nicht ihr Leben gelebt, sondern bloß ein Surrogat aus dem Leben anderer, als hätte sie, so kommt es mir vor, Angst vor sich selbst und vor allem vor Gefühlen, denn die kommen in allen ihren Geschichten, den gehörten und den wiedererzählten, nicht vor.

Das ist ja auch alles lange her, sagt plötzlich mein Vater. Er ist meiner Mutter ins Wort gefallen. Einen kurzen Moment frage ich mich, ob er meine Gedanken lesen konnte, ob er wusste, woran ich dachte, ob er womöglich gespürt hat, dass ich mich frage, warum die Erinnerungen meiner Mutter so farblos sind.

Ich habe die letzten, schweren Bombenangriffe ja gar nicht mitbekommen damals, sagt mein Vater und blickt auf seinen leeren Dessertteller. Er zieht seine Serviette vom Schoß, wischt sich den Mund ab und legt sie neben den Teller.

Ich war gar nicht in der Stadt in den letzten Kriegstagen, fährt mein Vater fort. Ich war auf dem Dorf.

Dann lehnt er sich zurück und blickt in die Runde, als würde er überprüfen, ob ihm auch jeder zuhört. Niemand sagt etwas. Ich kann sehen, wie sich Annes Stirn kräuselt. Dann wirft sie mir einen fragenden Blick zu, und ich verstehe nicht sofort, aber dann weiß ich plötzlich, dass sie sich fragt, wie mein Vater es wagen kann, seine eigene Ehefrau, die bald 70 Jahre alt wird, so dreist von der Bühne ihrer eigenen Geburtstagsfeier zu schubsen. Im nächsten Moment wird mir klar, dass ich die Absurdität gar nicht bemerkt hätte ohne Annes gekräuselte Stirn, ohne ihren fragenden Blick, dass es mir ganz normal, vollkommen selbstverständlich erschienen wäre, dass mein Vater das bisschen Aufmerksamkeit, das meiner nach Aufmerksamkeit lechzenden Mutter an ihrem 70. Geburtstag eher unverhofft zuteil wurde, an sich riss. Ich kannte meinen Vater ja nicht anders: Oft sagte er nichts. Aber wenn er etwas sagen wollte, dann sagte er es. Egal, ob jemand anders gerade redete. Egal, ob es gerade ins Thema passte. Egal, ob er jemanden verletzte. Egal, ob es jemanden interessierte.

Und jetzt, hatte er beschlossen, war es Zeit, eine Geschichte zu erzählen, die er erlebt hatte. Schließlich hatte jemand nach dem Krieg gefragt. Da war er ja dabei gewesen, sogar länger als meine Mutter.

Die Geschichte meines Vaters handelte davon, wie er als Elfjähriger aus der zerbombten Stadt geflüchtet war. Mit dem Zug sollte er zur entfernten Verwandtschaft in die Provinz fahren, dorthin, wo die amerikanischen Bomber nicht hinflogen. Seine Mutter hatte ihm ein paar Brote geschmiert, einen kleinen Koffer gepackt und einen Vogelbauer in die Hand gedrückt. Dann hatte sie ihn losgeschickt.

Was ist ein Vogelbauer, fragt Pauline.

Ein Käfig für einen Vogel, erklärt ihre Schwester Clara.

Ach so, sagt Pauline.

Mein Vater erzählt weiter. Er erzählt, dass gar kein Zug fuhr, die Bomben hatten die Gleise zerstört. Er erzählt, wie der elfjährige Bub, der er einmal gewesen ist, nicht etwa zurück nach Hause zu seiner Mutter ging, sondern losmarschierte bis zur Stadtgrenze und an den Feldern dahinter vorbei. Er erzählt, wie er unter einer Brücke schlief und unter einem Baum, wie er aus Bächen trank, und wie er sich hinter Büschen versteckte, wenn ihm Soldaten auf der Straße entgegenkamen. Wie er nicht wusste, ob es deutsche Soldaten waren oder amerikanische oder sogar russische Soldaten, von denen man so schlimme Geschichten gehört hatte, sehr schlimme Geschichten. Er erzählt, dass ihn manchmal Bauern mitnahmen auf einem Traktor. Dass er nachts Flugzeuge hören konnte, die dorthin flogen, woher er kam. Er erzählt, dass er schließlich nach fast drei Tagen ankam bei der entfernten Verwandtschaft auf dem Dorf und dass er sich erst einmal satt essen durfte, dass es bei den Dörflern eh viel mehr zu essen gab als in der zerbombten Stadt.

Ich hatte nichts verloren, ich hatte sogar den Vogelbauern heil mitgebracht, sagt mein Vater.

Und der Vogel im Käfig, war der auch gesund geblieben?, fragt Pauline.

Es gab keinen Vogel im Käfig, der Vogelbauer war leer, antwortet mein Vater.

Schweigen legt sich über den Tisch. Alle sehen meinen Vater an.

Warum hast du den Vogelbauer mitgenommen?, fragt Anne.

Meine Mutter hat ihn mir mitgegeben, sagt mein Vater.

Aber warum?, fragt Anne.

Ich weiß nicht, vielleicht gehörte er einem der Leute im Dorf, sagt mein Vater, und ich spüre ganz genau, dass ihn nicht dieselben Fragen plagen wie Anne, Pauline, Clara oder mich. Er hatte den Vogelbauer dabei, also muss es einen Grund gegeben haben, dass er ihn dabeihatte. Den Grund muss man nicht mehr wissen, es wird schon einen gegeben haben. Wenn man immer recht hat, muss man nicht alles wissen.

Wie findet ihr überhaupt das Essen?, fragt meine Mutter unvermittelt.

Wieder Schweigen, aber nur für einen kurzen Moment.

Super, sagt Clara.
Toll, sagt Pauline.
Großartig, vor allem der im Heu gegarte Rehrücken, sagt Anne, der ist auf der Zunge geschmolzen.
Mein Vater brummt.
Mein Bruder bestellt noch ein Bier.
Das ist schön, seufzt meine Mutter.
Der Kellner serviert kleine Gläschen mit Vanilleschaum, auf dem sich Kaffeecrunch krümelt. Das letzte Dessert. Noch eine Viertelstunde bis Mitternacht.
Bringen Sie dann mal den Champagner, raunt mein Vater dem Kellner zu.

Der Kellner trägt ein Tablett herein, auf dem Gläser stehen und zwei Flaschen Champagner. Er schiebt einen Sektkühler an unseren Tisch heran, öffnet die erste Flasche und gießt Gläser voll, bis die Flasche leer ist. Dann öffnet er die zweite Flasche und füllt die restlichen Gläser. Die halb leere Flasche legt er in den Sektkühler. Wir alle sehen dem Kellner aufmerksam zu, niemand sagt etwas.
Mein Vater guckt auf seine Uhr. Es ist so weit. Wir stoßen an.
Dann stehen wir auf, jeder umarmt meine Mutter.
Alles Gute zum Siebzigsten, sage ich ihr ins Ohr, die nächsten Siebzig schaffst du auch noch.
Meine Mutter lacht. Es liegt kein Arg in ihren Augen, sie hat die Anspielung nicht verstanden. Wahrscheinlich hat sie sie gar nicht verstehen wollen.
Als alle einmal meine Mutter umarmt haben, sagt sie: So, jetzt bin ich aber auch müde.
Dann ist es überstanden.

Eine halbe Stunde nach Mitternacht liegen wir im Bett. Anne und ich starren über den Federbettberg auf eine geschmacklose Kommode, die gern aus dem Rokoko stammen würde. Die Wand hinter der Kommode ist tapeziert in einem golddurchwirkten, schweren Rot.

Und, hatte ich recht, sage ich. Es ist eigentlich keine Frage.

Was meinst du?, fragt Anne.

Dass es schlimm werden würde.

Ja, du hattest recht, sagt Anne. Herzlichen Glückwunsch.

Warum freue ich mich nicht darüber, dass ich recht habe, sage ich.

Wir schweigen einen Moment und starren zusammen auf die rote Tapete.

Irgendwann werden wir auch unseren 70. Geburtstag feiern müssen, sage ich.

Und ich freue mich schon jetzt darauf, dann immer noch mit dir zusammen zu sein, sagt Anne. Wir werden zusammen alt, das wird schön.

Ich drehe mich um und sehe sie an. Ich liebe dich, sage ich.

Ich liebe dich auch, sagt Anne, jedenfalls solange du keine Reden auf mich hältst.

Sie lacht.

Ich lache nicht.

Keine Angst, sagt Anne, du bist nicht wie er. Kein bisschen.

Ich bin **50** Jahre alt und weit weg. Sehr weit. Weiter weg kann man nicht sein, wenn man den Planeten nicht gleich ganz verlassen möchte.

Richtung Süden fährt man eine Viertelstunde, dann meldet sich das Handy und hat wieder Empfang, nach Norden sind es nur zwölf Minuten. Eine knappe Stunde dauert es bis zum nächsten Supermarkt. Links und rechts undurchdringlicher Busch, fünf Meter hohe Farnbäume, deren gewaltige Zweige über die steile Schotterpiste hängen, die hinunter zur Uferstraße führt. Daneben das, was die Einheimischen Flachs nennen und aussieht wie eine Yucca-Palme. Die wachsen zu mannshohen, ausladenden Büschen mit Blütenästen, die innerhalb von wenigen Tagen in den Himmel sprießen, bis sie so schwer sind, dass sie zu Boden sinken und ihre blutroten, fast schwarzen Blüten verlieren, die dann wie große tote Insekten auf der Straße liegen. Und immerzu bläst der Wind, donnert das Meer und rauschen die Zikaden. Die Einsamkeit kann brüllend laut sein.

Die Westküste der neuseeländischen Südinsel ist unwirklich schön und gottverlassen. Es gibt das tosende Meer, die steilen Berge, dazwischen eine kurvige Straße, auf der die Touristen in ihren Wohnmobilen entlangrasen. Die Urlauber kommen von Norden, dort, wo die Fähre von der Nordinsel sie ausgespuckt hat, und wollen nach Süden, zum berühmten Gletscher, der Franz Josef heißt, und weiter zum noch viel berühmteren Fjord, der Milford Sound heißt. Dazwischen ist eine große, wilde, wahnsinnig schöne Leere mit ein paar Aussichtspunkten, an denen sie ihren Camper anhalten, aussteigen und ein Foto schießen vom tosenden Meer und den steilen Bergen und der Straße dazwischen.

In der großen Leere haben wir uns eingerichtet für ein paar Wochen. Kein Strom, keine warme Dusche, keine Wasserspülung, niemand kommt vorbei. Gäbe es die Sandfliegen und die Ratten nicht, wäre es das Paradies.

Früher gab es Städte inmitten dieser wilden Einsamkeit. Es ist noch nicht lang her, ein bisschen mehr als hundert Jahre, da lebten Tausende Menschen hier, suchten nach Gold, arbeiteten in den Minen, wuschen den Sand in den vielen Flüssen und Bächen, die heute noch glitzern wie ein Versprechen, wenn man sie entlangwandert. Heute gibt es nur noch ein paar Hütten, viele windschief. Aussteiger leben hier, verkrachte Existenzen, Städter, die am Wochenende hier ihre Ruhe suchen und finden.

An manchen Tagen, die nicht allzu selten sind, hängen die Wolken an den Bergen fest und sinken dann tiefer, ziehen über die Büsche und Bäume hinweg. Dann wird es dunkel, obwohl es doch hell ist. Selbst, wenn es regnet, scheint das Licht sich nicht vertreiben lassen zu wollen. Dann türmen sich die Wolken, der Wind braust wütend auf, und die Welt scheint unterzugehen. Es ist wundervoll.

Die Einheimischen sagen: Wilder Westen. Sie sagen: Viele träumen davon, hier an der Westküste zu leben. Aber die wenigsten wissen, wie man hier überleben soll.

Die Menschen sind nett hier. Jeder hat ein Gewehr, das schon, jeder schießt auf die schon von James Cook bei seinen Entdeckungsreisen eingeschleppten Ziegen, die durch den Busch streifen und dort alles fressen, auch Pflanzenschösslinge, und so einheimische Arten bedrohen. Sie schießen auch auf die Schafe des Nachbarn, wenn die durch den eigenen Gemüsegarten marodieren. Aber wenn sie nicht schießen, dann sind die Neuseeländer das netteste, zugewandteste, friedlichste Volk der Welt.

Trotzdem hat vor ein paar Tagen jemand Idiot zu mir gesagt. Nicht Arschloch, nur Idiot, und es war auch nicht mein Vater, der es sagte, aber ich musste an ihn denken. Es war ein englisches »idiot«, das anders klingt als das deutsche »Idiot«. Seltsamerweise klingt es, neuseeländisch ausgesprochen, härter, vernichtender als im Deutschen, das doch sonst eigentlich eine harsche, keine elegante, weiche Sprache ist. Aber der Idiot, so kam es mir plötzlich vor, der rollt fast auf der Zunge, man kann ihn im Deutschen fast liebevoll aussprechen.

Der englische »idiot« kam aus dem Mund einer Fahrradfahrerin in mittlerem Alter, die am Straßenrand stand und ganz und gar nicht so aussah, als würde sie Fremde mit Kraftausdrücken begrüßen. Wir hatten eine Abzweigung verpasst, die Straße durch die Berge war nicht allzu befahren, ich hatte am Straßenrand gehalten, unschlüssig, was ich tun sollte. Auf der engen Bergstraße wenden mit dem kleinen Bus? Ich wartete, bis die Straße hinter uns leer war und setzte zurück, es waren 30, vielleicht 50 Meter. Als plötzlich jemand schrie, sehr laut, sehr zornig: You are stupid. You are completely stupid. Im Außenspiegel sah ich sie. Sie stand am Straßenrand, das Fahrrad neben sich. Den weißen, schnittigen Plastikhelm vorschriftsmäßig auf dem Kopf, das hellblaue, atmungsaktive Trikot lag eng am Körper, die schwarze Radlerhose saß stramm. Sie gestikulierte mit der linken Hand, die rechte hatte das Fahrrad fest im Griff. Stupid, rief sie noch einmal. Langsam fuhr ich weiter rückwärts. Als wir auf gleicher Höhe waren, rief sie: Idiot. You're an idiot.

Anne kurbelte das Autofenster nach oben. Es war wieder still.

Ich bin weg, sehr weit weg. Und muss doch an meinen Vater noch mehr denken als sonst in den letzten Jahren, nicht nur, wenn mich jemand einen Idioten nennt.

Wenn wir tanken und wir drei Cent mehr für den Liter Diesel zahlen, als wir am anderen Ende der Stadt zahlen würden, dann beginne ich meinem Vater innerlich zu erklären, dass es doch keinen Sinn ergeben würde, jetzt durch die ganze Stadt zu fahren, um ein paar Cent zu sparen. Wenn wir uns ein Motelzimmer nehmen, anstatt im Fond des kleinen Busses zu schlafen, sage ich mir: Sonst hätte ich am Morgen wieder einen schlimmen Rücken.

Tatsächlich vergeht hier kein Tag, an dem ich nicht an meinen Vater denke. Kein Tag, an dem ich mich nicht rechtfertige. Kein Tag, an dem ich nicht in meinem Kopf einen Dialog aufsage, von dem ich genau weiß, dass er niemals so geführt werden wird. Kein Tag, an dem ich mich nicht mit ihm in Relation setze. Mich frage, was er wohl denken würde.

Bevor wir ans andere Ende der Welt gefahren sind, hat uns mein Vater eine selbst gebrannte DVD mit einem Film geschickt, den er vor gut zwei Jahrzehnten am anderen Ende der Welt gedreht hat. Das Neuseeland, das im Fernseher zu sehen war, nachdem ich die DVD in den Player geschoben hatte, war ganz anders als das Neuseeland, das ich jetzt erlebe. Im Neuseeland meines Vaters regnete es, und wenn es nicht regnete, dann war der Himmel grau, dunkle Wolken hingen tief. Meine Mutter, eine jüngere Ausgabe von ihr, kam ins Bild, sie blickte in die Kamera, erschrak einen Moment und versuchte dann ein Lächeln, das aber meist misslang. Dann zog sie die Schultern hoch, als ob es sie fröstelte, und ging wieder aus dem Bild. Es sah nicht so aus, als ob es meiner Mutter und meinem Vater am anderen Ende der Welt gut gefallen hätte.

Die beiden, das fällt mir wieder einmal auf, sind Fremde für mich. Ich verstehe nicht, was sie umtreibt. Warum fahren sie einmal um die halbe Welt, um sich, dort angekommen, freudlos durch grauen Regen zu schlagen? Warum gehen sie auf Reisen, wenn sie anschließend nur erzählen können, wo es das preiswerteste All-You-Can-Eat-Büfett gab? Warum hängen sie sich Zinnteller an die Wand? Warum gehen sie in die Oper? Warum haben sie Kinder bekommen? Warum bin ich überhaupt hier?

Mein Vater hat früh angefangen mit der Filmerei. Er hat

sich eine Super-8-Kamera gekauft, als mein Bruder und ich noch sehr klein waren. Auf jede Rolle Super-8 passten nur drei Minuten Film, und nach den Urlauben mussten die Rollen zuerst entwickelt werden, dann saß mein Vater abends am Esstisch und schnitt die Filme und klebte sie aneinander. Wenn es dann endlich so weit war, wurden Rollos hinuntergelassen, dass alles dunkel war, und wir konnten uns sehen auf der kleinen Leinwand. Mein Bruder und ich rannten von links nach rechts durchs Bild, schlenkerten mit den dünnen Ärmchen und Beinen. Meine Mutter blickte in die Kamera, erkannte, dass sie gefilmt wurde, lachte und winkte ab, als wäre es ihr peinlich. Dann sprach sie in die Kamera, aber man konnte nicht hören, was sie sagte, es gab keinen Ton beim Super-8-Film. Mein Bruder und ich hüpften ins Wasser von einem Felsvorsprung, das Wasser spritzte, wir planschten, das Mittelmeer leuchtete blau, aber es war ein ganz anderes Blau, als ich es in Erinnerung habe.

Als es die ersten Heimvideokameras zu kaufen gab, stieg mein Vater um. Die Kamera war groß und wegen des Akkus sehr schwer. Filmen war nun kein Luxus mehr, weil die Kassetten im Gegensatz zu den teuren Super-8-Filmen immer wieder neu bespielt werden konnten. Und wir konnten die Filme sofort am gleichen Abend schon sehen. Mein Vater schloss seine Kamera an den Fernseher in der Ferienwohnung an, und wir konnten sehen, wie wir die verschneiten Hänge hinunterkurvten. Nur dauerte es nun Monate, manchmal Jahre, bis mein Vater aus dem vielen Material, das er aufgenommen hatte, einen Film zusammenschnitt. Und obwohl er das meiste nicht verwendete, waren die Filme viel länger als zu Super-8-Zeiten und viel langatmiger. Meist sah man weiße Hänge, auf denen Skifahrer zu Tal glitten. Das bin ich, sagten dann mein Bruder und ich, wenn wir uns zum ersten Mal erkannten. Du könntest auch noch mal einen Skilehrer gebrauchen, sagte mein Vater dann. Wenn jemand zum dritten, vierten Mal den Berg hinuntergewedelt kam, sagte niemand mehr etwas. Wenn meine Mutter ins Bild kam, winkte sie nicht mehr ab. Stattdessen schaute sie missmutig, und meist stapfte sie dann aus dem Bild, die Hände in die Hosentaschen gesteckt.

Die Filme, die mein Vater aufgenommen hat, wurden nur sehr unregelmäßig gezeigt. Die alten Super-8-Aufnahmen sahen wir so gut wie nie, weil es so umständlich war, bis das Heimkino aufgebaut war. Als die Videoaufnahmen Alltag geworden war, hatten sie auch ihren Reiz verloren. Die Kassetten standen im Regal neben dem Fernseher, fein säuberlich aufgereiht und beschriftet in der krakeligen Handschrift meines Vaters, aber wurden eigentlich nie herausgezogen und in den Videorekorder geschoben. Vielleicht lag es daran, dass Videoaufnahmen keinen sentimentalen Wert besitzen im Gegensatz zu Fotoalben, die man gemeinsam durchblättert.

Wir haben Videokassetten, aber kaum Fotos. Es gibt keine Alben. Meine Mutter hat bloß eine Kiste, eine Keksdose, in der sammelt sie Fotos und Postkarten. Eine Keksdose reicht für alle Fotos, die sie gesammelt hat über ein halbes Jahrhundert von einem Ehemann, zwei Söhnen, einer Schwiegertochter, zwei Enkeltöchtern und sich selbst.

In der Keksdose gibt es Bilder von mir, Fotos, auf denen ein kleiner Martin glücklich aussieht, glücklich ist. Ich, die Haare lang und über den Ohren wuchernd, ein dreckiges T-Shirt an, den kleinen Bruder im Arm, auf einer Wiese im halbhohen Gras, ein breites Grinsen im Gesicht. Ich mit einer Schultüte im Arm, den Rücken durchgedrückt, stolz wie ein kleiner Soldat, der furchtsam, aber entschlossen und freudig in den Krieg zieht, dasselbe breite Grinsen im Gesicht. Es gibt Fotos von meiner Konfirmation, ein plötzlich großer Martin, mit grotesk verlängerten Extremitäten ausgestattet, eingesperrt in ein schlackerndes, ockergelbes Cord-Sakko, das Gesicht voller aufgekratzter, rot leuchtender Pickel. Das Grinsen ist verschwunden.

Vielleicht liegt es daran, dass wir eine Filmfamilie sind, keine Fotofamilie, dass es so wenig greifbare Erinnerungen gibt. So erkläre ich es mir jedenfalls, wenn ich mich wieder mal frage, warum ich mich kaum erinnern kann an die guten Zeiten, die es doch zweifellos gegeben haben muss mit meinen Eltern. Wo sind sie hin, die schönen Erlebnisse, die Momente, in denen ich mich heimisch gefühlt habe mit meinem Vater und meiner Mutter, behaust und behütet? Gab es sie wirklich nicht? Will ich sie vielleicht nicht erinnern? Habe ich das Schöne verdrängt, um mir selbst den Abschied leichter zu machen? Um meine Undankbarkeit zu rechtfertigen?

Oder ist es so, dass nicht nur ich mich nicht mehr erinnern kann, sondern keiner von uns? Sind die guten Augenblicke womöglich in Vergessenheit geraten, weil es keine funktionierende Erinnerungskultur gibt in dieser Familie? Weil wir uns nicht regelmäßig ums Fotoalbum gesetzt haben wie um ein Lagerfeuer und uns gemeinsam erinnert haben, wie es damals war? Weil jeder alleingelassen wurde mit seinen Erinnerungen? Weil wir uns nicht regelmäßig gemeinsam erinnerten, gingen alle Erinnerungen verloren? Weil wir nicht miteinander geredet haben?

Du musst doch auch gute Erinnerungen haben an deine Kindheit, sagt Anne. Deine Eltern haben doch bestimmt mit dir gespielt, mit dir gesungen, haben dir vorgelesen. Ja, denke ich, es muss doch solche Erinnerungen geben, aber wo sind sie hin? Ich habe meine Kindheit als unbeschwert in Erinnerung, aber mir fehlen die Details, die Geschichten, die Anekdoten, die diesen Eindruck mit Leben füllen würden. Ich kann mich nicht erinnern, dass mein Vater oder meine Mutter mir vorgelesen hätten. Sie haben garantiert nicht mit uns gesungen, denn als meine Kinder groß genug waren, um zu singen, kannte ich kein einziges Lied, das sie aus dem Kindergarten mit nach Hause brachten oder das Anne mit ihnen sang. Ich erinnere mich, dass mein Bruder und ich Monopoly spielten, endlose Nachmittage lang, bis einer von uns beiden endlich pleite gegangen war. Ich glaube mich zu erinnern, dass meine Mutter einmal mitspielte, aber mittendrin ausstieg, weil sie kochen musste oder ihr das Spiel zu langweilig wurde. Mein Vater und meine Mutter spielten mit uns, so erinnere ich es, nur im Urlaub und nur Karten. Wir spielten Stichspiele, die sonst am Stammtisch in der Dorfkneipe gespielt wurden und die immer mein Vater gewann. Vor allem aber spielten wir Canasta. Denn Canasta war das einzige Spiel, das meine Mutter wirklich gern spielte. Noch heute spielt sie mit ihren Enkeltöchtern, wenn die zu Besuch kommen, Canasta.

Ich erinnere mich daran, dass mein Vater mit mir Fußball gespielt hat. Ich muss sieben, acht Jahre alt gewesen sein, ich reichte ihm bloß bis zum Bauch, so erinnere ich es. Wenn der Ball frei war und ich einen Vorsprung hatte und eher am Ball gewesen wäre als er, legte er mir seine Hände auf die Schultern, dass ich nicht weiterlaufen konnte und er doch wieder an den Ball kam. Ich konnte nicht Fußball spielen, ich kannte nicht einmal die Regeln, aber ich spürte, dass das nicht gerecht war. Denn wenn wir in der Schule auf dem Pausenhof mit einer zusammengedrückten Dose Fußball spielten, dann legte mir niemand die Hände auf die Schultern, niemand hielt mich fest. Aber mein Vater lachte, denn er hatte den Ball, er gewann.

Mir gefällt Neuseeland. In meinem Neuseeland regnet es nur selten, und dieser Regen ist ein schöner Regen. Ich sammle Muscheln an den von der Ebbe entblößten Felsen, ich wässere und koche sie, und nach drei Tagen kann Anne keine Muscheln mehr sehen. Wir paddeln den Fluss hinauf, wir baden in kalten Bächen, wir wandern endlose, einsame Strände entlang, wir wandern durch den Busch, wir wandern, bis der Pfad sich im grünen Nichts verliert. Wir langweilen uns nicht, aber es ist Zeit genug, hinaus aufs Meer zu schauen und nachzudenken. Über die Vergangenheit. Darüber, wie wir alle hierhergekommen sind. Darüber, dass die Vergangenheit nicht vergehen will. Dass aus ungelobten Söhnen ungelobte Enkeltöchter werden. Dass jemand dieselben Fehler immer wieder und wieder wiederholt, ohne zu bemerken, dass er welche macht.

Ich muss zurückdenken ans Treffen meines Abiturjahrgangs vor gut einem Jahr. Drei Jahrzehnte nach der Reifeprüfung gab es viel schütteres Haar und noch mehr Wohlstandsbäuche zu besichtigen, vergrämte Schönheit und erstaunlich wenige, so schien es mir zumindest, enttäuschte Erwartungen. Während ich wieder vor jemandem stand, dessen Gesicht eine vage Erinnerung in mir auslöste, dessen Namen ich aber vom Namensschildchen auf seiner linken Brust ablesen musste, fragte ich mich, ob es daran liegen könnte, dass nur große Erwartungen wirklich enttäuscht werden können.

Auch Ralf hatte sich gar nicht verändert. Er trug einen Vollbart mittlerweile, aber durch den zogen sich nur ein paar graue Haare. Sein Körper war straff, er hatte mittlerweile drei Kinder und eine Frau und trug immer noch dasselbe unsichere Lächeln im schmalen Gesicht, wenn er von ihnen erzählte. Als er so vor mir stand, scheinbar ganz der Alte, erinnerte ich mich daran, dass Ralf und ich und noch drei, vier andere Freunde in einem Alter, in dem sich andere für Mädchen zu interessieren begannen, eine Faszination für elektrische Schaltkreise entdeckt hatten. Wir malten eckig-verwinkelte Labyrinthe aus Stromleitungen und Schaltstellen auf weißes Papier, wir ließen uns Lötkolben schenken und atmeten den süßen Duft des verdampfenden Lötdrahts. Nach der Schule radelten wir ins Elektronikfachgeschäft und kauften uns für Pfennigbeträge Leuchtdioden, Widerstände und Transistoren. Bei Ralf funktionierten die kleinen, selbst zusammengelöteten Geräte immer. Bei mir funktionierten sie so gut wie nie. Ich gab die Elektronik-Bastelei auf an dem Tag, als mein

Vater hinunter in den Keller kam, wo ich an seiner akkurat aufgeräumten Werkbank mit seinem Lötkolben gerade daran verzweifelte, eine simple Lichtschranke in eine Zigarrenkiste zu bauen. Wenn man die Hand in den Lichtstrahl hielt, machte die Leuchtdiode nicht, was sie sollte, sie leuchtete nicht. Mein Vater stand eine ganze Weile neben mir. Er sah mir zu. Die Leuchtdiode leuchtete immer noch nicht. Ich hatte das sehr bestimmte Gefühl, mein Vater erwartete, dass ich ihn frage, warum die Leuchtdiode nicht leuchtete. Ich wusste, dass er wusste, warum die Diode nicht leuchtete. Er wusste, dass ich wusste, dass er wusste, warum die Diode nicht leuchtete. Er wollte, dass ich ihn um Rat fragte. Ich fragte ihn nicht.

Irgendwann deutete mein Vater auf einen Transistor, murmelte etwas, was ich gar nicht hören wollte, was ich gar nicht hören konnte, so sehr war ich mit mir und meinem Hass beschäftigt, und dann ging er wieder, ließ mich allein im Keller an seiner Werkbank. Ich räumte den Lötkolben meines Vaters an seine gewohnte Stelle, wischte die Arbeitsfläche sauber und packte die Zigarrenkiste und den Draht und die Bauteile zusammen. Dann ging ich hinters Haus und warf den ganzen Kram in den Müll.

Ralf hat den Kram nie in den Müll geworfen. Er hat Elektrotechnik studiert und ist Ingenieur geworden und arbeitet für den Zulieferer eines Weltkonzerns. Ich fragte Ralf, wie es seinem Vater ging. Ich mochte Ralfs Vater damals, als wir noch Kinder und doch schon keine Kinder mehr waren. Ralfs Vater hörte nicht gut, ich musste immer zweimal sagen, was ich sagte, wenn ich mich mit ihm unterhielt, einmal normal und einmal extra laut. Ralfs Vater sagte dann: Tut mir leid, ich verstehe dich nicht. Er beugte sich leicht nach vorne und war einem plötzlich ganz nah. Ralfs Vater würde taub werden, das war schon damals sicher. Wie geht es deinem Vater, fragte ich Ralf, ist er taub mittlerweile? Nein, erzählte Ralf, sein Vater höre zwar immer schlechter, aber die Hörmitteltechnik mache mit den Jahren gerade immer ausreichend technische Fortschritte, um den Hörverlust von Ralfs Vater auszugleichen. Es gehe ihm gut, sagte Ralf, man fahre gern als Großfamilie regelmäßig zusammen in den Urlaub, und zum Glück wohne er nicht weit weg, sodass er seinen Vater regelmäßig sehen könne, fast jedes Wochenende.

Schön, sagte ich, sehr schön. Für mich, erklärte ich Ralf, könne ich mir das allerdings kaum vorstellen, ich bräuchte dringend den mehrere Hundert Kilometer starken Sicherheitsabstand, den ich zwischen mich und meine Eltern gelegt habe. Und die Vorstellung, meine Eltern jedes Wochenende zu sehen oder gar mit ihnen in den Urlaub zu fahren, würde Albträume bei mir auslösen. Ja, sagte Ralf, er erinnere sich gut, ich wäre ja schon damals nicht gut ausgekommen mit meinem Vater. Ralf lächelte wieder sein unsicheres Lächeln, und ich sagte: Ich wusste nicht, dass das damals so offensichtlich war.

Tatsächlich, wenn ich so zurückdenke, kamen mir meine Kindheit und meine Jugend nicht außergewöhnlich vor. Ich erinnere mich, dass ich Ralfs Vater zwar sympathisch fand, aber automatisch davon ausgegangen war, dass Ralf seinen Vater genauso hasste, wie ich meinen Vater hasste. Hasste nicht jeder seinen Vater? Hasste nicht jeder sich selbst so lange, bis er wusste, wer er war? Oder zumindest, bis er wusste, dass er nicht so war wie sein Vater?

Dass das anders sein konnte, dass es Menschen gab, die ein liebevolles, von Vertrauen und Rücksicht geprägtes Verhältnis zu ihren Kindern aufbauen konnten, in dem Konflikte trotzdem ausgetragen und nicht totgeschwiegen wurden, das konnte ich mir damals nicht vorstellen. Familie, das war etwas, was ich hatte, weil es jeder hatte. Familie, das wusste ich damals, wollte ich niemals selbst haben.

Wie geht es denn deinem Vater, fragte Ralf lächelnd. Ich weiß es nicht, dachte ich, nicht wirklich. Gut, sagte ich, gut, gut. Ralf lächelte einfach weiter.

Es gibt Tage am anderen Ende der Welt, da überfällt mich eine schwer erklärbare Schwermut. Ich lenke den kleinen Bus um eine Kurve, und es tut sich eine neue, noch schönere Landschaft auf. Berge fließen hin zum Meer, als hätte sie Rita Angus nur für mich gemalt, aber all die Schönheit ist mir egal. Oder schlimmer, ich denke, ich verdiene sie nicht. Ich verdiene dieses Glück nicht.

Ich habe eine Frau. Ich weiß, sie liebt Brücken, und sie hasst Höhlen. Einmal, in Frankreich, sind wir 150 Kilometer gefahren, um über eine Brücke zu fahren. Dann sind wir 150 Kilometer zurückgefahren, und Anne war glücklich, und ich war glücklich, nicht nur weil Anne glücklich war, sondern weil die Brücke tatsächlich wunderschön war. Vor zwei Wochen standen wir am Ende einer unserer Wanderungen vor einer Grotte mitten im Busch, und Anne zog sich die Stirnlampe auf die Stirn, mit der sie in der Höhle wenigstens sehen konnte, wohin sie ging, und ich wusste, dass sie lieber nicht mit in die Höhle gehen würde, und sie wusste, dass ich das wusste, und dann knipste sie die Stirnlampe an, und wir gingen trotzdem zusammen in die Höhle.

Ich habe eine Frau, die mich liebt. Ich habe Töchter, die mich lieben. Ich habe sogar Freunde, die mich mögen. Ich werde einmal, wenn das wichtig wird und alles seinen erwartbaren Gang geht, nicht allein sein. Ich habe sogar einen Job, den ich nicht hasse. Wenn die Formulierung nicht so schlimm wäre, könnte ich jetzt sagen: Ich habe etwas erreicht im Leben.

Mein Leben ist gut. Ich weiß das. Aber es gibt Tage, an denen fühle ich das nicht. Tage, an denen ich nicht glauben kann, dass mir das zusteht. An denen ich denke, all das widerfährt jemandem, der sich das Glück nur erschwindelt hat, weil er in Wirklichkeit gar nicht der ist, für den ihn alle halten. Weil ich in Wirklichkeit gar nicht der nette, ruhige, freundliche Martin bin, sondern eigentlich wie mein Vater. Weil sich Martin all die Jahre nur erfolgreich verstellt hat. Weil er seinen Hass auf die Welt ebenso nur domestiziert hat wie seinen Jähzorn. Weil er sich überzeugend eine intellektuell begründete, aber niemals wirklich tief empfundene Empathie zugelegt hat.

Letztens hat mich jemand gefragt, was ich für meine beste Eigenschaft halte. Ich habe länger nachdenken müssen. So viele gute Eigenschaften, die ich haben könnte, sind mir nicht eingefallen. Verlässlichkeit, habe ich schließlich gesagt. Später ist mir aufgefallen, dass das auch die beste Eigenschaft, die so ziemlich einzige gute Eigenschaft ist, die ich meinem Vater zuschreibe. Verlässlichkeit. Auch wenn er sie wohl anders versteht. Für mich ist es vor allem eine emotionale Verlässlichkeit, für ihn wäre es vor allem finanzielle Verlässlichkeit. Wenn du was brauchst, hat er vor der Reise zu mir gesagt, dann melde dich. Er hat gemeint: Wenn du Geld brauchst. Ich hatte gedacht: Dass ich dein Geld nicht brauche für diese Reise, darauf bin ich wirklich stolz.

Doch die Vorstellung, dass ich meinem Vater ähnlich bin, stürzt mich immer noch in Verzweiflung. Ich frage mich, ob ich die Schwermut, die mich an solchen Tagen befällt, auch von meinem Vater geerbt habe. Zusammen mit der Neigung zur Cholerik und dem mangelnden Mitgefühl.

Wenn ich die Schwermut nicht geerbt habe, dann habe ich sie entwickelt, weil ich tief in meinem Inneren weiß, dass ich den Kampf gegen meinen Vater, den Kampf, nicht so zu werden wie mein Vater, nicht gewinnen kann.

Dort, in diesem Kampf, fehlt mir an diesen schwermütigen Tagen vor allem eines: Zuversicht und Zutrauen in die eigenen Fähigkeiten. Genau die Eigenschaften also, und das ist dann besonders perfide, die mir meine Eltern nicht mitgegeben haben.

Stattdessen gab es Ängste. Für alles gab es eine Angst. Angst vor der nächsten Prüfung. Angst vor der Niederlage. Angst vor dem mütterlichen Liebesentzug. Angst vor dem Missmut meines Vaters. Angst vor der Welt da draußen, die immer eine feindliche war, nie eine, auf die man sich freuen konnte. Da draußen konnte man seinen Geldbeutel verlieren oder bestohlen werden, aber nichts Aufregendes erleben. Draußen konnte man übers Ohr gehauen werden, aber keine netten Menschen treffen.

Ich konnte nichts gut machen, aber dafür immer etwas falsch.

Selbst mein sportlicher Ehrgeiz, mit dem mein Talent niemals mithalten konnte, bezog seine Motivation nicht aus Freude, sondern aus Angst. Ich wollte ein Spiel nicht so sehr gewinnen, ich wollte es vor allem nicht verlieren. Mein Jubel war nicht der Triumph eines Siegers, sondern bloß verkrampfte Erleichterung von einem, der nie gelernt hatte, sich zu freuen.

Nun, ein paar Jahrzehnte später, versuche ich mich zu freuen, wenn ich etwas bekomme. Ich habe gelernt, Ich liebe dich zu sagen. Aber ich kultiviere standhaft statt Selbstvertrauen immer noch Versagensängste, statt Optimismus eine zwar vollkommen unbegründete, aber trotzdem stetig schwelende Zukunftsangst. Und ich vertraue selbst denen nicht, die mich lieben. Tief, aber nicht allzu tief in mir drin, fühle ich, dass diese Liebe jederzeit zu Ende sein kann.

In den dunkelsten Stunden dieser Tage, an denen ich an mir zweifele, an denen mir alles sinnlos erscheint, selbst die Liebe der wenigen Menschen, die ich liebe, an solchen Tagen ist das Loch, in das ich falle, sehr tief. Anne, das weiß ich, kann, wenn sie keinen Ausweg mehr weiß, jederzeit zu ihren Eltern. Clara und Pauline könnten zu uns. Ich könnte zu meinen Eltern, aber ich würde nicht wollen. Nur selten, aber in diesen dunkelsten Momenten fehlt mir das letzte Refugium, das jeder haben sollte.

Manchmal fahren wir weg von der wilden Westküste, wir fahren in die Zivilisation, dorthin, wo sie weiche Betten und Internetverbindung haben. Wir duschen warm, gucken fern und hören Musik. Wir hören einen Song von einer Band, die Annenmaykantereit heißt und auf der anderen Seite der Welt, von der wir ursprünglich kommen, gerade eine große Nummer zu werden droht. In dem Song versucht der Sänger, seinem Vater oder seiner Mutter zu erklären, dass er sie oder ihn eigentlich niemals verlassen hat, auch wenn er sich von ihnen entfernt hat. Dass sie immer wichtig für ihn geblieben sind, auch wenn er sie vielleicht enttäuscht hat. Zu Hause, singt der Sänger, bist immer noch du. Dann bricht seine Stimme so, wie sie eigentlich nur Rio Reiser brechen lassen konnte. In der schartigen Stimme liegt nicht nur der Schmerz des Sängers, sondern auch der Schmerz seiner Mutter oder seines Vaters.

Wir haben Wein getrunken, wir haben den Song gehört, und dann hat Anne geweint. Sie hat geweint, weil sie selbst einmal eine verlassene Tochter gewesen ist und auch einmal eine Tochter, die verlassen hat. Sie hat geweint, weil sie einmal eine Mutter war, die sich verlassen fühlte.

Zu Hause bist immer noch du, singt der Sänger. Ich bin auch ein Zuhause. Für Anne, für Clara, für Pauline. Aber wo ist mein Zuhause? Das ist dort, wo ich bin. Wo ich und Anne sind. Zu Hause, das ist nicht da, wo mein Vater und meine Mutter sind. Das fühle ich nicht. Ich könnte das nicht sagen zu meiner Mutter, zu meinem Vater: Zuhause bist immer noch du.

Ich frage mich eher: Waren sie je ein Zuhause?

Ich kann mich nicht erinnern, jemals ein Zuhause verloren zu haben. Als ich nach Berlin ging, hatte ich nie das Gefühl, ich gehe weg. Sondern nur das Gefühl, ich komme an, endlich irgendwo an. Ich hatte nicht das Gefühl, ich verliere etwas, ich hatte nur das Gefühl, ich gewinne meine Freiheit.

Was muss das für ein Gefühl sein für meine Eltern? Wissen sie, dass sie diesen Satz niemals von mir hören würden? Fühlen sie es wenigstens? Das Schlimmste: Ich denke von ihnen, sie können diesen Verlust nicht einmal fühlen.

Ich tue mir leid. Aber meine Eltern tun mir auch leid. Mittlerweile vielleicht sogar mehr, als ich mir selbst leidtue. Mein Vater und meine Mutter haben immer noch kein Zuhause. Ich weiß, das würden sie nicht zugeben. Sie würden es wohl auch nicht wissen. Aber das, was die beiden haben, würde ich nicht ein Zuhause nennen wollen.

Die Zeit am anderen Ende der Welt geht zu Ende, als auch dort die Meldung ankommt, dass Muhammad Ali gestorben ist. Er wird, lese ich im Netz, mit Atembeschwerden ins Krankenhaus eingeliefert. Dann, am nächsten Tag schon, ist er tot. Der Mann, dem ich eine der schönsten wohligsten, eine der wenigen gemeinsamen Erinnerungen mit meinem Vater verdanke.

Ich lese die Nachrufe. Ich lese von Alis historischer Bedeutung, von seiner gesellschaftlichen und sportlichen. Ich sehe ihn noch einmal in den Seilen hängen in Kinshasa, ich sitze noch einmal auf dem Sofa im roten Licht der Stehlampe, ich sitze noch einmal auf meinen Füßen, ich sehe den im Dunkeln flimmernden Bildschirm, und ich sehe meinen Vater in seinem Sessel sitzen, aber es ist nicht mein Vater von damals, nicht der drahtige, vor Kraft strotzende Beschützer und Ernährer seiner Familie, sondern der grauhaarige, gebeugte von heute, mein alter Vater mit den hängenden Wangen und dem trostlosen Blick.

Einen Tag nach Alis Tod liegt im Frühstückscafé die Lokalzeitung. Die simple Schlagzeile ist: »The Greatest!« Die Titelseite füllt das legendäre Foto des triumphierend über Sonny Liston stehenden Ali nach deren zweitem Kampf. Ali hat den Mund zum Siegesgeheul verzerrt, die rechte Faust ruht vor der linken Schulter, als würde sie dort nach dem entscheidenden Schlag, beeindruckt von sich selbst, in Andacht verharren, darunter leuchten die blendend weißen Shorts mit dem schwarzen Bund. Das Gute hatte gesiegt.

Ich sehe das Titelbild und muss an meinen Vater denken. Und ich denke, ich müsste ihm eigentlich eine Mail schreiben oder eine Postkarte. Ich müsste ihn fragen: Erinnerst du dich? So wie ich mich erinnere? Aber ich kann keine Mail oder Postkarte schreiben, ich kann ihn nicht nach Ali fragen, nicht nach seinen Erinnerungen und die mit meinen abgleichen, weil unser Verhältnis nicht so ist, weil es niemals so war und auch niemals so sein wird. Weil ich weiß, dass er sich entweder nicht erinnert oder anders, und dass er nicht verstehen würde, nicht verstehen wollen oder können würde, welche Bedeutung diese meine Erinnerung für mich hat. Vielleicht habe ich auch Angst, dass alles ganz anders sein könnte.

Ein paar Monate zuvor hatte ich in einem Museumsshop in Dunedin eine Postkarte entdeckt. Ali beim Schattenboxen unter Wasser, er trägt die weißen Shorts mit dem schwarzen Bund. Als ich die Postkarte sah, hatte ich sofort, natürlich, an meinen Vater denken müssen, an die Nächte vor dem Fernseher, an meine Kindheit. Und ich hatte mich gefragt: War mein Vater eigentlich ein Ali-Fan? Oder hatte er ihn gehasst? Ich habe ihn das nie gefragt, und ich frage ihn auch heute nicht.

Auf der Postkarte, neben dem Foto, stand ein Zitat von Ali: The man who has no imagination has no wings.

Ich bin noch damit beschäftigt, das Fliegen zu lernen. Mein Vater jedenfalls hat es mir nicht beigebracht. Wäre es nach meinem Vater gegangen, hätte ich überhaupt nie versuchen sollen zu fliegen.

Mein Vater hat seine Flügel wohl nie benutzt. Vielleicht sind sie ihm auch gestutzt worden. Vom Krieg, von seinen Eltern, von der Zeit damals, von den Umständen. Mein Vater tut mir leid. Aber mein Mitgefühl wird er nicht haben wollen.

Ich habe die Postkarte gekauft. Abgeschickt habe ich sie nicht.

Ich bin weit weg. So weit weg, wie man sein kann, aber lange nicht so weit, wie ich wollte.

Weit, weit weg. Aber auch am anderen Ende der Welt fällt der Regen. Schwer fällt er auf die langen, harten Flachsblätter, der Regen ist wie eine Wand, dicht und heftig und kurz. Selbst der Regen ist ein anderer am anderen Ende der Welt, nur man selbst bleibt immer der, der man ist. Wohin man auch geht, man nimmt sich mit. Und die anderen, alle anderen auch.

Das ist gut. So geht niemand verloren. Auch die, die man nicht dabeihaben will. Alle sind sie hier. Man wird sie nicht los. Niemals.